高中语文课程中
优秀传统文化教育的
实施效果研究

周莹华 著

江西高校出版社
JIANGXI UNIVERSITIES AND COLLEGES PRESS
南 昌

图书在版编目(CIP)数据

高中语文课程中优秀传统文化教育的实施效果研究 /
周莹华著. -- 南昌：江西高校出版社，2025. 5.
ISBN 978 - 7 - 5762 - 5498 - 3

Ⅰ. G633.302

中国国家版本馆 CIP 数据核字第 2025RP1338 号

策 划 编 辑　　陈永林　　责 任 编 辑　　王良辉
装 帧 设 计　　曾　宇　　责 任 印 制　　李香娇

出 版 发 行	江西高校出版社
社　　　址	江西省南昌市新建区工业二路 508 号
邮 政 编 码	330100
总 编 室 电 话	0791 - 88504319
销 售 电 话	0791 - 88511423
网　　　址	www.juacp.com
印　　　刷	江西新华印刷发展集团有限公司
经　　　销	全国新华书店
开　　　本	700 mm × 1000 mm　1/16
印　　　张	17.75
字　　　数	310 千字
版　　　次	2025 年 5 月第 1 版
印　　　次	2025 年 5 月第 1 次印刷
书　　　号	ISBN 978 - 7 - 5762 - 5498 - 3
定　　　价	68.00 元

赣版权登字 -07 -2025 -70

目 录 CONTENTS

绪　　论

一、研究缘起

优秀传统文化凝聚着古圣先贤的深邃智慧,它"渗透到中国人的骨髓里,是文化的 DNA"①。作为"中华民族文化基因"的优秀传统文化是实现中华民族伟大复兴的重要文化支撑。课程教材是对青少年进行优秀传统文化教育的重要载体,在传承与发展优秀传统文化方面具有不可替代的作用。优秀传统文化进中小学课程教材是新时代重要的"固本工程"与"铸魂工程"②,它能强化优秀传统文化对青少年的铸魂育人功能,助力优秀传统文化涵养社会主义核心价值观,并实现其传承发展的系统化、长效化与制度化。

我国自 20 世纪末开始倡导优秀传统文化教育,之后优秀传统文化教育一直在不断深入中。近年,优秀传统文化教育更被列为教育部遴选的九个重大主题教育之一。当前,随着普通高中阶段与义务教育阶段各学科新课程标准的相继完成以及三科统编教材使用的全面覆盖,优秀传统文化进入中小学课程教材从应然成为实然。如此,学界对中小学"优秀传统文化教育"研究的重点需要相应转移到优秀传统文化教育在学科课程育人环节的落实上。这是因为"教材优质,但是育人效果不一定良好,其中一个极为关键的制约因素便是实施者对教材的使用问题。如果实施者不具备正确使用教材的专业能力,或者没有使用课程教材宣扬重大主题教育育人的使命与担当,直接后果就是重大主题教育进课程教材的形式泛化,以及育人价值的低效甚至无效"③。因此,自 2021 年教育部印发了优秀传统文化进中小学课程教材的指导性文件后,如何利用进入中小学

---

① 中共中央宣传部.习近平新时代中国特色社会主义思想学习问答[M].北京:学习出版社,2021:316.

② 董小玉,刘晓荷.新时代中华优秀传统文化进教材的理性审思[J].教师教育学报,2022,9(2):77.

③ 罗生全,周莹华.重大主题教育进课程教材的逻辑理路与实践进路[J].当代教育科学,2023(1):37.

学科课程教材中的优秀传统文化对青少年实施有效乃至高效的优秀传统文化教育是当前中小学优秀传统文化教育实践探索的主要方向。

中小学校是对青少年进行优秀传统文化教育的主要场所,课程是中小学优秀传统文化教育的主要实施路径,课堂教学是中小学校实施优秀传统文化教育的主要渠道。因而,按照2014年教育部印发的《完善中华优秀传统文化教育指导纲要》,中小学要"充分利用传统文化优势学科"加强优秀传统文化教育教学研究。而语文课程在继承与弘扬优秀传统文化方面具有不可替代的优势,又被视为落实优秀传统文化教育的核心课程,它毫无疑问是传统文化的优势学科。这样,在语文课程中实施优秀传统文化教育是中小学对青少年进行优秀传统文化教育的重要实施路径,中小学语文课程中优秀传统文化教育的实施效果将直接影响中小学对青少年优秀传统文化教育的实施质量。如此,对中小学语文课程中优秀传统文化教育的实施进行科学研究就有现实必要性。同时,相较于小学与初中,高中阶段是个体人生观与价值观形成的关键时期,处于青年初期的高中生具有生理上的日渐成熟与心理上的不够成熟的年龄特征。因此,对高中生在高中语文课程中实施优秀传统文化教育不仅重要而且必要。本书作者从事高中语文教育实践十余年,审视高中语文课程中优秀传统文化教育的实施现状,认为探究高中语文课程中优秀传统文化教育的实施效果是一个当下值得探讨的意义性问题。

二、核心概念

(一)高中语文课程

学者王本华提出,"语文"是一个统称,它包括语言文字(识字、拼音教学及各种语言实践能力)、语言文学(语文基础知识、文学知识及文学鉴赏能力)和语言文化(语文基础知识和篇章本身所渗透和承载的民族文化体系与价值)。① 陶本一、于龙两位学者认为,语文应包含"天赋"语文、"素养"语文与"学科"语文,其中"天赋"语文是人生而就有的语言本能,"素养"语文指人在语言环境中运用语言所形成的综合语言素质,"学科"语文指运用母语理性和艺术地培养综

---

① 王本华. 现代语文教育百年历史回眸[J]. 课程·教材·教法,2004,24(10):38.

合语言素养的课程与教学逻辑体系。① 综合两位学者对"语文"的界定,"语文"是一个综合性概念,内容上包含文字、文学与文化三个方面的内容,应用上既有交际语境也有理论语境,发展上从先天拥有到后天培育。

"语文"在我国出现的时间并不长,经历了一个从"国文"到"国语"再到"语文"的发展过程。1904 年,语文独立成科。1905 年,科举制度被废除,新学堂如雨后春笋般涌出,它们在开设诸多从西方引进的新式课程时保留了语文。因课堂教学历代古文,"语文"课在当时被称为"国文"课。随着 1919 年新文化运动等的兴起,中小学的语文教育发生变革,如小学改设"国语",以白话短文或儿歌、故事等为课程教材;但中学依旧开设国文课,只增加了白话文选文的比重。20 世纪 30 年代后期,叶圣陶等人提出"语文"的概念。新中国成立后,叶圣陶先生建议将"国语"和"国文"合二为一,改称"语文"。虽然该建议被当时的政府采纳,且很快推向全国,但"国语"和"语文"在这一时期依旧混用,如 20 世纪50 年代还零星有期刊论文以"国语"来指代小学语文。20 世纪 80 年代,"语文"完全代替了原来的"国语"和"国文",成为被国人广泛接受的统称。

"语文课程"是"学校为实现语文教育目标而安排的语文科目教育内容及其进程,包括各级各类学校语文课程的设置和语文课程标准或教学大纲等"②。朱绍禹认为语文课程是语文工具性与人文性的统一体。③ 李山林提出,语文课程是中小学教育中为了形成与发展学生的语文素养而设计和建构的语文教学内容体系及其活动方案。④ 在语文单独设科之初,叶圣陶等语文教育先辈一致认为,语文课程实质是一种工具,它既是"人类生存"必需的一种工具,又是普通公民应付生活必要的工具,还是"协助与传达思想的工具"。⑤ 20 世纪 90 年代,我国语文教育学界曾就语文性质进行了一场大讨论。这场大讨论的收获在于:在肯定了语文课程工具性历史作用的同时,认识到"工具性学科"观念的局限性与滞后性以及语文学科所具有的人文属性,并提出语文学科是工具性与人文性相统一的观点。2001 年教育部颁布的《全日制义务教育语文课程标准(实验

① 陶本一,于龙."语文"的阐释[J].课程·教材·教法,2007(11):25.
② 阎立钦.语文教育学引论[M].北京:高等教育出版社,1996:63.
③ 朱绍禹.中学语文课程与教学论[M].北京:高等教育出版社,2005:7.
④ 李山林.语文课程研究[M].北京:中央文献出版社,2006:12.
⑤ 卫灿金,武永明.语文课程与教学论研究[M].北京:高等教育出版社,2007:4.

稿)》以"语文是最重要的交际工具,是人类文化的重要组成部分。工具性与人文性的统一,是语文课程的基本特点"来定性语文课程。从此,语文课程工具性与人文性统一的说法一直沿用至今。

高中语文课程是普通高中开设的一门学习中国语言文字运用的学科课程,其基本特点是工具性与人文性的统一。按照新课标,高中语文课程的任务是"引导学生在真实的语言运用情境中,通过自主的语言实践活动……积累丰厚的文化底蕴,理解文化多样性"①。依据2001年教育部印发的《基础教育课程改革纲要(试行)》,课程实行三级课程管理,即国家课程、地方课程和校本课程。地方课程是由地方组织编制的,具有地域性、综合性的学校课程,一般不归属于学科。对高中语文而言,地方文化课程资源往往进入高中语文校本课程。因而,当前并没有独立的高中语文地方课程的说法。基于此,本研究中的高中语文课程具体指高中语文国家课程及高中语文校本课程。按照新课标,普通高中语文国家课程分为必修、选择性必修、选修三类课程。因选修课程供学生自由选择学习,不是每一个高中生都必须学习的,所以本书不将其作为研究对象,只探讨高中语文国家课程中的必修课程。高中语文校本课程是在高中开展的"在校本前提下,以语文知识为载体,以学生为活动主体,以激发学生学习兴趣,形成良好语文素质为目的的一门课程"②。高中语文校本课程资源丰富,地域文化、文化典籍、文学经典等都可以成为课程资源。高中语文校本课程体现鲜明的学校特色,常一校一课,虽然它对语文课程中优秀传统文化教育的实施有一定的影响,但缺乏普适性。所以,本书作者在高中语文国家课程与高中语文校本课程之间,又侧重高中语文国家课程。因此,本书实际从高中语文国家课程着手,关注高中语文教师在高中语文国家课程中实施的优秀传统文化教育。

(二)优秀传统文化教育

在我国,人们对"文化"的认知有一个从古至今、从模糊到澄明的漫长发展历程。最初,"文化"是分开使用的。"文",是象形字,通"纹",本义为各色交错的花纹;后又引申为文字、文采与文辞,与"质"相对。在《论语·雍也》篇中,孔

---

① 中华人民共和国教育部.普通高中语文课程标准:2017年版2020年修订[M].2版.北京:人民教育出版社,2020:1.

② 孙晓波.论高中语文校本课程的开发[D].大连:辽宁师范大学,2005:3.

子说:"质胜文则野,文胜质则史。文质彬彬,然后君子。"其中,"文"就可以注释为"文采"。在古代文化语境中,"文"分为"天文"与"人文"。《周易·贲卦》中有言:"观乎天文,以察时变;观乎人文,以化成天下。"一般而言,"以文化人"指的是文的"人文"含义,即社会人伦。"化"是会意字,左为正人形,右为倒人形,两人一正一倒说明有变化。如《黄帝内经·素问》有言:"化不可代,时不可违。""文"与"化"组成词语是在西汉后,它作为一个固定词语,首先出现在西汉刘向的《说苑·指武》中,文中有言"凡武之兴,为不服也;文化不改,然后加诛"。这段文字中的"文化"指与武力镇压与杀戮相对的"文治教化"。由此,"文化"被赋予了"以文教化"的基本含义,但这种教化主要是指精神上的教化。20世纪初,我国学术界开始重视"文化",不少学者尝试对"文化"进行个性化诠释。如学者梁漱溟认为"文化"是"吾人生活所依靠之一切……文化之本义,应在经济、政治,乃至一切无所不包"①。20世纪80年代后,因世界性的"文化寻根"思潮涌入我国并在我国激起了"文化热",国内有一定影响力的青年学者纷纷提出个人对文化的理解,如邴正认为"文化是一个标志人类发展水平进行自我评价的概念"②。

外国学者对"文化"的解读与国人的有异同。英国文化人类学家泰勒认为,文化是一个包括知识、信仰、艺术等等及作为社会成员的个人而获得的其他任何能力、习惯在内的综合体。③ 日本文化学家祖父江孝男指出,文化后天形成,是群体成员共有并被保持下来的行为方式。④

总体来看,古今中外学者对"文化"这一概念的解读有广义与狭义之分。具体而言,广义文化指人类创造的物质财富和精神财富;狭义文化单指人类创造的精神财富,主要是思想文化。

传统文化,从广义上说,是由历史沿袭而来的风俗、道德、思想、艺术、制度、生活方式等一切物质和精神文化现象的有机复合体。⑤ 由此推论,中国传统文化就是带有中华民族特性的传统文化。从空间维度来看,中国传统文化是中华

---

① 梁漱溟.中国文化要义[M].上海:上海人民出版社,2011:7.

② 邴正.当代人与文化:人类自我意识与文化批判[M].长春:吉林教育出版社,1998:20.

③ 泰勒.原始文化[M].蔡江浓,编译.杭州:浙江人民出版社,1988:1.

④ 陈华文.文化学概论[M].上海:上海文艺出版社,2001:7.

⑤ 夏征农,陈至立.大辞海:政治学·社会学卷[M].上海:上海辞书出版社,2010:581.

民族所创造的精神成果与物质成果,是整个中国各民族的文化,不拘泥于"汉族文化";从时间维度来讲,中国传统文化以鸦片战争为时间界线,从上古三皇五帝以来至近代鸦片战争前夕的中国文化为中国传统文化。学者赵洪恩将"中国传统文化"概念具体表述为:中国传统文化是清晚期以前,以中华民族为创作主体在中国形成和发展的具有鲜明特色和稳定结构的、世代传承并影响整个社会历史的宏大古典文化体系。① 中国传统文化从内容上具体又可分为中国语言文字、中国古代艺术、中国古代法律等六类。② 中国传统文化基于历史局限,对当代人来说,有好坏之分,即精华与糟粕之别。

21世纪以来报刊所提的"传统文化"一般指"优秀传统文化",甚至在最近的文化研究中,优秀传统文化有时也被称为中国文化,或被略称为传统文化。前者如张岱年、方克立主编的《中国文化概论》;后者如学术杂志《传统文化与现代化》,其中传统文化即优秀传统文化。但在本研究中,"中国传统文化"与"优秀传统文化"是两个不同的概念,中国传统文化不等同于优秀传统文化。学者李煜晖、白如提出,"优秀"不是传统文化的客观属性,而是后人根据自身所处时代以及社会的价值观念对传统文化做出的主观判断;任何传统文化观念或作品都是有机整体,优劣得失自成一体,传统文化的优秀成分完全需要今人从辩证唯物主义出发来萃取。③ 本研究认同这一观点,认为中国传统文化包括优秀传统文化,优秀传统文化是国人通过理论验证与实践检验的中国传统文化中的优秀部分。

历来,学界对"优秀传统文化"有两种观点:一种是建立在对"文化"的狭义理解上的,如学者许青春认为,优秀传统文化主要是在我国古代形成的思想文化精髓④;又如学者李宗桂认为,优秀传统文化是中华民族在长期发展过程中形成并有积极历史作用且至今具有重要价值的思想文化。⑤ 对比两位学者对"优秀传统文化"的理解,他们都以为优秀传统文化是思想文化,区别仅在于学者李宗桂对"优秀传统文化"的界定更清晰、明了,更强调优秀传统文化作为思想文

---

① 赵洪恩,李宝席.中国传统文化通论[M]北京:人民出版社,2003:6.

② 邓红学,熊伟业.中国传统文化概观[M].上海:复旦大学出版社,2011:6.

③ 李煜晖,白如.中华优秀传统文化进语文课程的认知误区及其澄清[J].课程·教材·教法,2022,42(1):80.

④ 许青春.关于弘扬优秀传统文化的几个问题[J].山东社会科学,2014(4):178.

⑤ 李宗桂.试论中国优秀传统文化的内涵[J].学术研究,2013(11):38.

化的时代价值与当代意义。另一种是建立在对"文化"的广义理解上的。如学者顾冠华提出，中国传统文化(这里的中国传统文化即优秀传统文化)是"中国几千年文明发展史在特定的自然环境、经济形式、政治结构、意识形态的作用下形成、积累和流传下来，并且至今仍在影响当代文化的'活'的中国古代文化"①。

基于研究需要，本书采用对"文化"的广义理解来界定"优秀传统文化"。优秀传统文化是中华民族在历史发展过程中积淀而成的、被现代人视为有时代价值的精神与物质文明成果，是中国传统文化中的优秀部分。优秀传统文化有两种存续方式：其一，物化的经典文献、文化物品等形式；其二，民族价值观念、伦理道德、思维方式等形式。②

在实施优秀传统文化教育的过程中，"优秀传统文化"与"中国传统文化"虽不同却关联紧密。中国传统文化作为反映优秀传统文化的载体大量存在高中语文教材中。按照2021年教育部印发的《中华优秀传统文化进中小学课程教材指南》，中小学课程教材反映优秀传统文化的主要载体形式有六个方面，即经典篇目、人文典故、基本常识、科技成就、艺术与特色技能以及其他文化遗产；具体到语文教材，有汉字、书法、传统节日、古诗词、古代散文等等。从中可见，作为主要载体形式的这些都是中国传统文化，而优秀传统文化是隐含在中国传统文化中的优秀成分，其中有些处于知识层面，可以从文本字面上学习，而有些作为精神层面则需要对文本进行深入挖掘才能获取。

田慧生等学者强调，优秀传统文化教育与中华传统文化传承不同，优秀传统文化教育只是一种以学校课程、教材、教学途径进行的传统文化教育。③ 这一表述，说明优秀传统文化教育不仅有明确的实施对象，更有特定的方式和路径。本研究者部分认同田慧生等学者的看法，同时又认为优秀传统文化教育其实是中华传统文化传承工程的一个部分，虽然优秀传统文化教育在学校发生，教育重点是培养青少年，但也需要承担中华优秀传统文化传承发展的历史使命。据

① 顾冠华.中国传统文化论略[J].扬州大学学报(人文社会科学版),1999(6):34.
② 田慧生,张广斌,蒋亚龄.中华优秀传统文化融入课程教材体系的理论图谱与实践路径[J].教育研究,2022,43(4):54.
③ 田慧生,张广斌,蒋亚龄.中华优秀传统文化融入课程教材体系的理论图谱与实践路径[J].教育研究,2022,43(4):54.

此,基于相关的研究文献及相关教育政策,本书将"优秀传统文化教育"的概念界定为,优秀传统文化教育是一种以优秀传统文化为教育内容的通过学校课程、教材、教学路径对青少年学生进行的打中国底色、厚植文化底蕴、完善道德品质、增强文化自信、提升文化践行能力的学校教育。

(三)实施效果

一般来说,实施效果是方案、政策、项目等施行后所产出的结果。按照不同的分类标准,实施效果有不同类型。在教育学领域,对高中语文课程中优秀传统文化教育的实施效果进行研究,必然需要使用教育测量。教育测量有广义与狭义两种含义:广义上,它指对教育活动进行量的测定,包含教育效果、教育投入等等;狭义上,它指按一定规则对学生的知识、思想品德等进行的量的测定。①

虽然优秀传统文化教育是中华传统文化传承工程的一个重要部分,其实施效果本身理应具有长久的影响,但本书以高中学段为研究对象且又从学科课程的角度来探讨实施优秀传统文化教育的效果,且限于时间、能力,又不计划追踪调查,因而本书中作者所考查的只能是优秀传统文化教育实施的短期效果。再依据本书的理论基础以及对教育测量的狭义理解,作者选择了高中生作为实施效果的考查对象,考查高中语文课程中优秀传统文化教育实施的结果性效果,为当前高中语文课程中优秀传统文化教育的实施状况做诊断性评价,从而为未来高中语文课程中优秀传统文化教育实施指引方向。

---

① 朱德全.教育测量与评价[M].北京:高等教育出版社,2016:5.

第一章　高中语文课程中优秀传统文化教育实施的历史沿革与现实依据

要明白一件事,须追溯到既往;而所谓既往,就是历史。[①] 由此推论,要明了高中语文课程中优秀传统文化教育实施的"应然"状况,就必然首先要将高中语文课程中优秀传统文化教育实施置于历史情境。纵向回溯我国语文教育发展史,可以看到高中语文课程中优秀传统文化教育实施并不是突如其来的神来之笔,而是数千年来语文教育不断适应社会发展的现实结果。在传统语文教育时期,中国传统文化与传统语文教育密不可分,优秀传统文化教育处于集体无意识中;在现代语文教育时期,中国传统文化与现代语文教育分分合合,但即使分离也藕断丝连,教师实施优秀传统文化教育常处于自发状态;在当代语文教育时期,高中语文课程中优秀传统文化教育实施逐步走上历史舞台,优秀传统文化教育实施者开始逐渐自觉。横向审视高中语文课程中优秀传统文化教育实施的现实语境,高中语文课程中优秀传统文化教育实施有来自宏观层面的国家政策、中观层面的学科课标以及微观层面的课程教材这三重现实依据。这些现实依据,一方面作为发展机遇,为高中语文课程中优秀传统文化教育的实施提供了充裕的物质条件;另一方面又作为驱动要求,制约了高中语文课程中优秀传统文化教育的具体实施。

一、高中语文课程中优秀传统文化教育实施的历史沿革

文化是"人类心能所开释出来之有价值的共业"[②],它对国家与民族的发展意义重大。纵观中国上下五千年的发展演变可以发现,国家的进步与落后、民族的兴旺与衰亡,与其文化的特质及发展状况紧密相关。[③] 在中国数千年的历史流变中,为中华民族的生生不息提供强大精神动力的正是中华儿女所培育和

---

① 吕思勉.中国简史[M].北京:北京联合出版公司,2014:2.
② 梁启超.什么是文化? [N].时事新报·学灯,1922 – 12 – 09.
③ 李亮.课程内容的文化选择[M].北京:人民出版社,2016:1.

发展的优秀传统文化。①

因语言与文化传播的工具是语文,语文教育在国人对优秀传统文化的培育与发展过程中具有不可替代的重要价值。本研究者按照语文教育的自身发展特点及其与优秀传统文化教育的关系,以时间为轴,将我国语文教育分为三个时期:传统语文教育、现代语文教育与当代语文教育。梳理我国语文教育史,可以窥见,从古至今,优秀传统文化教育一直或隐或显存在于不同时期的语文教育中,通过"润物无声"的文化浸润为中华民族培根铸魂,给国人打上中国底色。

(一)传统语文教育中的优秀传统文化教育

传统语文教育指清朝末年实行分科教学前的语文教育体系。② 因这一时期的教育不分科,教育内容是文、史、哲教育与道德伦理等教育的整合。认字、阅读、作文等语文教学是当时各类教育的共同基础,语文教育使用的书面文字为文言文。因而,传统语文教育与中国传统文化血肉相连。

一般认为,传统语文教育自春秋末期由孔子开创私学始,儒家提倡的"文"学教育即传统语文教育。这种延续千年的文教从幼儿的"蒙学"乃至成人的"小学""大学"教育都带有整合性质,具有识字、启蒙、修身等多个层次的综合教育功能,而优秀传统文化教育就隐含其中。

以幼儿的蒙学为例。传统语文教育时期,从周朝开始,国人就比较重视幼儿蒙学,当政朝廷推出了用以童蒙识字的读本。其中,被历代朝廷推出的比较著名的童蒙识字读本如表1-1所示:

表1-1　传统语文教育时期历代著名的童蒙识字读本③

朝代	书名
周	《史籀篇》
秦	《仓颉篇》《爰历篇》《博学篇》
西汉	《凡将篇》《急就篇》《元尚篇》《训纂篇》《太甲篇》《在昔篇》

① 中共中央宣传部.习近平新时代中国特色社会主义思想学习问答[M].北京:学习出版社.2021:315.

② 武玉鹏."回归传统"不是语文课的出路:兼论传统语文教育的当代转换[J].课程·教材·教法,2010,30(5):38.

③ 施正字.从童蒙识字课本看传统语文教学[J].语文建设,2001(7):7.

续表 1 - 1

朝代	书名
东汉	《圣皇篇》《黄初篇》《吴章篇》《女史篇》
晋	《发蒙记》
南朝	《千字文》
宋	《三字经》《百家姓》

本研究将以《三字经》作为典例来审视这些历朝推崇的童蒙识字读本。《三字经》为南宋学者王应麟所著,原著部分所叙述的历史到宋朝为止。因《三字经》是一本极佳的启蒙读物,自宋以来历代朝廷都比较青睐它。《三字经》由此流传至今,成为家喻户晓的一本用以儿童启蒙的国学读物。随着历史的发展,各朝代都有学者对《三字经》的内容不断补充。因其扩充的内容主要集中在历史方面,这使得今人所看到的《三字经》在叙史方面实际包含元、明、清、民国时期的内容。但不管后人对《三字经》如何增删,其总体特色依然保留。内容上,《三字经》取材典范,内容广泛,通俗易懂,旨在对儿童进行启蒙,以汉字教学为起点,在语言交际语境中传授历史知识与道德伦理。形式上,《三字经》三字一句,两句一意,整体结构齐整、韵律工整,朗朗上口、节奏感强,顺口易记,便于儿童诵读和记忆。整体看,《三字经》在内容上包括了历史、天文、地理、道德以及一些民间传说,具有丰富的思想内容与丰盈的道德教育价值,有益儿童启蒙。同时,基于历史原因,《三字经》中依然存在一些封建思想的精神糟粕。而这与其创作的时代背景以及不同时代背景下当政统治阶层对教育所培育人才的要求紧密相关。

因为传统语文教育时期中国基本处于封建社会,所以传统语文教育在教育目的、教育内容及教育方式上都不可避免地被打上了封建主义的烙印。① 在这数千年之久的漫长传统语文教育时期,在中国历史上延续了 1300 多年的科举制度对传统语文教育有很大影响。甚至可以说,传统语文教育曾专门为科举考试服务。隋朝前,门阀制度盛行,寒门不出贵子。隋朝当政者为打破士庶门第界限、扩大选官范围,兴起了科举制度。虽科举制度经唐朝推进,但北宋初期应

---

① 武玉鹏.“回归传统”不是语文课的出路:兼论传统语文教育的当代转换[J].课程·教材·教法,2010,30(5):39.

举者的数量依然有限。直到北宋中期,科举制度才渗透到基层社会,当时所有士大夫家的子弟以参加科举考试获得功名作为人生的首要目标,[①]并由此形成宋朝全民尚文的社会风气。到了明清时期,科举制度的影响力尤甚。[②] 纵向看,科举制度作为一种超越门第观念的人才选拔方式曾在历史上发挥过重要作用,选拔了一大批出身寒门的有才之士进入朝廷,提高了国民的识字率,向基层社会大众渗透儒家观念,更便捷地传播知识等。然而,到明清时期,科举制度日趋僵化;尤其清朝后期,科举制度之弊端已经达到顶峰。[③] 1905 年,科举制度被正式废除。在这一千多年的科举制度运行期,科举制度在社会发展进程中,从作为隋唐时期选拔人才的重要渠道到宋后逐渐成为国家选拔人才的主要方式,制约了传统语文教育的目的与内容。因每朝每代的科举考试都是以儒家经典为核心内容,旨在弘扬封建文化与圣化封建制度,为科举制度制约的传统语文教育在教育内容上以儒家诠释的"四书""五经"为核心,忠与孝成为当时教育的目的与科举取士的标准。[④]

在这样的时代背景下,从总体来看,传统语文教育主要为培养封建社会的人才服务;封建思想与伦理道德是其教育内容的主体;语文教学以教师为中心,主要采用"灌输—接受"单向式教学法;文言文为语文教育的官方语言,语文教材全部以文言文写就。从这一角度来说,传统语文等同于中国传统文化。因而,传统语文教育中的优秀传统文化教育只是中国传统文化教育的附带部分,传统语文教育过程中作为教学内容的中国传统文化是思想精华与封建糟粕并存,"师者"对优秀传统文化教育的实施自发无意识、不主动又不凸显,且优秀传统文化教育的实施路径狭窄、实施方式单调。

(二)现代语文教育中的优秀传统文化教育

从 1904 年语文独立设科成为学科课程后,至 20 世纪 80 年代末优秀传统文化教育兴起前,为现代语文教育时期。从传统语文教育转型到现代语文教育,

① 包伟民.陆游的乡村世界[M].北京:社会科学文献出版社,2020:5.

② 包伟民."唐宋变革论":如何"走出"? [J].北京大学学报(哲学社会科学版),2022,59(4):81.

③ 冯辉.科举制度再思考[J].黑龙江社会科学,1998(1):62.

④ 顾方博,王宪涛,焦垣生,等.科举制度与中国封建社会的超稳定结构[J].西安交通大学学报(社会科学版),1998,18(2):91.

是时人痛定思痛后的现实选择。正如马克思所指出的,近代中国的国门开放是被动与血腥的,"满族王朝的声威一遇到英国的枪炮就扫地以尽,天朝帝国万世长存的迷信破了产"①。1840 年鸦片战争爆发,西方的快舰利炮打开了清政府把控下闭锁的国门,击碎了清政府"天朝尽善尽美"的幻想,也猛烈冲击了当时中国的政治、经济、文化等多个层面。之后,中国多次与发起侵略的法国、日本等对战的失败及多个丧权辱国条约的被迫签订让近代中国精英知识分子清醒认识到,中国社会的落后不仅有科学的落后,更有文化的落后。而文化落后其中一个显著的表征就是作为文化传播工具的传统语文已经成为科举制度的附庸。为打破传统语文教育的思想禁锢,重新发挥语文的文化传播价值,变革传统语文教育迫在眉睫。1903 年,清朝政府拟定了《奏定学堂章程》(即"癸卯学制"),并于 1904 年颁布执行。这是中国近代由中央政府颁布并首次得到施行的全国性法定学制系统,其学制主系列划分为三段七级,设初等教育、中等教育和高等教育三段,其中初等教育分为蒙学院、初等小学堂、高等小学堂三级,中等教育设中学堂一级,高等教育分预科、大学堂、通儒院三级,学制总年限为20—21 年。②《奏定学堂章程》的颁布结束了我国数千年来各地教育不规范、学校无体系的状态,为建立现代学制奠基。当然,《奏定学堂章程》对现代语文教育最大的贡献在于,首次设立了中国文字与中国文学课程,促进语文独立成科,从综合性的传统语文转为专业化的现代语文,让语文成为一门与科学、算术、历史、地理并列的学科课程。从此,中国语文教育进入现代语文教育时期。

　　以中华人民共和国的成立为分界点,现代语文教育时期又具体可细分为两个时期:现代语文教育前期与现代语文教育后期。在现代语文教育时期,语文与中国传统文化的关系时断时续,如"文革"时语文教育中完全没有中国传统文化,语文与中国传统文化之间总体处于一种联结不紧密的状态。相较于传统语文教育时期的语文等同于中国传统文化,现代语文教育时期,语文就是一门学科,它与中国传统文化是学科课程与部分教学内容的关系。

　　1. 现代语文教育前期的优秀传统文化教育

　　从 1904 年至 1948 年,为现代语文教育前期。这一时期,现代语文教育相

---

　　① 中共中央马克思恩格斯列宁斯大林著作编译局. 马克思恩格斯选集:第 1 卷[M].2版.北京:人民出版社,1995:691.

　　② 孙培青,杜成宪. 中国教育史[M].3 版. 上海:华东师范大学出版社,2009:347-348.

较传统语文教育有两个巨大改变:

(1)在语言文体上发生了翻天覆地的变化

因各代朝廷认定文言文为官方书面语言,传统语文教育中早已出现"言文不一致"现象。这种现象到清朝末期达到了顶峰,受到当时主张变革的维新派人士的坚决反对,他们纷纷撰文发表意见,呼吁"言文一致"。1868 年,晚清诗人、政治家、教育家黄遵宪在其新诗《杂感》中所提出的"我手写我口,古岂能拘牵"成为当时宣扬"文体解放"的代表性口号。1891 年,康有为在其《新学伪经考》中响应黄遵宪的号召,想象国人都用相同语言文字表达交流的大同语文图景。1898 年,裘廷梁等人创办了我国最早的白话报纸《无锡白话报》,以实际行动提倡废文言尚白话,尝试将康有为的设想化为现实。之后,白话书报在各地涌现,学科教材也开始以白话文形式书写,如 1906 年前后,上海出版了白话文撰写的教学用书共计 50 多种。① 但真正自觉地去推动以白话文代替文言文这个语言变革,应从白话文运动开始。白话文运动是 20 世纪初期由胡适、陈独秀等人发起的一次革新运动,旨在推动白话文代替文言文成为通用的书面语。在白话文运动兴起的同期,却有吴宓、章太炎、胡先骕等著名学者全力反对并撰文发表反对意见。于是,两方学者进行激烈的争论,形成当时声势浩大的"文白之争"。在几番较量之后,这场"文白之争"最终以白话文的胜出结束,它形塑了现代语文教育的基本面貌。从此,虽然语文教材还存在一定的文言文内容,语文教学还保留一定的文言文教学,但教、说、写白话是现代语文教育的正宗②,白话文也堂堂正正地成为现代语文教育的语言主体。在白话文取代文言文成为官方书面语的同一时期,清末民国时期的其他两场语文运动,即国语运动(建立和推广汉民族标准语口语)和汉语拼音运动(当时也叫"切音运动""简字运动",推动注音改革与字体简化),也取得了成功。这三大运动,让现代语文教育在语言文体上发生了翻天覆地的变化,从文言文到白话文,从古代汉语到现代汉语,从反切注音到字母注音,从繁体字到简化字。③

---

① 耿红卫,王楠.我国传统语文向现代语文的变革历程[J].河北师范大学学报(教育科学版),2017,19(5):89.

② 王本华.现代语文教育百年历史回眸[J].课程·教材·教法,2004,24(10):37.

③ 耿红卫.二十世纪前期我国现代语文教育观的确立[J].教育研究与实验,2013(6):59.

（2）现代语文教育观在科学主义知识观的影响下由思想性偏向工具性

20世纪初兴起的科学主义知识观对现代语文教育的影响极大，让知识成为现代语文教育的重要教育目标。由此，现代语文教育开始注重知识的传授，关注客观知识的价值，由"文以载道"重视思想性的传统语文教育观转向偏向实用性、工具性的现代语文教育观。语文是工具，最早源于晚清民国时期语文三大运动时马建忠在《马氏文通》中的言语，他明确提出语言文字是富国强民的工具。之后，叶圣陶先生等学者也发文强调语言与文字的工具性，并提出国文是工具的论断。偏重思想性的语文转向注重实用性与工具性，其意义有两个方面：一方面，它促进了现代语文教育向传统语文教育转化的速度，快速形成具有现代特色的、紧跟时代发展的语文教育观；另一方面，逐渐形成语文工具性论，为中华人民共和国成立后到20世纪末近半个世纪关于语文教育性质的"工具性"与"思想性"之争埋下伏笔。

2. 现代语文教育后期的优秀传统文化教育

1949年至20世纪80年代末，为现代语文教育后期。中华人民共和国成立初期，我国延续长期革命斗争时期中国共产党"以俄为师"的道路，在文教事业上积极借鉴苏联经验。1949年，教育部副部长钱俊瑞在新中国第一次全国教育工作会议上，旗帜鲜明地提出"特别要借助苏联教育建设的先进经验，建设我们的新民主主义教育"①。1952年起，各科教材分期分批向苏联教材靠拢；1956年，我国中小学效仿苏联模式，将语文分汉语和文学两科教学，既重视学科的工具性，又重视语文学科的思想性，原来单薄、贫乏且干瘪的中小学语文课本也因为借鉴苏联教材而在内容上大大丰富。② 可惜20世纪60年代中后期至70年代后期，我国教育受"文革"的政治把控，语文教学陷入政治化。同时，现代语文教育前期的语文工具性理论也对后期的语文教育教学实践产生了不小的影响。1962年，张志公先生发表《说工具》一文，虽指出语文教学中天然地具有思想性，却更强调语文教学的工具性。1963年，教育部颁布的《全日制中学语文教学

---

① 钱俊瑞. 在第一次全国教育工作会议上的总结报告(1949年12月23日)[M]//《中国教育年鉴》编辑部. 中国教育年鉴(1949—1981). 北京:中国大百科全书出版社,1984:684.

② 刘景超. 建国初期苏联对我国中小学教科书内容的影响研究[D].长沙:湖南师范大学,2011:42.

大纲(草案)》更是直接也是首次以文件形式明确提出,语文是基本工具。① 20世纪80年代以来,在我国市场经济商品大潮的冲击下,社会上普遍出现了拜金主义、利己主义、享乐主义等消极思想,这些消极思想的普遍化造成了整个社会思想道德和人文精神的失落;同时,应试教育下标准化测试导致了人们对语文学科工具属性的扭曲认知。这一时期的语文教育在语文课程建设上过于强调科学化,语文教学走向片面分析、机械训练,使"教学内容基于知识体系而建构,知识体系基本上是围绕基本知识(字词句段、语修逻文)和基本能力(听说读写)进行设计……设计大量练习题,让学生反复机械地做练习"②。如此带有"现代取向"的语文课程建设背离了中国语文的审美传统及文化根源,将语文作为一门学科课程深含的精神、意蕴消解,直接导致了诸多语文教育问题的出现:知识、能力片面化,难以在生活中加以运用;远离学生体验;育人乏力,违背了人的发展过程中知识、能力与人格的和谐统一。③

总体来看,现代语文教育前期,传统语文教育开始转型到现代语文教育,带有文、史、哲整合性质的大语文教育转换为分工更为细致的具有学科性的专业语文教育,虽然教材还一定范围保留文言文,语文教学还保留一些文言文教学,但实际上现代语文教育较为忽视青少年的优秀传统文化教育,且白话文教材文本的大量存在,导致优秀传统文化教育的实施时间大大减少。现代语文教育后期,由于对人文性或思想性的轻视,对中国传统文化的不够重视,优秀传统文化教育的实施状态与前期状态相当,各学段语文教师作为实施者都不够重视优秀传统文化教育。优秀传统文化教育为实施者的自发行为,实施时间显著不足。

(三)当代语文教育中的优秀传统文化教育

20世纪90年代至今,为当代语文教育时期。20世纪90年代起,世界发生了巨变,信息时代的到来改变了人类获取知识的方式。这一时期,语文课程建设在文化自觉意识的引领下与优秀传统文化教育融合。但这种融合,与传统语文教育时期的语文近乎等同于中国传统文化不同,它有意识地拉近了语文与中国传统文化的距离,服务于当代语文教育中优秀传统文化教育的实施。在这一

---

① 王柏勋,曹洪顺.中学语文教学大纲50年的变迁[J].语文教学通讯,2000(18):7.
② 肖秀兰.语文教育的整体观[J].课程·教材·教法,2002,22(7):10.
③ 李学.和合语文课程研究[M].武汉:华中科技大学出版社,2012:169-170.

时期,当代语文教育中的优秀传统文化教育出现了新的气象,具体为:一方面,语文教师们在当代语文教育中实施优秀传统文化教育由自发逐渐走向自觉;另一方面,当代语文教育中的优秀传统文化教育实施开始阶段化,就高中语文课程而言,优秀传统文化教育的实施经历了早期的铺垫—初期的萌发—中期的发展—如今的实践探索阶段。

文化寻根是20世纪从西欧和北美兴起的思想运动和民间文化复兴运动,后推广形成风靡全球的反叛现代性的文化寻根大潮。"文化寻根"在中国有多年的发展历史。我国当代知名作家韩少功在其发表于1985年的《文学的"根"》中提出,文学有根,文学之根理应深植民族传统文化土壤。该文的刊发如催化剂,使20世纪80年代中期的中国文坛兴起了"文化寻根"热潮。"文化寻根"潮先从文学领域起,后慢慢延伸至各领域。在语文经历了近百年与中国传统文化的分离后,当代语文课程建设也有文化寻根的必要,因为"让课程文化寻根之旅激荡在心底,找到课程文化的精神之根,为中国课程文化的建设提供根基性的支撑"①。且语文课程建设进行文化寻根,让中国传统文化回归语文课程,既会让语文课程重新扎根于深厚的优秀传统文化土壤中,也会让传承数千年的优秀传统文化资源滋养当代的语文课程,为语文课程的内蕴性筑基。这应该是"如何将中华优秀传统文化与语文课程从形而下的知识、技术层面的浅层渗透跃升为形而上的思想、精神层面的深度融合,成为当下语文课程改革面临的现实问题"②的解决之道。

就如学者所指出的,20世纪90年代是优秀传统文化教育的复兴探索期。③我国提倡优秀传统文化教育的相关政策最早就是在20世纪90年代初出台的。21世纪以来,中共中央、国务院及各部、委、办共颁发了几十个与优秀传统文化教育相关的政策文件。单从2000年开始至今20余年,党和国家就颁布了44个与中华优秀传统文化相关的政策文件。④ 对这些政策文件进行内容分析发现:

---

① 王德如.课程文化自觉论[M].北京:人民出版社,2007:166.

② 张宏.中华优秀传统文化与语文课程深度融合的路径探析[J].教育研究,2018,39(8):108.

③ 王文静,杜霞.中华传统文化教育研究报告:2020[M].北京:社会科学文献出版社,2020:18.

④ 田慧生,张广斌,蒋亚龄.中华优秀传统文化融入课程教材体系的理论图谱与实践路径[J].教育研究,2022,43(4):54.

我国对优秀传统文化教育的关注与重视程度在不断加强,对优秀传统文化教育的理解与认识程度正逐步深化,对落实中华优秀传统文化教育主渠道的坚持贯穿始终。① 这些都充分表明,国人对优秀传统文化的传承与发展正在从原来的自发、无意识转向自觉、有意识。而对本研究来说,这些政策文件更重要的意义在于:一方面,指出了高中语文课程中优秀传统文化教育实施的重要性、必要性及紧迫性,为高中语文课程中优秀传统文化教育的实施提供了必要的政策保障与政策依据;另一方面,勾画出了高中语文课程中优秀传统文化教育实施的发展轨迹。

依据政策文件对应的高中语文课程中优秀传统文化教育实施的状态,本书作者将高中语文课程中优秀传统文化教育实施的发展过程分为四个阶段:

1.铺垫期(20 世纪 90 年代—2000 年)

20 世纪 90 年代初,党的十四大提出,我国教育事业发展的重要目标是"两基",即基本普及九年义务教育与基本扫除青壮年文盲。1994 年,在全国教育工作会议后,"两基"才真正从目标变为国家行动,成为我国 20 世纪 90 年代教育工作的重中之重。而此前后,在国际国内"文化寻根"的影响下,为积极应对改革开放以来公民道德素质的下降以及资产阶级自由化思潮的冲击,我国先后出台了一些政策文件,倡导优秀传统文化教育。如 1993 年中共中央、国务院发布的《中国教育改革和发展纲要》虽只有一句话提及"要重视对学生进行中国优秀文化传统教育",却最早提出实施优秀传统文化教育。又如 1994 年中共中央印发的《爱国主义教育实施纲要》,是高中语文课程中优秀传统文化教育实施的首个有力的政策支持,它提出优秀传统文化是爱国主义教育的宝贵资源;爱国主义教育的重点是青少年;学校是对青少年进行教育的重要场所,要发挥好课堂教学主渠道的作用。

20 世纪 90 年代末,当数量不再是基础教育面临的最大问题时,教育质量提升的呼声日益高涨。1999 年中共中央、国务院发布的《中共中央、国务院关于深化教育改革全面推进素质教育的决定》提出,要有针对性地开展中华民族优秀文化传统教育。这一政策文件出台的意义在于:一方面宣告我国教育由数量发展开始转向质量发展,即关注人的全面发展;另一方面,也为优秀传统文化教育

---

① 张滢.21 世纪中华优秀传统文化教育政策发展研究:从"三进"的角度考察[J].湖南师范大学教育科学学报,2020,19(5):11.

的实施扫清障碍。

在 20 世纪 90 年代出台的与优秀传统文化教育相关的政策文件中,1994 年中共中央印发的《爱国主义教育实施纲要》对优秀传统文化教育的论述最为详尽,它不仅说明了优秀传统文化教育实施的意义,简述了优秀传统文化的内容,还提及了优秀传统文化教育的重点实施对象以及实施途径。但总体而言,在这些政策文件中优秀传统文化教育只是爱国主义教育的一个部分,并不独立。真正将优秀传统文化教育与语文课程紧密联系起来的教育政策文件是 2000 年 4 月 1 日由教育部基础教育司颁发的《关于当前九年义务教育语文教学改革的指导意见》。它在第三部分提出的"让学生在识字过程中初步领悟汉字的文化内涵"及"多背短小精粹的诗文",突出了在语文教学中渗透中华优秀传统文化的思想。这是我国最早涉及优秀传统文化进课程教材的政策文件,也是较早提出语文课程中实施优秀传统文化教育的政策文件。

虽然在这一时期,高中语文课程中优秀传统文化教育的实施还未提及,但这些政策文件却为高中语文课程中优秀传统文化教育的实施做了铺垫。

2. 萌芽期(2001 年—2013 年)

我国首次正式将与优秀传统文化相关内容纳入课标的政策文件是 2001 年教育部印发的《基础教育课程改革纲要(试行)》。它提出,新课程培养目标包含了"继承和发扬中华民族的优秀传统",要求制定国家课程标准时需"加强中华民族优良传统、革命传统教育和国防教育"。2004 年,中宣部、教育部印发的《中小学开展弘扬和培育民族精神教育实施纲要》出台。它提出,各学科要有机渗透民族精神教育,把弘扬和培育民族精神教育纳入中小学教育全过程,贯穿在学校教育教学的各个环节、各个方面,中小学德育课程和语文、历史等人文社会科学课程要体现民族精神的丰富内涵。2006 年中共中央办公厅、国务院办公厅印发的《国家"十一五"时期文化发展规划纲要》,又对优秀传统文化进课程教材提出了一些零散而具体的要求,如"在中学语文课程中适当增加传统经典范文、诗词的比重"以及"中小学各学科课程都要结合学科特点融入中华优秀传统文化内容"等。2012 年,党的十八大报告在第六部分"扎实推进社会主义文化强国建设"中提出,要"建设优秀传统文化传承体系,弘扬中华优秀传统文化"。2013 年中共十八届三中全会通过的《中共中央关于全面深化改革若干重大问题的决定》正式提出"完善中华优秀传统文化教育"。自此,"优秀传统文化""优秀传统文化教育"概念在政策文件表述中稳定下来。①

总体来看,这一时期与优秀传统文化教育相关的政策文件,对"优秀传统文化""优秀传统文化教育"从概念零散、内涵糅杂开始走向概念明确。虽离优秀传统文化内涵的明晰还有一段距离,但"优秀传统文化"与"优秀传统文化教育"已作为专有名词在政策文件中被正式表述出来。同时,因 2006 年出台的相关教育政策文件已经对优秀传统文化进中学语文课程提出要求,在高中语文课程中优秀传统文化教育实施初见端倪。因而,高中语文课程中优秀传统文化教育实施步入萌芽期。

3. 发展期(2014 年—2018 年)

新形势下,为进一步加强对青少年的优秀传统文化教育,2014 年 3 月底至 4 月初,教育部接续出台了 3 个与优秀传统文化教育紧密相关的政策文件。3 月 26 日,教育部印发的《完善中华优秀传统文化教育指导纲要》出台。《完善中华优秀传统文化教育指导纲要》直接以"优秀传统文化教育"为篇名,从世界格局、国内经济社会转轨转型等角度,强调加强优秀传统文化教育的必要性和紧迫性,阐明加强优秀传统文化教育的指导思想、基本原则和主要内容,指出要分学段有序地推进优秀传统文化教育的具体实施以及把优秀传统文化教育系统融入课程和教材体系等等。《完善中华优秀传统文化教育指导纲要》颁布后,优秀传统文化"三进"(进教材、进课堂、进头脑)工作成为教育部门的重要工作内容之一。② 3 月 30 日,教育部又颁布了一项重要的政策文件,即《教育部关于全面深化课程改革落实立德树人根本任务的意见》。它在第二部分"指导思想"中提出"大力弘扬中华优秀传统文化",把"充分发挥人文学科的独特育人优势"作为深化课程改革的主要任务之一。4 月 1 日,《教育部关于培育和践行社会主义核心价值观 进一步加强中小学德育工作的意见》颁布,它对加强中华优秀传统文化教育又提出了具体要求,即"各级教育部门和中小学校要深入开展中华优秀传统文化教育"。

这三个相关政策文件的出台,尤其是《完善中华优秀传统文化教育指导纲

---

① 张滢.21 世纪中华优秀传统文化教育政策发展研究:从"三进"的角度考察[J].湖南师范大学教育科学学报,2020,19(5):9.

② 张滢.21 世纪中华优秀传统文化教育政策发展研究:从"三进"的角度考察[J].湖南师范大学教育科学学报,2020,19(5):11.

要》对优秀传统文化教育的指导意义最大，它"鼓励各地各学校充分挖掘和利用本地中华优秀传统文化教育资源，开设专题的地方课程和校本课程"，强力推动了以地域文化课程资源为内容的高中语文校本课程的开发与实施，加大了高中语文校本课程中实施优秀传统文化教育的力度，也间接提高了高中语文教师对高中语文课程中优秀传统文化教育实施的重视程度，激发了其在语文课程中实施优秀传统文化教育的自觉意识。

2017 年，《关于实施中华优秀传统文化传承发展工程的意见》第一次以中央文件形式专门对中华优秀传统文化的传承与发展提出指导性意见。它明确了优秀传统文化教育的主要内容；提出了以幼儿、小学、中学教材为重点构建中华文化课程和教材体系；修订语文、历史等课程教材，要将优秀传统文化融入教育各环节、贯穿于教育各领域。该文件的出台，让高中语文课程中优秀传统文化教育实施的重点从 2014 年以来的高中语文校本课程开始转向高中语文国家课程，但这一转向在当时还主要停留在顶层设计与上位层面。如 2018 年，由教育部、国家语委联合推出的《中华经典诵读工程实施方案》从语言文化的角度，对实施优秀传统文化教育提出了具体要求，"贯穿大中小幼的中华经典教育体系"，又提出要丰富与完善中华优秀传统文化本身，进一步"挖掘诠释""中华优秀传统文化蕴含的思想观念、人文精神、道德规范"。它所提出的"经典教育体系"是对 2017 年《关于实施中华优秀传统文化传承发展工程的意见》所提出的"构建中华文化课程和教材体系"的回应，明显是对后者的深化与完善。

简言之，2014 年至 2018 年我国各级部门发布的相关政策文件在对"优秀传统文化"的概念表述稳定且内涵界定清晰之后，对其内涵做了进一步的挖掘与深化，又将优秀传统文化教育从理论层面指向实践层面，在语文教育层面有意识地从校本课程中实施转向国家课程中实施，并增强了指导实施的针对性。这段时期，对高中语文课程中优秀传统文化教育实施的发展尤为重要。在《完善中华优秀传统文化教育指导纲要》与《关于实施中华优秀传统文化传承发展工程的意见》这两个重量级政策文件出台后，优秀传统文化传承成为我国新的时代课题，不仅让全国上下掀起一波优秀传统文化教育实施的热潮，也让高中语文课程中优秀传统文化教育实施进入了一个迅猛发展阶段。

4. 实践探索期（2019 年至今）

在前一阶段政策文件（尤其是 2014 年与 2017 年的两个政策文件）发布激

起了各界对优秀传统文化教育的研究兴趣后,优秀传统文化教育开始落地生根于各大中小学校,并涌现不可计数的以校本课程为现实样态的传统文化课程。以北京市小学为例。2016 年,北京市教科院课程中心对北京市各小学传统文化课程的设立与实施情况调查发现,开设传统文化校本课程的小学有 250 所,占调查所涉及学校的 30.2%。① 2019 年后发布的有关优秀传统文化教育的政策文件让人们高涨的心绪逐渐平复下来,人们开始以稳定的、理性的状态来探讨如何在实践层面将具有重大主题价值的优秀传统文化教育在教育教学这一育人环节落实。因这同样适用于高中语文课程中优秀传统文化教育的实施,所以,本研究者将这一时期自名为高中语文课程中优秀传统文化教育实施的实践探索期。其阶段表征主要是:高中语文课程中优秀传统文化教育实施的关注热点从上到下完成了从高中语文校本课程到高中语文国家课程的转向,并开始在以高中语文课堂为主要实施场所,以高中语文教材(最初是"一纲多本"时期多版本的语文教材,现在随着统编教材逐步实现全面覆盖,最终为统编高中语文教材)为主体教材文本的高中语文课堂教学中进行积极的实践探索。

2019 年 6 月,《关于新时代推进普通高中育人方式改革的指导意见》发布。它提出新时代高中的培养目标及新课程新教材全面实施、教育教学改革深入推进等的总体目标,以及"深入开展中华优秀传统文化教育"的要求。这为高中语文课程中利用新课程、新教材实施优秀传统文化教育在国家课程层面做了政策上的引领。同年 11 月 5 日,《中共中央关于坚持和完善中国特色社会主义制度推进国家治理体系和治理能力现代化若干重大问题的决定》出台,它从制度层面肯定了进行中华优秀传统文化教育的意义和价值。11 月 12 日,中共中央、国务院印发的《新时代爱国主义教育实施纲要》在第二部分"基本内容"第 12 条对"传承和弘扬中华优秀传统文化"提出意见,又从方法、途径等角度对加强优秀传统文化教育提出了进一步要求。

2020 年,教育部部署重大主题教育进课程教材"育人"工程,并开始筹备印发多个重大主题教育进课程教材的指导性文件。优秀传统文化教育是被教育部甄选的新时代进入大中小学课程教材的九个重大主题教育之一。2021 年 1 月,优秀传统文化教育进课程教材的指导性文件——《中华优秀传统文化进中

---

① 李群,王荣珍.小学中华优秀传统文化课程建设:北京扫描[J].中小学管理,2016(4):29.

小学课程教材指南》发布。该政策文件指出优秀传统文化进中小学课程教材的重要意义以及优秀传统文化教育的基本原则、总体目标等,并要求从育人目标出发遴选优秀传统文化内容和载体形式;还提出落实优秀传统文化教育以语文、历史、道德与法治三科为主,各学科要从自身特点出发,形成有机育人整体。《中华优秀传统文化进中小学课程教材指南》的出台直接为高中语文课程中优秀传统文化教育的实施指出了实践路径(在高中语文课堂中,运用统编教材中反映优秀传统文化的载体形式,实施优秀传统文化教育)及具体的实施目标等。

简言之,从 2019 年至今发布的各类优秀传统文化教育相关的政策文件,尤其是 2021 年教育部发布的《中华优秀传统文化进中小学课程教材指南》,将学界对高中语文课程中优秀传统文化教育实施的关注点从理论研究层面直接引入教育教学育人实践层面,使学者们对高中语文课程中优秀传统文化教育实施研究的重心从宏观到中观,最终指向高中语文课程中优秀传统文化教育实施的微观层面。由此,这一时段应为高中语文课程中优秀传统文化教育实施的实践探索期。

在当代语文教育时期,梳理高中语文课程中优秀传统文化教育实施的来龙去脉,能明了作为实施者的高中语文教师在国家相关政策文件的引领下正从自发的实施者向自觉的实施者转型,可明确当前高中语文课程中优秀传统文化教育的实施处于什么阶段,便于找出其现实依据以及支撑实施运行的核心理论,并为本研究对高中语文课程中优秀传统文化教育的实施效果的科学测评提供历史依据。

二、高中语文课程中优秀传统文化教育实施的现实依据

新时代,高中语文课程中优秀传统文化教育实施具有充分的现实依据,分别来源于宏观层面的国家政策、中观层面的语文课程新课标以及微观层面的新教材。

(一)高中语文课程中优秀传统文化教育实施是落实国家政策的必然

毋庸置疑,高中语文教师在高中语文课程中实施优秀传统文化教育是依法执教。在 20 世纪末以来发布的诸多优秀传统文化教育相关的政策文件中,直接对高中语文课程中优秀传统文化教育在教学环节的具体实施有理论指导意

义的政策文件有 2014 年教育部印发的《完善中华优秀传统文化教育指导纲要》以及 2021 年教育部发布的《中华优秀传统文化进中小学课程教材指南》。这两份文件中,前者虽有文本表述将优秀传统文化教育细化到了高中阶段,却没有相关内容关涉高中语文课程中优秀传统文化教育的实施。由此,它对高中语文课程中优秀传统文化教育的实施只在一定程度上有借鉴意义。后者在优秀传统文化进中小学课程教材的大背景下明晰了语文课程在落实优秀传统文化教育中的重要地位(三大核心课程之一),提出了具有学科独特性的反映优秀传统文化的载体形式及优秀传统文化教育在语文各个学段的实施目标等等。由此,后者对高中语文课程中优秀传统文化教育的实施更有绝对的指导意义。从这个角度来说,现实教育实践中高中语文课程中优秀传统文化教育的实施是落实该政策的必然举措。

事实上,《中华优秀传统文化进中小学课程教材指南》出台后,当前高中语文课程中实施优秀传统文化教育与先前高中语文课程中实施优秀传统文化教育的最大差异在于:该政策文件给当前的高中语文课程中优秀传统文化教育的实施设置了一个宏大的时代背景,并使其成为中小学重大主题教育系统化、综合育人效果一体化的一个不可分割的部分。具体来说,《中华优秀传统文化进中小学课程教材指南》在意义、基本原则等八个方面对优秀传统文化进中小学课程教材进行了顶层设计、整体规划,并具体对优秀传统文化教育"进"什么、怎么"进"、如何"实施",从上到下、从宏观到微观做了理论上的指导。

通过整理与高中语文课程中优秀传统文化教育实施紧密相关的政策文本的表述内容可以发现,《中华优秀传统文化进中小学课程教材指南》对高中语文课程中优秀传统文化教育实施的教育诉求有:

1.实施之时要充分发挥高中语文课程教材的育人价值

《中华优秀传统文化进中小学课程教材指南》提出,优秀传统文化进课程教材的意义重大,有助于中小学生永续中华民族根与魂,坚守中华民族共同理想信念,筑牢民族文化自信的思想根基等等。优秀传统文化进课程教材有两大目标:其一,使优秀传统文化科学、有效地融入中小学课程体系;其二,增强课程教材的育人价值,坚定学生的文化自信。

从这段文本的表述可见,高中语文课程中优秀传统文化教育实施非常重要,实施的目标为对学生进行优秀传统文化的传承,坚定其文化自信。为此,高中语文教师在优秀传统文化教育的实施过程中要充分利用优秀传统文化教育内容,充分发掘教材文本的文化育人价值。

2. 实施重点目标是增强高中生对优秀传统文化的理性认知及践行能力

《中华优秀传统文化进中小学课程教材指南》还提出了从小学到高中各个学段的优秀传统文化教育的要求与目标。按照该政策文本,高中学段优秀传统文化教育的重点目标是增强高中生对优秀传统文化的理性认识和践行能力。这一目标具体体现在以下几个方面:学会以国际视野审视优秀传统文化,由此需要培育其对文化的反思与批判能力;提高对优秀传统文化全面而客观的认识能力,坚定文化自信;在文化的发展中不仅要进行文化传承,更要有文化创新;优秀传统文化教育要具体落实在行动中,即通过学习提升道德品质,践行中华美德,形成担当意识与爱国情怀。

3. 文化教育目标需要通过多形式的语文综合实践活动的开展来实现

语文课程中反映优秀传统文化的载体形式众多,有汉字、书法等等。《中华优秀传统文化进中小学课程教材指南》提出对高中语文课程中优秀传统文化教育实施的具体要求有:(1)认识书法艺术及其背后的文化意蕴,形成书法创作与书法鉴赏的初步经验;(2)在经典诗文的品读与研习中,提高审美品位,把握思想内涵,理解人文精神;(3)在表达交流中有意识引用经典,提升文化品位,初步形成文化自觉意识;(4)在对语料的梳理探究中,形成文化批判与反思意识;(5)在综合实践活动中,初步形成对优秀传统文化的理性认识,对优秀传统文化创新提出个人见解,形成民族文化自豪感,以传统美德律己修身,厚植家国情怀。这些具体要求表明,高中语文课程中优秀传统文化教育的实施必然要通过多种形式的语文活动的开展来实现文化教育目标,如提高文化认知、唤醒文化自觉、促进文化反思与文化批判等等。

通过对《中华优秀传统文化进中小学课程教材指南》文本的内容分析,一是可以知道宏观层面上国家对高中语文课程中优秀传统文化教育实施的具体要求,二是可以推论当前高中语文课程中优秀传统文化教育实施在我国优秀传统文化传承体系中的位置与价值。事实上,作为优秀传统文化科学、有效进入高中语文课程教材的物证——统编高中语文教材——从 2019 年秋季学期部分地区的投入使用到 2022 年秋季学期已经实现全国各普通高中的全覆盖,这充分表明优秀传统文化融进高中语文课程教材成了实然。如今,"万事俱备,只欠东风"。如此,高中语文课程中优秀传统文化教育的实施必然要动起来,一方面要通过教育实践探索检验优秀传统文化"进"课程教材的质量如何,另一方面要解决《中华优秀传统文化进中小学课程教材指南》所提出的中华优秀传统文化教育在教育教学育人环节的落实问题。

(二)高中语文课程中优秀传统文化教育实施是践行新课标的必需

2017 年年底,新课标落地。高中语文新课标从学业质量、实施建议等六个方面对高中语文课程进行了全面诠释。梳理其中的优秀传统文化教育内容,可以发现,这六个方面中有五个方面或多或少谈及优秀传统文化教育。新课标中有关优秀传统文化教育内容的文本表述对高中语文课程中优秀传统文化教育实施的价值有:

1.揭示优秀传统文化教育是高中语文课程的重要教育内容

在"基本理念"部分,新课标以"语文课程对继承和弘扬中华优秀传统文化……具有不可替代的优势"的文字表述强调语文课程对于落实优秀传统文化教育的意义。除了说明语文课程应该引导学生自觉传承中华优秀传统文化外,新课标还在"课程性质"部分规定高中语文课程要"积累丰厚的文化底蕴""传承和发展中华文化"[①]。在"课程结构"中,新课标所创意设计的十八个学习任务群中直接以优秀传统文化教育为主题的学习任务群有三个,中华传统文化经典研习 2 学分,占选择性必修总学分的三分之一;中华传统文化专题研讨 2 学分,汉字汉语专题研讨 2 学分,总共占选修总学分的三分之一。在"文学阅读与写作"学习任务群中,新课标提出,课内阅读篇目中国古代优秀传统文化作品应占 1/2。[②]

由上可见,新课标在课程性质、基本理念、课程内容以及课程结构中对优秀

---

① 中华人民共和国教育部.普通高中语文课程标准:2017 年版 2020 年修订[M].2 版.北京:人民教育出版社,2020:1 – 3.

② 中华人民共和国教育部.普通高中语文课程标准:2017 年版 2020 年修订[M].2 版.北京:人民教育出版社,2020:10.

传统文化及实施相关目标的表述,无不表明,语文教育要重视教材文本中的中国传统文化教学内容,优秀传统文化教育是语文课程中不可忽略的重要教育内容。

2.点明优秀传统文化教育实施目标与学科核心素养培育目标相辅相成

语文学科核心素养是语文学科育人价值的集中体现。新课标提出,高中生的语文学科素养有四个主要方面。这四个主要方面都与优秀传统文化教育的实施目标有较大关联:(1)"文化传承与理解"方面有优秀传统文化教育的目标,在新课标中被具体表述为"继承和弘扬中华优秀传统文化""拓宽文化视野,增强文化自觉""热爱中华文化"①,而这些目标正是高中语文课程中优秀传统文化教育实施的部分目的;(2)"审美鉴赏与创造"方面与进入高中语文教材中的中国传统文化的审美功能相吻合,都有意识地对高中生的审美能力进行培育;(3)"思维发展与提升"方面与中国传统文化对高中生的认识功能的培养目标一致,都要增强学生的辨识能力,提升个人从感性认识到理性认识的思维品质;(4)"语言建构与运用"方面,高中语文课程中优秀传统文化教育实施在文言文语料的阅读与教学中更注重对中国古代语言文字的传承与理解,不仅有对其中的实词、虚词、一词多义、通假字、特殊句式等的整理与积累,还需建构中国古代文言知识体系;而语文学科核心素养在"语言建构与运用"方面有更整合的目标,不但有文言文方面的要求,而且有现代白话文方面的要求。当然,从当代的实用功能来说,它会更注重高中生现代白话文的语言运用能力。

简言之,从新课标的这些文字表述可见,某些高中语文学科核心素养的培育目标的实现其实是优秀传统文化教育实施目标的实现。换句话说,也就是在高中语文课程中优秀传统文化教育的实施目标与语文学科核心素养的培育目标有交叉关系,是完全可以在高中语文课堂教学中通过整合实现共存共赢的。

3.类比说明实施优秀传统文化教育对不同对象有不同的要求

高中语文新课标在"学业质量"部分,将高中生语文学业质量水平分为五个等级,这五个等级中都涉及了优秀传统文化教育的内容。水平一:高中生要一定程度了解中国传统文化内容,重点关注优秀传统文化的继承。水平二:高中

① 中华人民共和国教育部.普通高中语文课程标准:2017 年版 2020 年修订[M].2 版.北京:人民教育出版社,2020:5.

生要对优秀传统文化产生兴趣,热爱学习汉语与汉字,乐于积累古诗文,积极主动梳理探究语言材料中蕴含的中国传统文化内容,能在个人的语言表达中巧妙运用有文化意蕴的语料和语言形式。水平三:高中生要较喜欢汉语、汉字和优秀传统文化,能养成主动积极去积累、梳理与探究有文化意蕴的语料的习惯。水平四:高中生要有浓厚兴趣和意愿去通过语言学习深入理解、探究文化问题,并传承中华优秀传统文化。水平五:高中生要有文化批判和反思意识。① 从高中语文新课标的这个学业质量等级分布可以看出,不同的水平层级有不同的效果标准,高中语文新课标允许高中生在语文学习水平上有不同的梯度。推而广之,对高中语文课程中优秀传统文化教育的实施,除要允许教育实施有共性效果外,还对不同的对象有不同的个性化效果;而要提升高中语文课程中优秀传统文化教育的实施效果,从学生的角度来说,是让学生从水平一逐步走向水平五,具体就是对中国传统文化从一般了解到逐步深入,对优秀传统文化从感性认知到理性认知,从口头上的重视优秀传统文化到对优秀传统文化有文化批判与反思意识并形成文化自觉,还落实在优秀传统文化行为的养成及优秀传统文化的践行上。

新课标作为高中语文课程中优秀传统文化教育实施的中观层面的理论指导性文件,其文本表述中关涉的优秀传统文化教育内容丰富且指向明显。这充分表明,高中语文课程的实施与优秀传统文化教育的实施之间并不冲突,而是相辅相成。如此,既然课程改革以来,高中语文新课标指导下的高中语文课程的实施正紧锣密鼓地进行,那么高中语文课程中优秀传统文化教育的实施也必须随即跟进。

(三)高中语文课程中优秀传统文化教育实施是用好新教材的必要

高中语文国家课程的教材以高中语文课程标准为理论指导编写而成。旧课标,即 2003 版的《普通高中语文课程标准(实验)》,在"课程性质"部分指出,语文课程要进一步提高学生的语文素养,有更高层次的语文素养具体表征为有较强的语文应用能力和一定的审美能力与探究能力,并形成良好的思想道德素

---

① 中华人民共和国教育部.普通高中语文课程标准:2017 年版 2020 年修订[M].2 版.北京:人民教育出版社,2020:35－39.

质和科学文化素质。①新课标,即2017年版2020年修订的《普通高中语文课程标准》,在"课程性质"部分依然指出要进一步提高语文素养、形成良好的思想道德修养,将"科学文化素质"改为"科学人文修养",且增加了"传承和发展中华文化、增强民族凝聚力和创造力"及"培养德智体美劳全面发展的社会主义建设者和接班人"的要求。另外,新课标还创新性地提出了学科育人价值的集中体现是学科核心素养,语文学科核心素养主要包括四个方面:语言建构与运用、思维发展与提升、审美鉴赏与创造、文化传承与理解。②对比新旧课标可以发现,在初中语文课程实施的基础上,表面来看,新课标指导下高中语文课程依旧要提升学生的语文素养,但新课标中高中语文课程实施的根本已经转为语文学科核心素养,"四支柱"的语文学科核心素养相较"三维"的语文素养更贴近新时代要求,且更注重文化教育,旨在培养高中生的文化自信及推动优秀传统文化的创新发展。

因新旧课标不同,在新旧课标指导下编排的高中语文教材有诸多不同之处。以进入高中语文课程教材的中国传统文化为例。旧课标指导下的一纲多本时期的高中语文必修教材选入了一定数量的以古诗文为主体的中国传统文化内容,但不同的版本有不同的数量。据学者统计,六大版本高中语文教材中,选入的古诗文在总课文数的占比分别为:人教版为40%,沪教版为36%,鲁人版为31%,粤教版为32%,语文版为40%,苏教版为17%。③从这里可以看出,人教版与语文版的古诗文占比最高。因本研究者工作所在的省份使用的是人教版,就以人教版为例。经本研究者梳理,以古诗文为主体的中国传统文化在人教版高中语文国家课程必修教材④中具体的分布及其对应的学习内容如表1-2所示:

---

① 中华人民共和国教育部.普通高中语文课程标准:实验[J].语文建设,2003(9):50.

② 中华人民共和国教育部.普通高中语文课程标准:2017年版2020年修订[M].2版.北京:人民教育出版社,2020:1-5.

③ 韩宜真.不同版本高中语文教材文言文选编的比较研究[D].长春:东北师范大学,2012:3-4.

④ 人民教育出版社,课程教材研究所,中学语文课程教材研究开发中心,等.普通高中课标标准实验教科书·语文[M].北京:人民教育出版社,2007.

表1-2 中国传统文化在人教版高中语文教材（必修）中的分布及其对应的学习内容

册数	单元	篇目	学习内容
必修1	第二单元	《烛之武退秦师》《荆轲刺秦王》《鸿门宴》	古代记叙散文
	梳理探究	优美的汉字、奇妙的对联	汉字的起源、形体、构成、文化；对联知识
	名著导读	《论语》	文化典籍
必修2	第二单元	《氓》《采薇》《离骚》《孔雀东南飞（并序）》《涉江采芙蓉》《短歌行》《归园田居（其一）》	先秦到南北朝时期的诗歌
	第三单元	《兰亭集序》《赤壁赋》《游褒禅山记》	古代山水游记类散文
	梳理探究	成语：中华文化的微缩景观、修辞无处不在、姓氏源流与文化寻根	成语的来源与结构、文化，修辞类型、姓氏源流、年节风俗、民族探源
必修3	第一单元	《林黛玉进贾府》	古代小说
	第二单元	《蜀道难》《杜甫诗三首》《琵琶行（并序）》《李商隐诗两首》	唐代诗歌
	第三单元	《寡人之于国也》《劝学》《过秦论》《师说》	古代议论性散文
	名著导读	《红楼梦》	文学经典
必修4	第一单元	《窦娥冤》	古代戏曲
	第二单元	《柳永词两首》《苏轼词两首》《辛弃疾词两首》《李清照词两首》	宋词
	第四单元	《廉颇蔺相如列传》《苏武传》《张衡传》	古代人物传记
必修5	第一单元	《林教头风雪山神庙》	古代小说
	第二单元	《归去来兮辞（并序）》《滕王阁序》《逍遥游》《陈情表》	古代抒情散文
	第三单元	《咬文嚼字》《说"木叶"》《谈中国诗》	文艺评论和随笔
	第四单元	《中国建筑的特征》	自然科学小论文
	梳理探究	文言词语和句式、古代文化常识	文言文知识、古代文化常识
	名著导读	《三国演义》	文学经典

　　按照人教版教材前言所述,这套教科书每册都分为四个部分,即阅读鉴赏、表达交流、梳理探究与名著导读。其中"阅读鉴赏"为教科书的主体,阅读的课文分单元编排,单元的组成兼顾文体和人文内涵。从表1－2可以看出:(1)被选入教科书的中国传统文化主要分布在"阅读鉴赏"部分中,少量进入"梳理探究"与"名著导读"部分。(2)"阅读鉴赏"部分选入的中国传统文化以古诗文为主,且古代诗歌基本按照中国文学史发展的时间编排,从唐前诗歌—唐诗—宋词—元曲(其中,宋词和元曲在同一册,只是单元安排元曲稍微在前,宋词后一个单元)的先后次序安排;古代散文按文学体裁来编排,分记叙散文、抒情散文、议论性散文、游记散文、古代小说、古代人物传记六种类型。(3)"名著导读"部分选入了一部文化典籍与两部文学经典,而文言文知识、古代文化常识、成语文化、姓氏文化、对联知识、书法艺术放在"梳理探究"部分。总体来看,人教版选入大量中国传统文化及如此编排课文,好处在于便于以时间轴梳理中国文学发展史,却也可能在无意中引导教师对中国传统文化(如课文中的古诗文)的教学更偏向于语文教育中的文学教育。

　　新教材,即统编高中语文教材。它在新课标的指导下,编排上呈现出了与人教版教材显著不同的特点。同样以与本研究紧密关联的中国传统文化为例,新教材与旧教材相比,其不同主要有两处:其一,新教材选入了更多中国传统文化内容的选文。根据本研究者的统计,古诗文的数量在统编高中语文必修教材选文总数中占比51.08%,超过了人教版中的占比(40%)。从数量上看,新教材完全落实了高中语文新课标中所要求的中国古代优秀作品在课内阅读篇目中应占1/2的数量。[①] 这一变化为高中语文课程中优秀传统文化教育的实施提供了更多的机会。其二,新教材的编排为"人文主题"与学习任务群双线架构。按照教育部的部署,统编高中语文教材的编写遵循立德树人的根本要求,以新时代高中生应有的"理想信念""文化自信""责任担当"为隐性精神主线,按照整体规划、有机渗透、自然融合的基本思路分解成多个人文主题,并融入社会主义核心价值观,以充分发挥高中语文课程教材的独特育人价值。因此,中国传统文化在教科书中的分布不再按照中国文学发展史的时间顺序编排。在新教材中,反映中国优秀传统文化的主要载体——古诗文有两种分布方式,第一种

---

　　① 中华人民共和国教育部. 普通高中语文课程标准:2017 年版 2020 年修订[M].2 版.北京:人民教育出版社,2020:17.

是被散入必修教材各册单元,第二种是被归入各册最后的"古诗词诵读"部分。

本研究者梳理散入新教材各单元的古诗文,可以看出它们与人文主题的对应关系①,如表1-3所示:

表1-3　散入新教材各单元中的古诗文与人文主题对应表

教材	单元	篇目	人文主题
必修(上)	第二单元	《芣苢》《插秧歌》	劳动光荣
	第三单元	《短歌行》《归园田居(其一)》《梦游天姥吟留别》《登高》《琵琶行(并序)》《念奴娇·赤壁怀古》《永遇乐·京口北固亭怀古》《声声慢(寻寻觅觅)》	生命的诗意
	第六单元	《劝学》《师说》	学习之道
	第七单元	《赤壁赋》《登泰山记》	自然情怀
必修(下)	第一单元	《子路、曾皙、冉有、公西华侍坐》《齐桓晋文之事》《庖丁解牛》《烛之武退秦师》《鸿门宴》	中华文明之光
	第二单元	《窦娥冤》	良知与悲悯
	第五单元	《谏逐客书》	抱负与使命
	第六单元	《林教头风雪山神庙》《促织》	观察与批判
	第八单元	《谏太宗十思疏》《答司马谏议书》《阿房宫赋》《六国论》	责任与担当
选择性必修(上)	第二单元	《〈论语〉十二章》《大学之道》《人皆有不忍人之心》《〈老子〉四章》《五石之瓠》《兼爱》	百家争鸣
选择性必修(中)	第三单元	《屈原列传》《苏武传》《过秦论》《五代史伶官传序》	历史的现场
选择性必修(下)	第一单元	《氓》《离骚(节选)》《孔雀东南飞(并序)》《蜀道难》《蜀相》《望海潮(东南形胜)》《扬州慢(淮左名都)》	诗意人生
	第三单元	《陈情表》《项脊轩志》《兰亭集序》《归去来兮辞(并序)》《种树郭橐驼传》《石钟山记》	至情至性

表1-3显示,统编高中语文教材的古诗文在总体28个单元中进入的单元数为13,并对应了13个人文主题;诗歌的编排突破时间限制,依据人文主题与学习任务群混排;散文数量较多且题材多样;教师在教学时可通过对教材文本的文化挖掘来完成主题教育任务。

---

① 王本华.以"研习"为主,打通统编高中语文必修与选择性必修教材:统编高中语文选择性必修教材介绍[J].课程·教材·教法,2021,41(11):6.

进入各单元的古诗文以这种双线架构的方式编排有一定的好处。第一,从育人角度而言,以古诗文进行这些主题教育既有对高中生面对社会、人生、自然的应然态度的教导,也有对其回顾历史、活在当下与迎接未来的积极应对方式的提点,有助于培养德智体美劳全面发展的时代新人;第二,从优秀传统文化教育角度来说,以古诗文进行这些人文主题教育与将古诗文作为反映优秀传统文化的载体形式进行优秀传统文化教育在教育目标上大体相通,只有小部分不一样,均衡两者需要进行一定的主题教育整合。总体而言,这些散入各个单元的古诗文着眼于重大主题教育,指向传承传统文化、形塑民族性格与培育时代新人,有利于学生的全面发展。

经本研究者整理,那些被归入"古诗词诵读"部分的古诗文在新教材中的分布及其主题如表1-4所示:

表1-4 被归入"古诗词诵读"部分的古诗文在新教材中的分布及其主题

教材	篇目	主题
必修(上)	《静女》《涉江采芙蓉》《鹊桥仙(纤云弄巧)》	男女之恋
	《虞美人(春花秋月何时了)》	亡国之悲
必修(下)	《登岳阳楼》《念奴娇·过洞庭》	即景抒情
	《游园(【皂罗袍】)》	青春觉醒
	《桂枝香·金陵怀古》	怀古伤今
选择性必修(上)	《无衣》	军中战歌
	《春江花月夜》	游子思妇
	《将进酒》	即事感怀
	《江城子·乙卯正月二十日夜记梦》	悼念亡妻
选择性必修(中)	《燕歌行(并序)》	征戍之苦
	《李凭箜篌引》	盛赞仙乐
	《锦瑟》	男女之恋
	《书愤》	即事感怀
选择性必修(下)	《拟行路难(其四)》	愤世嫉俗
	《客至》	即事感怀
	《登快阁》《临安春雨初霁》	即景抒情

由表1-4可见,新教材的编写者为新教材的每一册都安排了四首古诗词

放入"古诗词诵读",这意味着进入"古诗词诵读"部分的古诗文总体数量达到20篇。这些古诗词在具体的文学体裁上分为诗(古体诗与近体诗)、词、戏曲,题材上分为咏史怀古诗、羁旅思乡诗、边塞征战诗、山水田园诗、闺怨爱情诗、哲理思辨诗等,主题上涉及男女情爱、家国大事、生活体验、人生感悟等等。细细品味这些进入"古诗词诵读"部分的古诗词,就会发现它们都是中国古代文学史上的文学名篇,文质俱佳,其写作者都具有高超的文学写作技巧及个性化的文学风格。简单地说,这些被纳入"古诗词诵读"部分的古诗词,有两个方面的特点:一方面,文本朗朗上口便于诵读,适合高中生用以积累中国传统文化语言材料,便于形成厚重的文化积淀;另一方面,因文本的文字表述带有作者鲜明的个性,文本解读往往凸显个性化,因而对文本的研读有利于对高中生进行个性化培育。

将散入各个单元的古诗文与被纳入"古诗词诵读"部分的古诗词进行对比,可以发现,那些散入各单元的古诗文,在不同的学习任务群与人文主题的统领下,更偏于对高中生的共性化教育,如优秀传统文化的传承发展、民族精神的血脉延续、家国大事的全民选择等等;而被纳入"古诗词诵读"部分的古诗文更关注高中生的个性化教育,如个性化的情感、道德、认知、审美等等。编写者将以古诗文为主体的中国传统文化如此编排,既可保障有共性化的教育内容,让学生全面发展;又保存了个性化的教育内容,使学生个性成长,它完全符合党和国家对中华优秀传统文化教育进中小学校的殷切期望与高中语文新课标对高中语文课程"促进学生全面而有个性的发展"①的功能的基本设定。

总体来看,古诗文被如此编排在新教材中对高中语文课程中优秀传统文化教育实施的意义有:既重点突出,又整体与分散结合,不仅保障了高中生接触优秀传统文化的时长与频次,还给高中生提供了学习形式多样且内容丰富的优秀传统文化的机会。同时,这样的编排对高中语文教师的课堂教学也提出了新要求,具体为:其一,对那些被分散在各个单元的古诗文的文本教学,应进行人文主题教育与优秀传统文化教育的整合。散入各单元的古诗文以古代诗歌与古代散文的方式存在,它们在教材中既承载不同的学习任务群的教学目标,又承载人文主题的文化教育目标。其二,对这些被纳入"古诗词诵读"部分的古诗文

---

① 中华人民共和国教育部.普通高中语文课程标准:2017年版2020年修订[M].2版.北京:人民教育出版社,2020:2.

的文本教学应进行文学教育与文化教育的整合。因不能与其他选文形成一种人文主题而被单独放在教材后面"古诗词诵读"部分的古诗文,数量不少。它们无须进行优秀传统文化教育之外的其他人文主题的教育内容挖掘,而且因为其文学性高,只需在文字教育的基础上进行文化教育与文学教育的融合即可。

基于新教材的编排特点及中国传统文化在新教材中的分布情况,一线高中语文教师们在使用统编高中语文教材进行高中语文课堂教学时,为充分发挥优秀传统文化有机融入课程教材后的育人价值,增强学生的文化自信,厚植其爱国主义情怀,就必然要顺势且用心使用好统编高中语文教材,致力高中语文课程中优秀传统文化教育的自觉实施。

总体而言,在本章中本书作者以时间为轴对高中语文课程中优秀传统文化教育的实施进行纵向与横向的审视,从"过去"与"现在"两个外在却影响深远的视角来探究高中语文课程中优秀传统文化教育实施的"应然状态"。在纵向梳理中,研究发现,教育工作者在优秀传统文化教育的实施过程中有个从不自觉走向自觉的过程,语文与中国传统文化及优秀传统文化之间确实关系紧密,语文课程的确在传承与弘扬优秀传统文化上具有不可替代的优势。而在横向梳理中,研究发现,高中语文课程中优秀传统文化教育实施是落实国家政策的必然、践行新课标的必需、用好新教材的必要。

简言之,通过纵向历史与横向现实这双重视角的审视,本书作者认为,高中语文课程中优秀传统文化教育实施的"应然"状况与实施者的自觉意识紧密相关,与国家相关政策、新课标与新教材不可分割。

第二章　高中语文课程中优秀传统文化教育实施的本体阐释

从外在整体观照高中语文课程中优秀传统文化教育的实施之后,有必要回归高中语文课程中优秀传统文化教育实施的本体,通过对高中语文课程中优秀传统文化教育实施的核心理论、内涵及特质等的理论阐述来最终揭示高中语文课程中优秀传统文化教育实施的"应然"状态。

从理论层面与实践层面来看,高中语文课程中优秀传统文化教育实施的核心理论应该也必然是文化自觉理论。在文化自觉理论视域下,高中语文课程中优秀传统文化教育的实施,是作为文化主体的高中语文教师在高中语文课程中实施的对文化主体的高中生在认知、情感与行为三个方面进行培育的学校教育。因此,高中语文课程中优秀传统文化教育的实施不仅应是呈现语文学科特性的育人工程,也应是筑牢个体成长成才的桥梁工程,还应是培育主体文化能力的传承工程。因高中语文课程中优秀传统文化教育的实施具有人文性、整合性与实践性三大特征,所以高中语文课程中优秀传统文化教育的实施有全面浸润与部分渗透两种应然样态。

一、高中语文课程中优秀传统文化教育实施的核心理论

基于时代背景、历史渊源与理论基础,以及语文教育发展的实践历程,高中语文课程中优秀传统文化教育实施应该也必然要以文化自觉理论为核心理论。

文化自觉理论是从一个孤立的文化理念发展起来的一种文化理论。1997年春节,在北京北太平庄,社会学家费孝通在第二届社会学人类学高级研讨班上提出了一个意义性命题"文化自觉",并简要做了阐释。在《大辞海》中,文化自觉中的"文化"是从民族意义上来讲的,文化自觉亦即民族文化的自觉。① 很快,"文化自觉"成为一个文化理念,并在学界引发了广泛反响,让诸多学者产生

---

① 夏征农,陈至立.大辞海:政治学·社会学卷[M].上海:上海辞书出版社,2010:586.

共鸣。之后,历经从教育学、社会学、文化哲学等多个角度的探讨后,在 21 世纪初,"文化自觉"超越了命题与理念的范畴成为一种"有深刻意涵的文化理论"①。因费孝通先生首提"文化自觉",学界一般将文化自觉理论与费老先生联系起来,称之为费孝通文化自觉理论。本研究所谈的文化自觉理论是费孝通先生及其他学者共同推进形成的探讨全球化语境下中华传统文化传承与发展的文化自觉理论。

(一)文化自觉理论的内涵

依据费孝通先生的原始解读,文化自觉是指生活在一定文化中的人对其文化有自知之明,明白它的来历、形成过程、所具有的特色和它发展的趋向,不带任何文化回归的意思②。之后,在费孝通先生的"自知之明"基础上,诸多学者对"文化自觉"这一概念的含义做了进一步阐发。其中,学者张冉认为"文化自觉"者不是一般的人,而是一个带有自主意识的"文化主体",文化的"自知之明"的产生要建立在充分文化认识的基础上。由此,他将"文化自觉"的概念界定为"生活在一定文化中的文化主体对其文化的自知之明,并对其文化的起源、历程、特色和未来有充分的认识"③。

1997 年,在对"文化自觉"进行阐释的时候,费先生非常明确地指出,"文化自觉"是一个艰巨的过程,只有在认识自身文化并理解所接触的多种文化的基础上,才可能在这个正在形成中的多元文化的世界里确立自己的位置,然后经过自主适应,和其他文化一起,取长补短。④ 关于文化自觉过程本质论,数位学者表示认同费老先生的阐释,并做了进一步的补充。如学者乐黛云认为,在全球化浪潮构建的多元化世界里,"文化自觉"应该有三层含义:第一层,主动自觉地维护中华文化的历史和传统,使之能够延续并发扬光大;第二层,通过传统和创造的结合,从而实现中华文化的延续与发展;第三层,明了全球化语境里中华文化存在的意义。⑤ 又如学者罗可曼提出,"文化自觉"的内涵有三个方面:其

---

① 方克立. "和而不同":作为一种文化观的意义和价值[J]. 中国社会科学院研究生院学报,2003(1):26.

② 费孝通. 文化与文化自觉:全 2 册[M]. 北京:群言出版社,2012:263.

③ 张冉. 文化自觉论[M]. 郑州:河南人民出版社,2015:51.

④ 费孝通. 文化与文化自觉:全 2 册[M]. 北京:群言出版社,2012:263.

⑤ 乐黛云. "多元化世界"的文化自觉[J]. 四川党的建设(城市版),2006(8):61.

一,生活在一定文化中的人对其自身文化有"自知之明";其二,生活在不同文化氛围中的人,正确理解其他文化,并了解这种文化与自身文化的关系;其三,在全球化大背景下,文化主体可以通过奋发与创新对自身文化进行创造与建设。①从乐黛云与罗可曼两位学者对"文化自觉"过程本质论的内在解析,可发现他们的共通处有三点:首先,文化自觉是一个过程,既有认知方面的内容,也有实践方面的内容;其次,文化自觉是处理自身文化与其他文化之间关系的文化行为,强调文化之间的相互尊重、相互理解;最后,全球化进程中需要创新与创造去实现中华文化的发展。

在这几位学者后,学者张冉数年专注研究"文化自觉",并出版专著《文化自觉论》。他从文化自觉实现过程的角度来探究文化自觉的过程论本质。他认为"文化自觉"包含了多个层次:第一层,文化认同。文化认同是文化自觉的根基。文化认同是一种以知、情为基础的意义认同,知是深刻的理解,情是感情的共鸣,只有知、情统一才能将外在的要求内化为自觉的认同。第二层,文化比较、文化反思及文化批判。其中,文化比较是达到文化自觉的路径,文化反思是文化自觉的本质体现,文化批判是文化自觉的动力。第三层,文化创新。文化创新是文化自觉的落实与实现。② 这一观点可简要归纳为:文化自觉起于文化认识与文化情感基础上的文化认同,经由文化比较、文化反思、文化批判,落地于文化创新。

结合以上诸位学者的观点,本书作者认为,"文化自觉"应是一个从开始形成到最后实现的动态过程。它有三个层次:文化认知、文化认同、文化实践。文化自觉要以文化认知为基础,再通过文化认同内化,最后在包含文化传承与文化创新的文化实践中落实。

"文化自觉"的价值如何? 不少学者从价值方面对"文化自觉"的意义进行了探讨,他们认为文化自觉的意义重大,不仅对社会进步与文化发展有益,还有助于促进国际关系向和平态势发展。如学者王玉周提出,社会发展缺少不了文

---

① 罗可曼.基于文化自觉理论视野下的音乐教育[J].音乐艺术(上海音乐学院学报),2012(3):45.

② 张冉.文化自觉论[M].郑州:河南人民出版社,2015:51−58.

化自觉。① 学者杨清媚认为,费孝通先生所提的"文化自觉"论对文明冲突的解决极其有帮助,可能解决文明冲突。②

基于以上学者对"文化自觉"含义的多角度诠释,本研究者认为,在优秀传统文化教育的大语境下,文化主体的"文化自觉"是一种适宜国人在全球化浪潮中既坚守中华文化的主体性、又保有民族文化开放性的积极应对方式。它强调生活在一定文化环境中的文化主体要对中华传统文化的过去、现在与未来获得充分的认识,以便形成对中华传统文化的自知之明,并在对中华传统文化产生文化认同的基础上,通过文化实践中传统与创新的结合促进中华传统文化的传承与发展,在对其他文化的相互尊重与文化理解中助力中华传统文化与其他文化和谐共处、互相借鉴,从而实现可能消除文明冲突与构建"和而不同"的世界多元文化语境的目标。

(二)文化自觉理论成为核心理论的基本依据

高中语文课程中优秀传统文化教育实施要以文化自觉理论为核心理论,这有一定的理论依据。首先,高中语文课程中优秀传统文化教育实施正处于中国传统文化现代转型的时代背景中,而传统文化的现代转型离不开文化自觉;其次,高中语文课程中优秀传统文化教育实施以中国传统文化为主要实施媒介,中国传统文化中孕育了"自觉"意识;最后,高中语文课程中优秀传统文化教育实施作为一种育人教育根本上要以马克思主义为理论指导,而马克思主义基本原理中也蕴含了"自觉"思想。这些无不表明,高中语文课程中优秀传统文化教育实施应该也必然要以文化自觉理论为核心理论。

1.时代背景:中国传统文化的现代转型离不开文化自觉

中国传统文化立足传统农耕文明,是一种庞大且复杂的文化系统,它以宗法血缘关系为机制、以伦理道德为基础,体现了中国人的生活方式和信仰。③ 近代以来,中国传统文化历经两次重大转型。正如学者所说,中国传统文化的转

---

① 王玉周.社会发展与文化自觉[J].云南师范大学学报(哲学社会科学版),2000,32(1):57.

② 杨清媚."文化"与"文化自觉"辨析:论费孝通的文化理论[J].中央民族大学学报(哲学社会科学版),2020,47(5):71.

③ 李钢.传统文化转型的哲学思索[J].齐鲁学刊,2001(5):56.

型缺不了文化自觉。① 事实上,这两次中国传统文化转型都有文化自觉的参与。

第一次为中国传统文化的近代转型。清朝后期,随着国力的衰微,"鸦片战争"等系列战争的爆发让中国在西方帝国主义列强的坚船利炮中面临生死存亡的危险。在帝国主义与封建主义两座大山的重压下,中国逐渐沦为半殖民地半封建社会。这样的时代背景促使人们被迫开始重新审视自身文化,中国的精英阶层最先形成外因性文化自觉,近代以来首次中国传统文化转型的序幕由此拉开。因这次文化转型是在西方强大的武力逼迫下进行的,面对因外显丰裕的物质文化与雄厚的经济实力而呈现比中国传统文化更具优势的西方文化,中国人应对中国传统文化的近代转型首要解决的突出问题是:西方文化要不要学习?又该怎么学习? 中国传统文化走向何方? 这几个问题归结起来,即如何正确处理中西方文化的关系。不同的文化主体基于不同的利益有不同的文化选择。有的人完全抛弃中国传统文化,有的人谈西方文化色变,中国首批精英们为消除外患、强国富民从而维护清朝统治,选择坚守中国传统文化的主体地位,同时努力保持传统文化的开放性。魏源在《海国图志》中提出"师夷长技以制夷"的主张,冯桂芬在《校邠庐抗议》中主张"以中国之伦常名教为原本,辅以诸国富强之术"。这两个主张经后来者归纳为"师夷制夷""中体西用",并成为19世纪60年代开端的"洋务运动"的根本指导思想。1861年开始的"洋务运动"可说是中国传统文化近代转型的文化实践活动,不仅推动了中国军事的发展、中国民族工业的转型,还创办了中国新式学校,促使中国教育从传统教育转向现代教育。可惜,"洋务运动"历时30余年后最终以失败结束。总体来看,中国精英们致力的"洋务运动"虽然客观上促进了中国资本主义的发展,并一定程度上抵制了外国资本主义的经济输入,但最后却没有如运动的发起人及实施者所愿,使中国摆脱当时被压迫的状态,从而走上富强之路。深究内里,"洋务运动"失败的最根本原因是当时对中国传统文化的近代转型仅围绕中国传统文化的浅表层次转圈,未触及中国传统文化最为根本的与时代发展不合时宜的政治思想文化弊端。

"洋务运动"结束后,中国传统文化的近代转型还延续了数年。从19世纪末到20世纪初期,中国兴起了白话文运动等多个文化运动。这些文化运动,本

---

① 张冉.哲学论域中的文化自觉理论及其现实意义[J].求索.2010(8):113.

质上依旧是中国传统文化的近代转型,其背后支撑的依然是国人在内忧外患中对中国传统文化的被动性的文化自觉意识。中国现代知识精英们出于不同价值取向的文化自觉做出了不同的文化选择,并进行了一些文化实践活动。一方面,精英们从语言文字切入开始改造中国传统文化。从近代学者黄遵宪开始,先有梁启超,后有胡适等人开始了对中国传统文化的外在形式进行改革,最终"白话文运动"获得成功。白话文顺利取代了使用了数千年之久的文言文,直接导致中国传统文化在语文教育上"唯我独尊"地位的丧失。另一方面,精英们两手抓,在积极介绍他国先进文化的同时,深入反思批判中国传统文化的政治思想文化弊端。李大钊、陈独秀等先进分子宣传科学反对封建,他们在新文化运动后期更是利用《新青年》等报刊积极推介马克思主义思想,鲁迅等文化干将则致力于撰文揭示中国传统文化的政治思想文化弊端,如鲁迅撰写小说《狂人日记》与《祝福》揭露封建礼教的"吃人本质"等等。但就如费孝通的文化自觉理论所强调的,不论是引进先进的他种文化还是对自身文化的反思批判,都应建立在坚守自身文化的主体地位的基础上。事实上,这些年由外因性文化自觉支撑而爆发的文化运动,从总体来看,确实完成了中国传统文化的近代转型,但又有些矫枉过正,表现在对中国传统文化的主体性地位坚守不足,这为后来中国传统文化的继续发展留下了后遗症。而这一"病症"在20世纪60年代至70年代中国的十年"文革"中暴发出来,让中国人曾经为此付出了巨大代价。

第二次是中国传统文化的现代转型。在20世纪80年代至90年代,随着中国的改革开放,西方文化思潮涌入中国,不仅对中国传统文化的发展影响巨大,也对国人,尤其是青少年的文化认同形成巨大冲击。它虽然不关乎国家的生死存亡,但关涉中华民族对根本的坚守。在这种情形下,中国人要积极面对全球化的发展态势并保持中华民族独立于世界民族之林就要努力思考一个问题,即在全球化的时代背景下国人如何正确处理中西方文化的关系。正是这场对文化的思考促进了中国传统文化的现代转型。这种引发国人对中西方文化关系的思考及对中国传统文化的批判与反思是一种内因性的文化自觉。当时,在对这些问题的思考中,某些文化主体认为"外国的月亮比中国的圆",主张"全盘西化";某些文化主体则呼吁通过文学的寻根去重新认识民族,并很快在文坛掀起了一场声势浩大的"文化寻根"热潮,他们成为我国具有内因性文化自觉的精英文化主体。中国政府也顺应时代潮流,通过政策文件的发布提出了优秀传统文化教育,目标指向发掘中国传统文化的思想文化精华,让中国传统文化适应新环境、新时代,完成中国传统文化的现代转型,承继文化使命,保持民族文化的鲜活,以独立的个体立足于世界多元文化之林中。由此,完成了政府层面的文化自觉。简言之,在20世纪90年代开启并至今还在进行的这场中国传统文化的现代转型,从精英的倡导开始,率先在文学领域进行文化实践活动,在获得一定影响力后获得了政府的介入,后在教育等领域推广开来,在社会中营建了一个推动国人对优秀传统文化形成内因性文化自觉的氛围。

21世纪以来,我国寄望文化自觉要实现的理想目标是什么? 1990年,费孝通先生提出文化的未来将是"各美其美,美人之美,美美与共,天下大同";2000年,他在"21世纪人类的生存发展国际学术研讨会"上将"天下大同"改为"和而不同",认为全球化过程中的"文化自觉"的目标是在全球范围内实行和确立"和而不同"的文化关系。① 基于此,本书作者认为,新时代我国倡导大众对优秀传统文化形成文化自觉拟要实现的理想目标应有两个:

其一,对团体或个体的文化主体而言,要对民族文化形成自知之明。这种自知之明的具体表征为:一方面,能坚守民族文化的主体性,让优秀传统文化成为国人的根与魂,使国人热爱中华传统文化,产生对民族文化的认同,不仅保护传统文化,更增强传统文化活力,实现中国传统文化的与时俱进,即"各美其美"。这是文化自觉最根本、最集中的目标。另一方面,能保持自身文化的开放性,在承认他种文化具有优势的基础上,通过积极借鉴学习他种文化来弥补自身文化的不足,即在"美人之美"的基础上实现"美美与共"。

其二,对世界各民族文化的发展而言,要让各国文化之间形成互相尊重、互相学习、互相促进的和谐共处关系,即"和而不同"。中国传统文化并不仅仅是汉民族的文化,它是中华多元民族文化的整合,曾经也融合了印度佛教文化等非中国文化的内容。可以说,是中国传统文化具有的兼容并蓄成就了中国传统文化的源远流长与博大精深。世界四大文明古国至今只余中国,中国历经数千年历史风雨之所以至今文明未曾断裂,其原因主要有两个:其一,中国传统文化本身具有强大的凝聚力;其二,中国传统文化尊重他种文化,并善于积极学习借鉴其他文化的优点。在新时代,中国传统文化要继续传承与发展,保持强盛的

---

① 费孝通. 文化与文化自觉:全2册[M].北京:群言出版社,2012:422.

生命力,依然要海纳百川。

理想目标的实现,离不开作为大众类文化主体的广大学生、教师、学校、家庭的文化自觉,需要优秀传统文化教育在传承方面的积极奉献。

2.历史渊源:中国传统文化孕育了"自觉"意识

如前所述,高中语文课程中优秀传统文化教育实施是以中国传统文化为实施媒介来进行的。而从词源来看,中国传统文化正是文化自觉之"自觉"意识产生的历史渊源。在中国传统文化语境中,"自"是象形字,象鼻形,本义是鼻子,后被引申为"开始、开头"与"自己、自我、本身"。"觉"在"六书"中属于形声兼会意,本义是"醒悟、明白"。"自"与"觉"连起来成为"自觉"最早见于先秦儒家文集《孔子家语·致思》,其文曰:"吾有三失,晚而自觉,悔之何及!"(我一生有三大过失,晚年才自己觉察醒悟,真是后悔无比却又没有办法挽回!)在该文中,"自觉"有"自己感觉到、自己意识到"之意。在《现代汉语词典》中,"自觉"作为动词使用,意为"自己感觉到";又有形容词的用法,意为"自己有所认识而觉悟",如"自觉地遵守纪律"。另外,"自觉"与"自愿"组合在一起,构成"自觉自愿",意为"自己认识到应该如此而心甘情愿(去做)"。① 由此可知,在汉语词义上,"自觉"表达的是主体对客体的理解和把握,以及认知之后的付诸实践。

在儒家诸多典籍中,虽然"自觉"一词少有,但却有不少与"自觉"含义相近的概念,如"省吾身""反求诸己"等。传统儒家讲究修身治国齐天下,以修身为起点。从孔子、孟子、荀子三个大能开始,至董仲舒、朱熹、王阳明、王夫之等人,儒家都将家国同构,皆认为个体通过修身养成的自觉意识对整个社会的文化发展非常重要。而如何修身?《论语》中,曾子有言曰:"吾日三省吾身:为人谋而不忠乎? 与朋友交而不信乎? 传不习乎?"其中,"三省吾身"即多次自我反省,是一种自觉意识,表征为主动以传统儒家人伦教化的修身标准来检查个人的行为表现。在《孟子·离娄》中,孟子曰:"行有不得者,皆反求诸己,其身正而天下归之。"其中,"反求诸己"意为"反过来检查自己",体现了实践主体的能动自觉意识。儒家要求人们在首要认知、人生有限的基础上,要努力提升个人道德修养,不断实现自己的人生意义。这种清醒的认知在《论语》中曾被表述过,孔子

---

① 中国社会科学院语言研究所词典编辑室.现代汉语词典[M].7 版.北京:商务印书馆,2016:1737.

自述:"吾十有五而志于学,三十而立,四十而不惑,五十而知天命,六十而耳顺,七十而从心所欲,不逾矩。"其中的"矩"即儒家的修身标准,个体经多年的有意识的自觉行为训练,到古稀之年其言谈举止自然而然地形成了不超越规范的状态,养成了儒家标准的优雅风范。

简言之,从儒家典籍虽未明谈"自觉"却暗寓"自觉"意识于文化认知及文化实践活动中可以看出,"自觉"意识一直在中国传统文化中孕育。而在中国传统文化中生长与生活的中国人,其文化血脉中天然具有"自觉"意识。因而,高中语文课程中优秀传统文化教育实施必然要充分利用中华民族血脉中的"自觉"力量,为文化的代际传承与发展服务。

3.理论基础:马克思主义基本原理中包含了"自觉"思想

"马克思主义基本原理是普遍真理,具有永恒的思想价值"①。马克思主义基本原理是我国育人教育的指导思想,而本研究所探讨的高中语文课程中优秀传统文化教育实施本质上是一种育人教育,由此本研究必然要遵循马克思主义基本原理。而马克思主义基本原理中也蕴含"自觉"思想,它对"文化自觉"意涵的解读,由低到高分为三层。

第一层的自觉是底层的自觉,与意识联系在一起。自觉意识是人类最基本的自觉形式。马克思把意识看作自觉,将人的自觉性与动物的自发性进行区分。他指出:"蜜蜂建筑蜂房的本领使人间的许多建筑师感到惭愧。但是,最蹩脚的建筑师从一开始就比最灵巧的蜜蜂高明的地方,是他在用蜂蜡建筑蜂房以前,已经在自己的头脑中把它建成了。"②跟蜘蛛、蜜蜂等动物的本能性质的自发动作相比,如建筑师等人的实践活动都是有意识的,具有自觉能动性。恩格斯曾经在《自然辩证法》中也提出类似的观点,他说:"人离开动物愈远,他们对自然界的作用就愈带有经过思考的、有计划的、向着一定的和事先知道的目标前进的特征。"③按照马克思主义基本原理关于人的实践活动的观点,人借助自

① 中共中央宣传部.习近平新时代中国特色社会主义思想学习问答[M].北京:学习出版社,人民出版社,2021:79.

② 中共中央马克思恩格斯列宁斯大林著作编译局.马克思恩格斯全集:第23卷[M].北京:人民出版社,1972:202.

③ 中共中央马克思恩格斯列宁斯大林著作编译局.马克思恩格斯选集:第4卷[M].2版.北京:人民出版社,1995:382.

觉的、有意识的实践活动将人与动物区分开,进而促进人类社会与人类自身的不断发展。

第二层的自觉是个体自觉。个体意识为自觉,体现行为个体对自身实践活动成果的期待。恩格斯提出:"在社会历史领域内进行活动的,是具有意识的、经过思虑或凭激情行动的、追求某种目的的人。"①个体自觉常常会受到蒙蔽,难以完全掌控历史,因而他们在总体社会发展历史进程中所进行的文化实践活动虽然是有意的、有目的的,但常具有自发性与盲目性。

第三层的自觉是最上层的自觉,是人的解放,即自由。这种意义上的自觉超越了浅层意义上的"意识"与中层意义上的"个人自觉",是马克思对人类自觉所设想的最高目标,即主体与客体、自由与必然的真正统一。在这一水平上,人类克服了偶然性与必然性的冲突、个体意愿与社会要求的对抗,自觉认识和遵从客观规律,获得了最大限度的自由,这种境界与孔子所言的个人修身方面的"不逾矩"相似。从自觉走向自由,按照马克思主义基本原理,就是从必然王国向自由王国的飞跃。为了获得自由、解放人类,从而实现人的全面而个性化的成长,人类必须在实践活动中充分发挥自觉的价值,提高个体的自觉能动性。

习近平总书记强调:"只有把马克思主义基本原理同中国具体实际相结合、同中华优秀传统文化相结合,坚持运用辩证唯物主义和历史唯物主义,才能正确回答时代和实践提出的重大问题,才能始终保持马克思主义的蓬勃生机和旺盛活力。"②要实现这"两个结合",高中语文课程中优秀传统文化教育实施作为一个优秀传统文化传承工程,就必然要从马克思主义基本原理中汲取养料,为优秀传统文化教育在学校层面实施寻得相应的理论支持。因此,既然马克思主义基本原理中包含"文化自觉"思想,也就能强有力地支撑"文化自觉理论"成为高中语文课程中优秀传统文化教育实施的核心理论。

---

① 中共中央马克思恩格斯列宁斯大林著作编译局.马克思恩格斯选集:第4卷[M].2版.北京:人民出版社,1995:248.

② 中共中央党史和文献研究院,中央学习贯彻习近平新时代中国特色社会主义思想主题教育领导小组办公室.习近平新时代中国特色社会主义思想专题摘编[M].北京:党建读物出版社,2023:21.

(三)文化自觉理论作为核心理论的理论价值

实践层面上,文化自觉理论对于高中语文课程中优秀传统文化教育实施具有理论价值。事实上,高中语文课程中优秀传统文化教育实施以文化自觉理论为核心理论也是基于实践的需要。实践需要文化自觉理论为高中语文课程中优秀传统文化教育的具体实施营造良好的社会氛围,明确实施者与实施对象在实施过程中的主体地位,激发文化主体的文化自觉意识,从而能更积极主动地进行优秀传统文化在校园层面的传承与创新,还为高中语文课程中优秀传统文化教育的具体实施提供科学的方法论。

1.助力国人对优秀传统文化教育的认知从集体无意识向自我意识转变

对我国语文教育实践历程的梳理,可以发现自古及今国人对优秀传统文化教育的认知有一个明显的发展过程,即从集体的无意识到清醒的自我意识。

传统语文教育时期,语文与修身等其他教育整合在一起,语文教育基本等同于中国传统文化教育。在这些以儒家思想为主体的中国传统文化教育中,儒家"至圣"孔子倡导的"仁者爱人""己所不欲,勿施于人""其恕乎"等仁爱思想与"亚圣"孟子提出的"人皆有恻隐之心""我善养吾浩然之气"等人道思想,都是大儒从中国传统文化中凝练提取的优秀传统文化,符合当代人对优秀传统文化的认知。以这样的优秀传统文化培养出来的应该是有道德气节的读书人,他们特立独行,贫贱不能移,威武不能屈,有仁爱之心。在这些优秀传统文化的熏陶下,历史上也确实出现了一些仁人志士,如东汉时期的党锢士人,他们"依仁蹈义,舍命不渝,风雨如晦,鸡鸣不已"。但儒家的思想并不限于此,更确切地说,其总体的思想体系非常矛盾,那种仁爱、刚直等正面阳光的一面只是儒家所培育的读书人的一种人格。除此之外,读书人的另外一种人格是向黑暗社会现实妥协,维护"定于一尊"的专制政治体制。因此,以当代人的眼光来看,儒家在人才培养上形成了一种极为矛盾的现象:他们一方面注重"仁者爱人",提出要对人有怜悯之心;另一方面又坚决维护等级制度,不把一般人当人看。儒者一方面要求"食无求饱,居无求安",并盛赞颜回"一箪食,一瓢饮,在陋巷,人不堪其忧,回也不改其乐"的安贫乐道精神;另一方面又说"富与贵,是人之所欲也。不以其道得之,不处也",倡导以正道的方式追求富与贵。于是,在儒学这种颇为矛盾的思想体系的影响下,历史上有以仁义道德文饰专制暴政的帝王将相,有满口仁义道德、杀人不见血的"伪君子"。如秦朝建议焚书坑儒的李斯是大儒荀子的弟子,程朱理学曾被清朝戴震痛斥为"以理杀人",深受八股毒害的儒生的种种荒诞与虚伪行为在清末谴责小说《儒林外史》中曾被形象生动地描绘出来。总体而言,古代语文教育时期的优秀传统文化教育的状态,从当代人对优秀传统文化的概念理解来看,儒家是在培养符合统治阶级对人才要求的所谓"君子"的过程中无意中以优秀传统文化来育人。因而,教育工作者对优秀传统文化教育的实施实质上是一种自发性的实践活动,他们对优秀传统文化教育的认知尚处于一种集体的无意识状态。

现代语文教育时期。前期中国的综合国力衰微,积极应对国家的生存危机的文化行为催生了国人的外因性文化自觉。近现代中国精英阶层最先开始反思与批判中国传统文化,并学习日、德等国的先进文化。然而受时代所限,在反封建反帝国主义的背景下,当时的国人对中国传统文化的情感可能因爱之深恨之切,对中国传统文化的批评总体大于对中国传统文化的肯定。这种恨的情感积累到极致,到十年"文革"时期爆发时,语文教育中完全失去了中国传统文化。同时,人们对中国传统文化的过多批判也遮蔽了国人对中国传统文化的清醒认知。因此,这一时期,国人对优秀传统文化的认知因外因性自觉意识的赋能从无意识开始向有意识转向,但总体认知较模糊,优秀传统文化教育不显著。

当代语文教育时期。这一时期,面对西方自由思潮带来的文化冲击,在全球化进程中,发展中的中国如何保持民族文化的独立性,并培育社会主义现代化的合格建设者与可靠接班人? 对这一问题的思考催生了精英阶层对中国传统文化的完善之心,即内因性自觉意识。他们开始主动思索如何正确面对中国传统文化。20世纪90年代起,中国政府也产生了政府层面的文化自觉意识,陆续出台了不少相关政策文件来界定与解读何为优秀传统文化,并倡导在大中小学中对青少年进行优秀传统文化教育。当前,大众的文化自觉意识还未全面形成。在实施优秀传统文化教育的过程中以文化自觉理论为核心理论,将文化自觉理论推至高中语文教师与高中学生面前并融入他们的心理,尤其助力高中学生文化自觉意识的形成,可以由点到面,为大众层面的文化自觉形成找到一个可以突破的切入口,促成作为文化主体的大众对优秀传统文化的认知从无意识向自我意识转变。当大众文化主体对优秀传统文化的文化自觉形成,整个社会才具有良好的优秀传统文化教育氛围,也才能促使家、校、社协同合作,真正形成一股正向的价值合力,推动以优秀传统文化为主体的中国传统文化的传承与发展,也间接以外在影响力的方式反哺高中语文课程中优秀传统文化教育的实施,提升其实施效果。

2.明确各文化主体在优秀传统文化教育实施过程的主体地位

在优秀传统文化教育实施的实践过程中,高中语文教师作为实施者,是实施的主导者,除非其主动放弃,不然其主导地位是有一定保障的。而作为实施对象的学生在语文实践活动中应有的主体地位常因各种缘由没有得到应有的认可。追本溯源,学生在教育中主体地位的缺失有一大半原因是历史遗留下来的,这在当今未能完全解决。

中国传统教育历来重"教"轻"学"。我国传统教育十分重视学生的主动性与积极性,如《论语·述而》中说:"不愤不启,不悱不发。"(教导学生,不到他力求明白而未能明白的时候,我不去开导他;不到他想说又说不出来的时候,我不去启发他)中国首部教育专著《学记》中也有言:"道而弗牵则和,强而弗抑则易,开而弗达则思。"(引导学生,但不是牵着他们走,就能处理好教与学的矛盾关系;严格要求他们,但不施加压力,学生就不会视学习为畏途;开个端绪,但不把道理和盘托出,就可以让学生独立思考)从这些文字表述中也可看出另外一层意思,即我国传统教育对学生的重视与关注主要立足于教师的教。学者王策三认为,一般的教学论虽然也会着重分析学生的学习过程,但其实质只是"教论"。① 而这种重"教"轻"学"的教育理念会形成以教师为中心的教育论,也让学者们将教育过程中出现的所有问题都归结在教师的身上。捷克教育家夸美纽斯曾言:"假如学生不愿学习,那不是别人的过错,而是教师的错处。"②如此,在中国传统教育教学实践中,因教师的"教"被广泛关注,学生的"学"就被有意或无意忽视,学生在教学活动中的主体地位相应就难以得到应有的认可。

20世纪80年代初,随着改革开放的初见成效,张扬个体主体性成为时代趋势。在教育学领域,主体与主体性很快成了研究与实践的热点选题。1983年,

① 王策三.教学论稿[M].2版.北京:人民教育出版社,2005:373.
② 夸美纽斯.大教学论[M].傅任敢,译.2版.北京:教育科学出版社,2014:90.

学者王策三提出"教师主导,学生主体"的教学新理念,并系统论述了"教师主导"与"学生主体"的辩证统一关系。① 1992 年,北京师范大学项目团队在河南省安阳市人民大道小学率先进行了小学生主体性发展的实验探索,②开启了主体教育实验的奠基性研究。从主体教育实验开始至今 30 年,主体教育实验的基本思想与主要研究成果已转化为学校教育的日常,更让"学生主体"的教育思想深入人心。但在具体教育实践中,"学生主体"论并未得到充分的贯彻落实,尤其是在应试教育阴影未能完全散去的高中学校,面对巨大的升学压力,在各学科教学中,学生的课堂学习主体地位时常被挤压。

之所以要将文化自觉理论设定为高中语文课程中优秀传统文化教育实施的核心理论,是要明确高中语文教师、高中学生及高中学校在实施过程中的文化主体身份,推动其带着文化自觉意识去参与对优秀传统文化充分认知的过程,产生文化认同,进而促进其主动自觉地进行文化实践活动。如此,文化自觉理论让高中语文课程中优秀传统文化教育的实施过程真正实现教师主导、学生主体、学校主场的三文化主体的辩证统一,从而助力提升高中语文课程中优秀传统文化教育的实施效果。

3. 推动各文化主体坚定文化信念并提高其政治站位

以文化自觉理论作为高中语文课程中优秀传统文化教育实施的核心理论,首先意味着,要以文化自觉理论来审视高中语文课程中优秀传统文化教育的实施。如此,人们就应该基于文化自觉的价值取向性,站在国家发展、民族进步的立场去清晰认知,高中语文课程中优秀传统文化教育实施不单是一般意义上对高中生个体的培养性教育,更应是有特定意义的培养具有爱国心的社会主义现代化合格建设者与可靠接班人的教育。其中的可靠接班人,即它所培养出来的时代新人必须爱国、热爱中国传统文化,有中国底色,积极参与优秀传统文化传承与创新工作。人毕竟是社会中的人,必然要受时代与地域的制约。如果单单从个人发展这个角度来看高中语文课程中优秀传统文化教育的实施,一方面会让实施者的格局过于狭小,另一方面也很容易让高中语文课程中优秀传统文化

---

① 王策三. 论教师的主导作用和学生的主体地位[J]. 北京师范大学学报(哲学社会科学版),1983(6):70 – 76.

② 裴娣娜. 主体教育的实践生成与发展[J]. 教育研究,2022,43(11):22.

教育的实施过程被现实中书面考试"拿高分"等功利性目标蒙上阴影,让直接参与实施过程的高中教师与学生可能因急功近利而陷入"书山题海"式的刷题训练中。因而,本研究以文化自觉理论作为实施的核心理论就是要明确优秀传统文化教育实施的根本目标,就是期冀能有效减少人们的短视功利性教学行为,坚定人们的文化信念。

若从文化自觉理论来审视高中语文课程中优秀传统文化教育的实施,依然保持以高中生为实施受益者的基点不变,那么高中语文课程中优秀传统文化教育实施的根本目标在于提升高中生的文化自觉力,即在高中语文课程实施过程中促进高中生对优秀传统文化充分认识,形成文化认同,爱我中华、爱我文化,积极主动进行优秀传统文化传承与发展的文化实践活动。为实现这一实施的根本目标,参与具体实施过程的语文教师与学校都有责任与义务提高政治站位,即具有"为党育人,为国育才"的立德树人意识,积极投身于高中语文课程中优秀传统文化教育的实施过程中,助力实现优秀传统文化的代际传承和对优秀传统文化的创造性转化与创新性发展,为传统文化现代转型的全面落实尽力。

4.为具体的优秀传统文化教育实施提供方法论指导

文化自觉理论既是一种文化理论,也是一种方法论。它所提出的文化自觉过程论对高中语文课程中优秀传统文化教育的实施具有方法上的指导意义。按照文化自觉理论,文化自觉是在对文化充分认识的基础上形成文化认同,再进行文化实践活动才实现的。它是一个从文化认识到文化认同再到文化实践的动态过程。

文化自觉理论作为方法论,对高中语文课程中优秀传统文化教育实施的指导意义在于:(1)指出高中语文课程中优秀传统文化教育的实施是一个动态过程,它从文化认知开始,经由文化认同,最后在文化实践中显现出来。它充分表明,在优秀传统文化教育的实施过程中,文化认知只是起点,文化实践才是终点,文化认同是文化认识的情感升华,也是文化实践的必由之路。(2)解构了现代语文教育的知识观,推动了当代语文教育素养观在教育实践中的落地。现代语文教育重视知识,强调在学科教学中教学知识,帮助学生积累学科知识并建构学科知识体系,很容易让学科课堂教学重知识教学而轻对学生的情感教育与能力培养。以文化自觉论为核心理论就是要解构这一现代语文教育的知识观,它通过以文化认知为起点、强调文化认同与文化实践来表明,在当代语文教育中进行优秀传统文化教育的实施绝对不能将中国传统文化知识的获得视为主要甚至是唯一的目标,而是在中国传统文化知识的学习与教学过程中通过对中国传统文化内涵的深入挖掘,提炼中国传统文化的精华,让高中生在对优秀传统文化的认知从感性认知上升到理性认知的过程中培养对优秀传统文化的情感,最后将内化于心的优秀传统文化外化于行,积极参与对优秀传统文化进行创造性转化与创新性发展的文化实践活动,从而实现对优秀传统文化的传承与发展。

二、高中语文课程中优秀传统文化教育实施的内涵

文化自觉理论视域下,高中语文课程中优秀传统文化教育实施是作为文化主体的高中语文教师以优秀传统文化为教育内容实施的对作为文化主体的高中学生在优秀传统文化的认知、情感、行为三个方面进行培育的学校教育。具体而言,高中语文课程中优秀传统文化教育实施不仅应是呈现语文学科特性的育人工程,也应是筑牢个体成长成才的桥梁工程,更应是培育主体文化能力的传承工程。

(一)呈现语文学科特性的育人工程

从本质上说,高中语文课程中优秀传统文化教育实施是育人工程,它通过优秀传统文化教育在高中语文课程实践环节的落实来培育时代新人。因其在高中语文课程中发生,高中语文课程中优秀传统文化教育实施必然呈现出鲜明的语文学科特性。高中语文课程中优秀传统文化教育实施这种语文学科特性来源于:

1.国家对高中语文课程中优秀传统文化教育实施的要求有鲜明的学科性

按照2021年教育部印发的《中华优秀传统文化进中小学课程教材指南》,虽然语文、历史、道德与法治(思想政治)学科课程同为教育部认可的落实优秀传统文化教育的核心课程,但按照该政策的文本表述,这三门落实优秀传统文化教育的核心课程在反映优秀传统文化进学科课程的主要载体形式与学科课程中实施优秀传统文化教育的目标方面是不同的。经本研究者整理,这三门落

实优秀传统文化教育的核心课程的不同之处,如表 2-1 所示:

表 2-1　落实优秀传统文化教育的三门核心课程在载体形式及教育目标上的比较

核心课程	课程教材反映优秀传统文化的主要载体	对课程中实施优秀传统文化教育的目标
语文	汉字、书法、成语、古诗词、古代散文、古典小说、神话传说、民间故事、历史故事、寓言故事、格言警句、风俗习惯、传统节日等	引导学生理解和热爱语言文字,体悟中华优秀传统文化中蕴含的爱国情怀、中华精神、荣辱观念,提高审美情趣,厚植中华文化底蕴,坚定文化自信
历史	遗迹文物、神话传说、事件人物、典章制度、文学艺术和科技成就等	助力学生系统、深刻地理解优秀传统文化的历史渊源,形成发展过程及其在人类文明进程中的重要地位,理解中华文化的博大精深、源远流长,领悟中华民族的独特智慧
道德与法治	相关格言、人物、故事、民俗、文物图片等	帮助学生了解优秀传统文化中蕴含的社会伦理和风尚,养成恪守诚信、严于律己、敢于担当等优秀品质,培养关心社会、关爱他人、奉献社会的思想意识,形成正确的世界观、人生观和价值观,坚定理想信念,增强国家认同感和民族自豪感

从表 2-1 可以得出两个结论:(1)语文课程教材反映优秀传统文化的主要载体形式显著要比其他两门学科课程在数量上有较大优势且形式上更为丰富多样。(2)语文课程中优秀传统文化教育的厚植文化底蕴、坚定文化自信的实施目标,与历史学科的理解文化地位、领悟中华民族的独特智慧的实施目标及道德与法治学科的养成优秀品质、增强国家认同感和民族自豪感的实施目标侧重点明显不同。

再细化到高中学段,可以发现,这三门被认定为落实优秀传统文化教育的核心课程在高中学段对优秀传统文化教育的要求明显不一样。具体而言,它们在落实优秀传统文化教育的要求的异处主要表现在实现路径与拟达到的目标不同。

这些异处如表 2-2 所示:

表 2-2　落实优秀传统文化教育的三门核心课程在高中学段的路径与目标的比较

核心课程	落实优秀传统文化教育的路径	拟达到的目标
高中语文	1.引导学生正确认识汉字的时代性 2.诵读并分类积累古诗词等活动 3.引导学生积累、梳理、探究富有文化意蕴的语言材料 4.开展专题性的梳理探究活动,引导学生比较、分析古今中外各类作品中的文化现象和文化观念 5.组织学生研究优秀传统文化的相关问题,撰写调查报告或研究报告,组织讨论会、辩论会、演讲会等活动	1.自觉维护汉字书写规范,坚定文化自信 2.提升自身的文化品位,初步形成文化自觉意识 3.在表达与交流过程中有意识地引用古典诗文和文化典籍 4.初步形成探究文化问题的意识,多角度分析文化现象和观念,形成文化批判和反思的意识 5.初步形成对中华传统文化的理性认识,对优秀传统文化的创造性转化和创新性发展提出自己的见解
高中历史	1.介绍史前时期中国境内文化遗存的分布与特点 2.介绍《道德经》《论语》《孙子兵法》以及战国时期儒家、道家、阴阳家、墨家、法家、兵家代表性作品及主要观点 3.介绍科举制形成过程及其对中国和世界的影响 4.介绍古代史学名著体例结构的创新和发展 5.介绍中医经典名著的主要内容	1.使学生认识中华民族多元一体的基础 2.使学生深入理解其中蕴含的中华优秀传统文化的核心思想观念,强化尊重自然规律、尊师重教等意识 3.坚定学生文化自信 4.使学生认识到其对传承中华文化的重要贡献 5.使学生理解中医的基本理论和诊断方法,认识中医蕴含的整体系统思维、天人和谐等思想
高中道德与法治	1.围绕认识社会历史发展过程,选取中国历史演变中的经典故事、重要事件和格言、名句 2.围绕理解经济与社会发展,选取历史上具有代表性的思想观点、格言、典故、人物事件和经典篇目中的名句 3.围绕理解国家和社会治理,选取历史上具有代表性的思想观点、格言、典故、人物事件和经典篇目中的名句 4.围绕理解文化发展与文化成就,选取历史上具有代表性的文化作品、思想观点、格言、典故、人物事件和文物建筑 5.围绕理解认识世界,选取历史上具有代表性的思想观点、格言、典故、人物事件和经典篇目中的名句	1.帮助学生理解:社会发展变化的规律,坚定理想信念;经济发展、社会保障等的重要价值,体会惠民利民、富民安民的思想观念;古人治国安邦的智慧,体悟讲仁爱、重民本、崇正义、尚和合的思想理念,厚植家国情怀;中华文化的博大精深、源远流长,坚定文化自信 2.帮助学生把握理解世界本质,形成正确的世界观、人生观和价值观,增强对中华传统智慧的认同感

表 2 - 2 显示,语文课程在高中学段中优秀传统文化教育的实施路径比历史学科课程和道德与法治学科课程的实施路径更为丰富。相较高中历史学科课程单一的"介绍"路径,高中语文课程中优秀传统文化教育实施的路径有调查研究、演讲会、辩论会、诵读古诗词等等;相较于道德与法治的"选取"片段式带有部分渗透性质的优秀传统文化教育路径,高中语文课程有从文字到文学再到文化的多层次的诸多全面浸染式的优秀传统文化学习路径。另外,从表 2 - 2也可以看出,对高中语文课程中优秀传统文化教育实施拟实现的教育目标进行提炼后,其中指向"文化"研究的以"文化"命名的词汇有很多,如文化自信、文化反思、文化自觉、文化批判、文化认知、文化的创造性转化与创新性发展等等,而历史学科的只有文化认知、文化理解、文化自信,道德与法治学科的只有文化自信、文化认同、文化理解:这无不表明高中语文课程中实施优秀传统文化教育明显要比高中学段其他学科课程中实施优秀传统文化教育在文化研究方面更广泛且更深入。

综上可知,按照国家对高中语文课程中优秀传统文化教育实施的上位设计与宏大设想,高中语文课程中优秀传统文化教育实施应具有鲜明的学科特性。

2.教材对优秀传统文化教育实施展现出鲜明学科特性的育人价值

教材建设体现国家意志与权力事项,是国家事权与铸魂工程。因此,尺寸教材不可小觑,其背后尽显悠悠国事。[1] 而彰显教材建设国家事权,统编教材又是关键抓手。[2] 根据部署,教育部从 2012 年开始组织编写统编教材,语文、历史和道德与法治这三门落实优秀传统文化教育的核心课程都被纳入统编教材的编写范围内。具体对高中语文课程而言,统编高中语文教材从 2019 年秋季学期在部分省市的投入开始,到 2022 年秋季学期实现在全国各普通高中高一年级的全面覆盖。这意味着高中语文统编教材是从 2019 年开始逐步推广使用的,它是高中语文课程中优秀传统文化教育实施在国家课程层面使用的语文教材。

依照国家的设定,统编前的高中语文教材相比其他课程教材中反映优秀传统文化的载体,更加丰富多样。事实上,在新课标的理论指导下,逐渐全面投入

---

① 郑富芝.尺寸教材,悠悠国事:全面落实教材建设国家事权[J].人民教育,2020(Z1):9.

② 罗生全.统编教材:国家事权的核心体现[J].课程·教材·教法,2021,41(6):61.

使用的统编高中语文教材相较原来的"一纲多本"时期的语文教材,即使不算零星散入其他现代文或单元任务的人文典故等反映优秀传统文化的载体形式,单看课程教材中选入的反映优秀传统文化载体形式的古诗文,就在数量上有大幅增长,古诗文在总选文数的占比就由人教版的 40%[①]上升到统编版的 50%左右。

进入高中语文国家课程教材的除以古诗文为主体的经典篇目这一反映优秀传统文化的载体形式外,还有不少以零碎化的方式渗入现代文或单元任务中,如人文典故、基本常识等反映优秀传统文化的载体形式。而按照本研究者在绪论中对"中国传统文化"的界定,古诗文、成语、神话、历史故事等都归类于中国传统文化。中国传统文化如此大批量进入高中语文国家课程教材,成为反映优秀传统文化的载体形式,这意味着高中语文课程中优秀传统文化教育实施有了极为丰厚的物质载体,为高中语文课程中优秀传统文化教育的实施提供了很大便利。这正是相较其他两门落实优秀传统文化教育的核心课程,高中语文课程教材在落实高中语文课程中优秀传统文化教育实施的特殊情况,即呈现鲜明的语文学科特性。

学者谷兰兰在其硕士学位论文中提出,进入高中语文教材的中国传统文化在内容上不仅有传统文化知识,还有传统文化精神。[②] 本研究者以为,这位学者将中国传统文化等同于优秀传统文化。事实上,从显现状态来看,进入高中语文课程教材中的优秀传统文化有两种类型:其一,以知识形态出现的优秀传统文化,它们来自物质层面,呈显性状态,具体有经典知识、基本常识、人文典故等,它们就在课文的表层中,高中生在教师的引导下可以通过直接对这些知识形态出现的优秀传统文化进行梳理、积累及探究来实现优秀传统文化知识的体系化;其二,以理论形态出现的优秀传统文化,它们来自精神层面,呈隐性状态,具体有核心思想理念、中华人文精神、中华传统美德等,它们以内涵的方式隐含在课文中,亟待课堂教学中师生对课文进行文化挖掘。

因此,基于教材在内容选择上对高中语文课程中优秀传统文化教育实施展现的学科育人价值,在统编高中语文教材下发并在 2022 年秋季学期实现全国

---

① 韩宜真. 不同版本高中语文教材文言文选编的比较研究[D]. 长春:东北师范大学,2012:3.

② 谷兰兰. 苏教版高中语文传统文化教学研究[D]. 扬州:扬州大学,2017:14.

高中起始年级的全面覆盖后,高中语文课程中优秀传统文化教育的实施在教育教学实践的落实环节要解决的一大问题便是如何正确使用古诗文之类进入高中语文统编教材中的中国传统文化,使其充分发挥对高中生的认识、审美与德育功能,让高中生充分认识优秀传统文化、热爱优秀传统文化,培育良好优秀传统文化行为,为高中语文课程中优秀传统文化教育实施奠基。从这一角度来看,高中语文课程中优秀传统文化教育实施应是一个呈现语文学科特性的育人工程。

(二)筑牢个体成长成才的桥梁工程

高中语文课程中优秀传统文化教育实施的对象是高中阶段的学生。而高中阶段是个体在心理上从儿童过渡到成人的重要时期,同时也是个体的价值观与人生观形成的关键时期。因而,从这个角度而言,高中语文课程中优秀传统文化教育实施又应是筑牢个体成长成才的桥梁工程。

按照2018年修订的《中华人民共和国义务教育法》,以儿童法定的入学年龄六周岁或七周岁来推算,正常逐级上学的高中学生的年龄在15～19岁之间。在我国,这一年龄阶段在人的一生中处于青年初期。[①] 处于青年初期的高中生在生理上与心理上有着与其他优秀传统文化教育的实施对象(幼儿园小朋友、小学生、初中生以及大学生)截然不同的年龄特征。

生理上,高中生所在的这一时期是个体的青春发育末期。高中生经过青春期的急骤发育后,其人体整体生长发育进入了一个相对稳定阶段,体内的组织与器官逐步达到成熟水平。高中生在生理上的巨大变化,使其在外形上与成人相差无几,但其心理上的发展却尚未达到成人的水平。高中生所处的这一时期是个体在心理上从儿童过渡到成人的关键时期。在心理层面,高中生具有如下一般特征:(1)智力成熟,出现合理、抽象的思考;(2)思索易流于空想或陷入不成熟的推理方式;(3)自我意识发展,发现了自我,并尝试通过各种方式实现自我同一性;(4)确定人生观和价值观;(5)感情表现强烈、不稳定、不协调;(6)学习获得与社会条件相协调的思考力、感受力和行动力。[②] 这些一般特征,具体体现在高中生与其他实施对象相比具有不同的认知能力、情感表达、意志品质与

---

① 柳海民.教育学[M].北京:中央广播电视大学出版社,1999:140.
② 教育大辞典编纂委员会.教育大辞典:第5卷[M].上海:上海教育出版社,1990:177.

自我意识状态。

其一，认知上，因其智力的成熟，高中生的认知能力获得了较高发展。思维方面，中学生的逻辑抽象思维能力逐步占主导地位，但相较于初中生的逻辑抽象思维很大程度上属于"经验型"①，高中生的逻辑抽象思维偏向于"理论型"，高中生能用理论作指导分析综合各种材料来不断加深对事物发展规律的认识。在思维品质上，高中生的思维有更大的组织性、独立性、深刻性和批判性。注意方面，相较于初中生的有意注意不够成熟且容易出现注意分散的现象，高中生的注意范围近乎达到成人水平。在注意的分配品质上，高中生也发展较好，高中生不仅可以根据任务要求转移自己的注意，还可以对自己不感兴趣但又必须记住的材料较好集中自己的注意。记忆方面，在初中生无意识记忆还起着重要作用的时候，高中生更多地采用意义识记的方法来识记材料。

其二，情感上，因其身体的成熟，高中生的情感表达与之前又有很大不同。相对于初中生的情绪两极化，高中生的情绪与情感已逐渐趋向于成熟和稳定，但与成人相比又显得动荡不定。这个时期的学生办事积极、富于热情、情感易被激发、行动迅速，但有时学生的情感、情绪容易过于激动。

其三，意志上，高中生的意志发展迅速。高中生有良好的意志主动性，他们在面对困难时，往往乐于独立思考，想办法克服困难，不像儿童那样轻易求助于别人。同时，高中生控制和支配自己行为的能力也逐渐增强，有较佳的意志独立性。

其四，自我意识上，高中生的自我意识获得高度发展。随着知识的积累、智力的发展，高中生的自我意识日渐成熟。他们倾心于认识自己的身心发展及社会价值，独立地评价自己和别人，并逐渐克服评价的片面性，力求全面分析，逐步形成稳定的性格特征，能较好地进行自我教育。高中生的自我意识表征为他们开始以批判的眼光来看待周围的事物，有独到见解，喜欢质疑和争论。高中生自我意识的发展，促进了高中生价值观与人生观的形成。

正如学者所指出的，一个人在中学阶段所学到的东西会融进生命，化入血液②。高中生处于中学阶段的高阶时期，他们的年龄特征表明高中阶段更是个人价值观与人生观形成的关键时期。虽然处于青年初期的高中生在生理上与

---

① 柳海民.教育学[M].北京:中央广播电视大学出版社,1999:147.
② 傅国涌.过去的中学[M].修订本.北京:东方出版社,2018:3-4.

成人相当,但其心理上还未完全成熟,因而,教师对他们的教育不能完全用对成人的要求来对待。由此,基于实施对象独特的心理特征,在高中语文课程中对高中生实施优秀传统文化教育必然具有不同于其他实施对象的特性,通过语文活动中优秀传统文化教育的实施助力高中学生个体形成正确的价值观与人生观,以及顺利实现个体在心理上从儿童到成人的过渡。教育是一座桥梁,一边是社会的进步,一边是个体的成长。如果从个体的阶段成长角度来看,那么高中语文课程中优秀传统文化教育实施就应是筑牢个体实现成长成才的桥梁工程。

(三)培育主体文化能力的传承工程

文化自觉理论视域下,高中生是高中语文课程中优秀传统文化教育的实施对象,同时也是优秀传统文化传承在学校层面具体到语文学科课程的实践环节发生的文化主体。从这一角度而言,高中语文课程中优秀传统文化教育实施还应是一个培育文化主体的文化能力的传承工程。其具体的过程是高中语文教师以中国传统文化为主要媒介,以优秀传统文化为教育内容,通过丰富多彩的语文学习活动对高中生进行的以充分认知优秀传统文化来厚植中华文化底蕴,以涵养高尚审美情趣来增强文化自信,以提升道德素养并养成良好优秀传统文化行为来培育优秀传统文化实践能力的带有文化传承性的育人过程。

1.认知能力方面:帮助高中生充分认知优秀传统文化,厚植中华文化底蕴

学者张国安认为"文化底蕴"是文化含量、文化功底与文化涵养的整合,它反映了人对文化的掌握与吸收程度,与作为智慧成果的文化知识不同却关联。文化知识是培养文化底蕴的基础,文化底蕴是对知识消化、吸收的结果。[1] 由此推论,中华文化底蕴的培养首先要建立在掌握丰富的优秀传统文化知识的基础上。再进一步说,对中华文化底蕴的植入过程是将优秀传统文化通过知识传授、环境熏陶等路径使其内化为高中生的人格、气质与修养,成为高中生相对稳定的内在文化含量与文化功底,并外显在其学习与生活中展现的文化涵养的教育过程。中华文化底蕴可谓高中生的文化之根,对高中生成才的意义重大。

教育部将优秀传统文化教育选为重大主题教育融入中小学课程教材,正是出于为高中生培根铸魂的需要。但厚植高中生的中华文化底蕴这一优秀传统

---

① 张国安.文化与人的互动:大学生文化底蕴的培养[J].当代青年研究,1998(5):17.

文化教育实施目标的完成不能一蹴而就。高中生只有长时间在优秀传统文化中浸润，掌握较为丰富的优秀传统文化知识，并与优秀传统文化有较为充足的文化互动，具有一定的文化理解能力，才能顺利接收到优秀传统文化在学科课程实施中所进行的师生间代际文化传递，并将优秀传统文化学习所得内化为高中生的文化含量与文化功底，外显为高中生学习与生活中对外展现的文化实践行为。

因中国传统文化在高中语文国家课程教材中选入的数量远超其他学科国家课程教材所选入的数量，所以在高中语文课程中优秀传统文化教育实施的首要价值就是能充分利用高中语文课程教材帮助高中生学习到数量多、形式多样的优秀传统文化知识，拓宽其文化视野。高中生梳理并积累大量的优秀传统文化知识，从而建构起独属于自己的优秀传统文化知识宝库，为厚植中华文化底蕴打下坚实的基础。如统编高中教材选择性必修下册的《项脊轩志》一文中，从优秀传统文化知识角度来看，其中就有文体知识"志"，有人物称谓知识"余、而、若"，有古代建筑知识"轩、中堂、庭、牖、窗"，有年龄称谓知识"襁褓、束发"，有植物的习俗知识"兰桂竹木"，有年号文化知识"宣德"，有婚偶居丧文化知识"归宁、先妣、大母"，等等。

对这些存在于高中语文课程教材中的优秀传统文化知识的学习，是高中生建构优秀传统文化知识体系、提升中华文化底蕴的重要路径。但要真正实现让高中生厚植中华文化底蕴，对高中生的优秀传统文化教育就不能只停留在表层的对优秀传统文化知识的梳理与积累，还要使高中生走进深层的对优秀传统文化精神的探究与思考。学者祈雅芳在探讨"文化底蕴"时曾提出一个观点，即有再多的知识，但"这些知识是否真正成为学生人格的一部分，成为他们的文化能力却是不一定的"①。本研究者以为，该学者的这一观点很有道理。尤其对青少年的优秀传统文化教育而言，即使高中生掌握了再多的优秀传统文化知识，如果没有文化理解、缺乏人与文化的互动，传统文化知识也只能是知识，既不会生成传统文化实践能力，更不会内化成高中生的中华文化积淀。高中语文课程中优秀传统文化教育实施的路径要比其他学科课程的丰富，这些多样类型的语文学习活动如调查报告、辩论会、经典诵读会等为高中生们提供了与优秀传统

---

① 祈雅芳. 素质与文化底蕴：论艺术类学生的素质教育[J]. 中国音乐,2002(2):62.

文化互动的机会,推动高中生对优秀传统文化知识的消化与吸收,促进文化理解,提升高中生对优秀传统文化的理性认知能力,从而助力厚植高中生的中华文化底蕴。

由上可见,高中语文课程中优秀传统文化教育实施有助于高中生梳理与积累大量的优秀传统文化知识,增强其对优秀传统文化的传承与理解能力,促进高中生与文化之间从感性到理性的互动,为厚植高中生的中华文化底蕴服务。

2.情感态度方面:在涵养高尚审美情趣中培育高中生对优秀传统文化的热爱之情、依赖之感及维护之意

按照新课标,"审美鉴赏与创造"是高中语文学科核心素养的四大支柱之一,是学生在语文学习中通过审美体验、评价等活动形成正确的审美意识、健康向上的审美情趣与鉴赏品位,逐步掌握表现美、创造美的方法。① 其中,审美情趣是高中语文课程中优秀传统文化教育实施所要实现的目标之一。审美情趣是人在审美活动过程中表现出来的具有一定稳定性的审美倾向与主观爱好。审美情趣来源于人的审美理想,决定了人的审美标准。审美情趣除有民族、时代、地域、个性及年龄等②不同外,还有高尚与低俗之别。一般而言,高尚的审美情趣是健康向上的,它与友爱、刻苦、坚忍、机敏、周到、奋勇等高尚的思想有关,对高中生具有引领上进、怡情养性等功用;而低俗的审美情趣则与此相反,它与悲观、放纵、怯懦等消极思想相关,往往腐蚀高中生的心灵,使人消沉颓废。

本书所提的"审美情趣"与2016年9月北师大发布的《中国学生发展核心素养》中的"审美情趣"有差异。在《中国学生发展核心素养》中,"审美情趣"被视为人文底蕴的三大基本要点之一。且按照《中国学生发展核心素养》,审美情趣的主要表现有"具有艺术知识、技能与方法的积累;能理解和尊重文化艺术的多样性,具有发现、感知、欣赏、评价美的意识和基本能力;具有健康的审美价值取向;具有艺术表达和创意表现的兴趣和意识,能在生活中拓展和升华美等"③。从这些文本表述可以看出,《中国学生发展核心素养》中的"审美情趣"实际包含审美能力、审美意识、审美取向、审美创造等。它作为概念在内涵与外

---

① 中华人民共和国教育部.普通高中语文课程标准:2017年版2020年修订[M].2版.北京:人民教育出版社,2020:4-5.

② 陈宗缨.浅议受众审美情趣的多样性[J].电化教育研究,2002(6):62.

③ 核心素养研究课题组.中国学生发展核心素养[J].中国教育学刊,2016(10):2.

延上都超越本文中所提的"审美情趣"。依据本研究者的理解,在《中国学生发展核心素养》中的审美情趣主要表现的"健康的审美价值取向"与本文中的"高尚审美情趣"相似。在本研究者看来,本文所提出的"审美情趣"与新课标所提出的在语文学习中对语文学科核心素养之审美鉴赏与创造的培养过程形成的"审美情趣"的内涵一致,它与审美意识、鉴赏品位并列。①

大量的中国传统文化存在高中语文课程教材中,且它们对高中生具有审美功能,已然成为事实。由此,高中语文课程中优秀传统文化教育实施的过程有无数位教师引领学生一同品味传统文化之美的教学情境出现。如在统编高中语文教材必修上册的《周南·芣苢》的课堂教学中,师生可以通过多个教学环节的设计来细细品味《周南·芣苢》的多重美:首看文本,有一种整齐划一的形式美感,这是精致的"建筑美";再读文本的节奏韵律,因文本是典型的《诗经》四言句式,按照"22"的节奏方式来读,可在重章叠句的回环往复中读出一种音韵和谐之美,这是优雅的"音乐美";接着对文本研读,会发现文本用词极为巧妙,变换的六个动词按照总分关系既有总括了劳动场景的壮观之美,又有具体地描摹了禹夏先人劳动情形的细节之美,这些形成惟妙惟肖的"绘画美";最后探究文本的文化内涵,可以挖掘出文本蕴含的劳动创造美好生活的劳动文化与崇尚劳动、辛勤劳动的劳动精神,这是千古流传且值得当代人传承的"劳动美"。如此,高中生在丰富多彩的听说读写语文活动中,结合个人的生活经验,借助想象及对劳动动作的模仿,通过对文本的审美体验、审美感知、审美评价等形成关于劳动之美的正确审美意识,养成健康向上的审美偏好并提升鉴赏品位。

概言之,在优秀传统文化教育的实施过程中,高中语文教师若充分发挥以古诗文为主体的中国传统文化的审美功能,就能引导高中生细细品味中国传统文化之美,使其在语文学习中受到美的熏陶与滋养,提升其对美的鉴赏品位,涵养其高尚审美情趣,并以美育人,使其发自内心地爱上优秀传统文化,依赖优秀传统文化,并自觉维护优秀传统文化,从而提高其对优秀传统文化的文化自信。

3.行为能力方面:在提升高中生的道德素养中促其将内化的优秀传统文化外化于行,以培育其文化实践行为能力

新课标在"课程性质"部分明确规定,普通高中语文课程有使全体学生在义

① 中华人民共和国教育部. 普通高中语文课程标准:2017 年版 2020 年修订[M]. 2 版. 北京:人民教育出版社,2020:5.

务教育基础上形成良好的思想道德修养的要求。① 这一要求在优秀传统文化教育实施的过程中可以得到落实,高中语文课程中优秀传统文化教育实施本有引导高中生将优秀传统文化内化于心、促其形成良好的思想道德修养的目标。如此,从道德教育角度来看,高中语文课程中优秀传统文化教育实施也是在对高中生进行德性教化。亚里士多德认为人们探讨德性不是为了知,而是为了成为善良的人。② 按照他的这一理解,人们进行德性教化的目的在于使人超越自身的自然属性而成为具有理性自制力的社会人,成全内心的善良。一般而言,传统德性教化主要有两种方式:其一,积累式道德教化,它着重道德知识积累,有利于在道德方面增长知识、锻炼思维、深化认识;其二,伦理律法主义,它强调道德规范的作用,能有效规约社会群体的伦理行为、引导世人去恶向善、建构基本伦理的秩序。这两种传统德性教化方式虽然可以用在优秀传统文化教育实施的过程中并发挥一定的德育作用,但其与高中语文课程中的道德教育方式还不够契合,效果有限。

为此,学者肖祥提出一种新的德性教化方式,即"道德想象"。在本研究者看来,它与高中语文课程中优秀传统文化教育实施有较多契合处。按照这位学者的概念界定,道德想象是"道德主体依据一定情境条件创造性地发掘情境多种可能性,并以移情的方式链接自我与他人的一种道德心理活动"③。本研究者认为这两者的契合处在于:这一概念的关键词"情境""移情"正是高中语文课堂教学中常见的词汇,往往被师生用来理解文本。同时,对高中语文课程中优秀传统文化教育的实施者来说,在高中语文课堂创设教学情境,用口头语言、书面文字,或者视频、音频等引导学生"移情""共情""推己及人"都是他们常用且使用起来驾轻就熟的教学技能。再者,道德想象实质是一种感性思维能力,而语文课程在发展学生的感性思维能力方面具有不可取代的优势。同时我国语文教育界在培育高中生的感性思维能力方面也积累了丰富的经验,如李吉林老师所提出的"情境教学"论、李卫东老师提出的"五重语文"观,都是在语文课程中发展学生的感性思维能力方面做出的极其有益的实践探索。语文课程发

---

① 中华人民共和国教育部.普通高中语文课程标准:2017 年版 2020 年修订[M].2 版.北京:人民教育出版社,2020:1.

② 周辅成.西方伦理学名著选辑:上卷[M].北京:商务印书馆,1964:29.

③ 肖祥.道德想象与德性教化的审美转向[J].教育研究,2023,44(1):49.

展学生感性思维的独特优势及语文教育教学实践中取得的有益经验都对优秀传统文化教育实施过程中激发道德想象有较大的借鉴意义。

因而，在优秀传统文化教育实施的过程中，高中语文教师完全可以尝试激发高中生的道德想象对其进行德性教化。但要注意，为有效完成对高中生的德育目标，在优秀传统文化教育实施的过程中，师生首先需要根据德育的具体内容，通过视频、音频、书面文字或口头语言的形象化描述等手段来营造相应的道德情境；再依托文本，借助想象，实施者引导高中生激发自己的道德想象，开启个性化的带有价值体验性质的"心灵之旅"，使其以道德想象进行自我的心灵塑造，从而在师生、生生或生与文本的对话中敞开自己的心灵世界，激发个体"做一个好人"的冲动，产生对美好生活的向往，从而逐步提高个人的道德素养，养成良好的优秀传统文化行为习惯。

在高中生拥有一定的中华文化积淀、涵养高尚的审美情趣后，高中语文课程中优秀传统文化教育实施还有一个比较重要的任务，即推动高中生将内化的优秀传统文化外化。从这个角度来说，高中语文课程中优秀传统文化教育实施的过程更是一个以文化人，让内化于心的优秀传统文化外化于行的过程，即在提高道德素养的同时，通过传承与创新优秀传统文化的文化实践养成高中生良好的优秀传统文化行为。

2017 年，中共中央办公厅、国务院办公厅印发的《关于实施中华优秀传统文化传承发展工程的意见》明确提出，要坚持对优秀传统文化进行创造性转化与创新性发展，不断增强中华优秀传统文化的生命力和影响力。对高中生而言，理想状态下良好的优秀传统文化行为主要表现在正确且深入理解优秀传统文化内涵的基础上，不仅能将优秀传统文化践行于学习与生活之中，还能充分利用现代技术与现实语境相适应、与国际环境接轨地对优秀传统文化进行创造性转化与创新性发展。

三、高中语文课程中优秀传统文化教育实施的特质

高中语文课程中优秀传统文化教育实施有其不同于其他课程中实施优秀传统文化教育的特质。它具体表现为：高中语文课程中优秀传统文化教育实施有人文性、整合性和实践性三大特征；优秀传统文化在统编高中语文教材中主要有两种融入形态；文化自觉理论视域下，高中语文课程中优秀传统文化教育

实施有两种应然样态。

（一）高中语文课程中优秀传统文化教育实施的基本特征

习近平总书记说："博大精深的中华优秀传统文化是我们在世界文化激荡中站稳脚跟的根基。"①结合高中语文课程自身的学科课程特点，基于相关教育政策文件，本研究者认为，新时代高中语文课程中优秀传统文化教育实施具有人文性、整合性与实践性三大基本特征。

1. 人文性

作为高中语文课程中优秀传统文化教育实施的特征之一的"人文性"不同于新课标对语文课程性质表述中与"工具性"对举的"人文性"。在本研究中，人文性有两层含义：其一，强调高中语文课程中优秀传统文化教育实施的重点目标是对高中生人文精神的塑造与人文素养的培育，课程以人文内容为主；其二，表明高中语文课程中优秀传统文化教育实施是以人为本，注重学生的个性发展与全面发展。

当"现代性要求我们更加努力，以确保人类不论是个人还是整体都不想退出这场竞赛……现代性继续高举增长的旗帜作为其最高价值"②时，现代性对作为个体的人与作为群体的社会的影响巨大。就个体而言，人们常因追求物质的丰裕而放弃了聆听自我，时不时陷入存在无依据、人生无意义的精神困境。人类精神世界有三大重要支柱，分别是科学、艺术、人文。这三者中，科学追求真，赋予了人理性；艺术追求美，让人有了激情；人文追求善，建构信仰，使人虔诚。一个人活着，可以没有科学，只凭感觉做事；可以没有艺术，平平淡淡过日子；但绝对不能没有人文，若人心中无信仰，就容易成为一个"活死人"，处于一种"生而犹死"的状态。就社会来说，科技革命带来令人振奋的现代社会发展前景，是物质生活的日益进步，而要避免过度工业化社会，一定要把人类所创造的科学价值吸收到文化中去。况且对如中国这样的欲以独立的姿态屹立于世界的国家而言，"只有把科学吸收到它们的传统文化中去，把世界思潮吸收到它们

---

① 习近平. 习近平谈治国理政：第一卷［M］. 2 版. 北京：外文出版社，2018：164.

② 尤瓦尔·赫拉利. 未来简史：从智人到神人［M］. 林俊宏，译. 北京：中信出版社，2017：197.

自己的民族生活中去,才能更新它们自己而又保持它们的民族特点"①。而这同时也应是优秀传统文化教育融入中小学课程教材的外在动力。因语文课程被视为落实优秀传统文化教育的三大核心课程之一,高中语文课程中对高中生实施优秀传统文化教育的过程其实质是对高中生们进行人文教育、提高人文素养的过程。从这个目的来说,高中语文课程中优秀传统文化教育实施就具有显著的人文性。

这一人文特征具体表现在:

第一,高中语文课程中优秀传统文化教育实施在教育内容上为传统人文领域的基本知识与智慧成果,其中包含了人文思想中关于自然、社会的认知与实践的方法,反映了世世代代华夏民族对个人、家庭、社会等体系化的认知,彰显了国人对价值准则、行为规范与生活方式的系统思考以及对人生价值和崇高境界的执着追求。如统编高中语文教材必修下册选入的唐朝名臣魏征的《谏太宗十思疏》,作者在文中对唐太宗强调居安思危、戒奢以俭的重要性,劝谏太宗施行仁政,以民为本。该文所提出的"仁政"的基础是人性本善,反映了先人对人性的认知经验;而身为天子要对自己的百姓关怀,须济苍生达天下,将"仁爱"的理念贯彻到王道上,又体现了先人对个人与社会关系的思考,还呈现了《荀子·王制》中所倡导的"君者,舟也;庶人者,水也。水则载舟,水则覆舟"的民本思想。学习这种经典文本,师生自然而然就全面浸染在人文教育中。

第二,借助高中语文课堂,在高中语文课程中实施优秀传统文化教育的目标之一在于:有意识引领高中生理解、认同并践行优秀传统文化所倡导的为人处世道理,形成对尊严与价值的正确认识,发现、感知并欣赏人文生活之美,从而获得深厚的人文积淀,夯实其人文底蕴,滋养其人文情怀,最终提升高中生的人文素养。如统编高中语文教材必修上册选入了宋朝大文豪苏轼的《赤壁赋》,其中作者对"水""月"的三重思考(自然的"水""月"、历史的"水""月"和哲理的"水""月")就包含了浓浓的人文气息。学习者通过文本研读,能借助这篇经典中的文字"飘飘乎如遗世独立"可以感受到放下一切超脱自我的豁达、淡然,从"惟江上之清风,与山间之明月,耳得之而为声,目遇之而成色,取之无禁,用

---

① 联合国教科文组织国际教育发展委员会.学会生存:教育世界的今天和明天[M].北京:教育科学出版社,1996:121-122.

之不竭"步入勿杞人忧天,只关注当下的豁达心境,由此受到人文教育。

同时,高中语文课程中优秀传统文化教育实施要遵从以人为本的生本逻辑,这也是其人文特性的一个价值表达。新课标在"基本理念"部分提出,要发挥语文课程在促进学生全面而有个性的发展方面的应有功能。① 这一要求同样适用于高中语文课程中优秀传统文化教育实施。且对高中生进行优秀传统文化教育要以人为本,也是提升优秀传统文化教育实施效果的需要。2020 年,学者李晓蕾在对全国中小学、幼儿园各学段的优秀传统文化教育实施情况进行调研时发现,"部分学校古代典籍内容设置过多,与学生认知发展规律相背离""有的学校更将继承与发展中华优秀传统文化曲解为'复活古代文化',不是将传统文化简单等同于'四书五经',便是不加筛选地让学生通篇背诵《三字经》《弟子规》等"②。虽然这一调研不针对高中语文课程中优秀传统文化教育实施,但其中指出的问题在优秀传统文化教育实施的过程中也常见,因而它对高中语文课程中优秀传统文化教育的实施也具有一定的借鉴意义。如深究这些表象的内里,前者,优秀传统文化学习任务繁重,不尊重学生的认知发展规律;后者,优秀传统文化学习的内容佶屈聱牙且学习过程刻板单调:这些问题都会严重影响优秀传统文化教育的实施效果。

而要解决这些问题从而提高优秀传统文化教育的实施效果,让实施对象心情愉悦地沉浸在优秀传统文化学习中,对青少年优秀传统文化教育的实施就必须以生为本,满足学生的多样化需求,让学生乐在其中。从教育学的角度来看,满足学生多样化学习需求的前提是尊重学生的个体差异。学生的个体差异主要有不同阶段个体发展性差异和同阶段个体认知性差异两个方面。在不同学段个体发展性差异方面,学生在不同的发展阶段有不同的学习需求。如小学一、二年级的学生(6~7 岁),按照皮亚杰的认知发展理论,他们处于"前运算思维阶段",主要以将感知动作内化的表象进行思维,且以自我为中心,既不可逆

① 中华人民共和国教育部. 普通高中语文课程标准:2017 年版 2020 年修订[M]. 2 版. 北京:人民教育出版社,2020:2.
② 李晓蕾. 中华优秀传统文化教育现状的调查分析:基于全国 31 个省(自治区、直辖市)的调查数据[J]. 湖南师范大学教育科学学报,2020,19(5):20.

又缺乏守恒。① 这些低龄小学生对优秀传统文化的学习就有以语言模仿、符号游戏、符号绘画等课程内容为主的需求。而在同阶段个体认知性差异方面，虽然学生处于同一认知发展阶段，但"世界上没有两片完全相同的叶子"，因各自的学习背景、学习兴趣、学习风格等不同，不同学生有不同的学习期待。另外，多样化学习需求背后的理论支撑是个性化学习的理念与个性化发展的观念。当代社会已经从工业社会进化到信息化社会，工业社会机械化生产人才的方式已经过时。这种人才生产方式很少考虑到人的个性，甚至以牺牲一部分人为代价实现整体性的发展，已经不适宜时代发展。信息化时代，个性化学习正当其时。同时，按照马克思关于人的全面发展学说，人的全面发展也是人的个性发展。因此，当学生个性化学习从应然成为实然时，为高中生开展的优秀传统文化教育就必然要满足学生的个性化需求。

高中语文课程中优秀传统文化教育实施要以学生的多样化需求为定位设计教学过程、使用课程教材和评价实施效果，如此才可能形塑高质量的生本育人课程，吸引高中生积极参与课堂活动，提升高中语文课程中优秀传统文化教育的实施效果。

2. 整合性

高中语文课程中优秀传统文化教育实施具有整合性特征，这是指在优秀传统文化教育实施的具体过程中有多个方面进行了整合。

课程整合是时代发展的趋势，已成为新时代特色。回溯课程整合的历史，英国哲学家斯宾塞在 1862 年出版的《第一原理》中首次使用了"整合"，他将"整合"界定为在社会演进中事物聚集或结合在一起具混乱性质的过程。19 世纪后期，德国教育学者赫尔巴特的追随者提出了"学习的统整"理念，第一次将"统整"与"学习"进行了关联。② 20 世纪 80 年代至今是课程整合的复兴期。国际教育大会自 20 世纪 80 年代以来连续多次对课程整合问题展开了讨论。联合国教科文组织也在这一时期委托国际教育专家伊朗的拉塞克和罗马尼亚的维迪奴进行教育内容发展趋势的专题研究，形成了一份报告《从现在到 2000 年

---

① 皮亚杰. 皮亚杰教育论著选[M]. 卢濬, 选译. 2 版. 北京：人民教育出版社, 2015：5 -
7.

② JAMES A. BEANE. 课程统整[M]. 单文经, 等译. 上海：华东师范大学出版社, 2003：7.

教育内容发展趋势的全球展望》,其中以"课程设计和学习过程组织中的平衡"为题就"课程整合"问题进行了专门研究。① 课程整合有多种类型。按照美国课程学者雅克布斯的理解,可以按学科间整合的程度将课程整合分为分立课程(discipline based)、平行课程(parallel disciplines)、互补学科单元或课程(complementary units or courses)等六种类型。② 按照这一分类方式,高中语文课程中优秀传统文化教育实施的整合是一种学科课程中的整合,其间的整合主要来自四个方面:

(1)技术与教育的整合

现代信息技术与基础教育的深度融合对高中语文课程中实施优秀传统文化教育产生了积极影响。科技革命以来,知识总量快速增长,知识构建出复杂的知识网络。借助知识图谱、大数据搜索等方式,高中语文课堂对优秀传统文化知识的传授已然实现了点与面的连接,助力学习者加深对优秀传统文化知识的理解,提升对知识整体运用的效用,让学习者的优秀传统文化知识面不断丰富,从而构建属于个人的独一无二的中国传统文化知识体系。同时期,互联网+教育也完全改变了传统教育意义以口耳相传形式进行的师授生习的优秀传统文化传承形式,这使得当下乃至未来学校中的优秀传统文化传承可通过虚拟现实技术打破传播的时空界限,丰富优秀传统文化内涵,让教学过程变得更有趣,能使师生互动性显著增强,一定程度上可提升高中语文课程中优秀传统文化教育的实施效果。

(2)学科内的整合

高中语文课程中优秀传统文化教育实施必然要遵循新课标的要求,践行新课标的理念。而新课标渗透着浓厚的"整合"思想。据学者统计,"整合"一词在文本中一共出现了21次。③ 统编教材中,反映优秀传统文化的主要载体虽然多以成文类方式在课程教材中出现,但还有很多载体形式是以分散的、碎片的

① 董诞黎,胡早娣,邵亦冰,等.课程整合:课堂教学新变局[M].杭州:浙江大学出版社,2012:23.

② FOGARTY,R. Ten ways to integrate curriculum[J]. Educational leadership,1991,49(2):61 – 65.

③ 刘飞.语文统编教材大单元教学设计框架构建及其运用[J].基础教育课程,2020(23):42.

形式居于各单元。出于系统性实施优秀传统文化教育的需要,对于那些以碎片式存在于教材中的优秀传统文化内容,高中语文教师在语文课堂中需进行必要的教学整合,最常见的有数个学习任务群的整合等。而对于那些成文类的如古诗文的教学,为纠正某部分教师在高中语文课程中优秀传统文化教育实施背景下的教学向度偏离,也有必要进行一定程度的整合,这种带有纠偏性的整合最主要的是文字教育基础上的文学教育与文化教育的整合。

(3)学科间的整合

2014年,《教育部关于全面深化课程改革落实立德树人根本任务的意见》提出,要开展跨学科主题教育教学活动,将相关学科的教育内容进行有机整合。如统编高中语文教材必修上册第四单元"家乡文化生活"归属新课标所设计的十八个学习任务群的"当代文化参与"学习任务群。因高一的"当代文化参与"重在文化参与且以高中生的体验为主,对文化习俗等部分内容的教学就可以进行语文、历史、地理、政治等学科间的整合,从不同的学科视野来审视优秀传统文化,以加深高中生对优秀传统文化的理解,提高他们的理性认知能力并推动学校层面优秀传统文化传承工作的可持续进行。

(4)高中语文课程中优秀传统文化教育实施的教育诉求与高中语文学科核心素养培育目标的整合

优秀传统文化教育作为新时代教育部精选进课程教材的九个重大主题教育之一,它进中小学课程教材意味着作为重大主题教育有自己独特的教育诉求;而高中语文课程作为一门学科,有其学科课程专有的学科核心素养的培育任务。高中语文课程中优秀传统文化教育实施意味着优秀传统文化教育的教育诉求必须与高中语文学科核心素养的培育目标进行有机整合,以整合后的目标指引高中语文课程中优秀传统文化教育的实施。

3.实践性

高中语文课程中优秀传统文化教育实施具有实践性的特征,主要缘由:

(1)实施的起点源于社会实践中的现实问题

之所以要在高中语文课程中实施优秀传统文化教育,是时代背景下中国人,尤其是青少年的文化认同、民族认同等受到多方面冲击,为保国家安泰祥和、民族传统文化传承有序以及社会主义事业后继有人,对青少年的优秀传统文化教育顺势而为。高中语文课程是被国家认可的落实优秀传统文化教育的核心课程,且本身语文课程在传承与弘扬优秀传统文化方面具有不可替代的优势,所以高中语文课程中实施优秀传统文化教育责无旁贷。由此,社会实践中的现实问题就是高中语文课程中优秀传统文化教育实施的现实逻辑起点。

(2)实施的目的是改造客观世界

在中国实现了小康社会后,教育亟须发挥其为党育人、为国育才的社会价值,在新征程中为中国式现代化建设培养更多更好的人才。新时代,学校教育首要目标是立德树人,为党和国家培养德智体美劳全面发展的时代新人。优秀传统文化教育作为重大主题教育之一进入中小课程教材后,当下及未来人们要做的就是,利用学科课程的教育教学环节有效对高中学生进行优秀传统文化教育,为他们培根铸魂,增强其文化自信,将高中生们培养成为社会主义现代化的合格建设者与可靠接班人,从而为实现中华民族伟大复兴的中国梦服务。

(3)实施的过程具有实践性

新课标提出,语文课程是一门实践性课程。[①] 这一高中语文课程的实践特性使得高中语文课程中优秀传统文化教育实施的过程必定注重将经典篇目、基本常识、人文典故、古代建筑等中国传统文化内容与学生们的日常生活实践相结合。从个体的生活习惯、行为方式、礼仪规范的养成起步,从体验与体会先人的生活智慧入手,培育思维方式和生活情趣;关注人文积淀、要求"日参省乎己"且思学结合,学以致用,力求做到知行合一。具体在大语文背景下,以各种形式出现在高中生身边的语言文字、人物形象等内容都可以成为其进行语文学习的课程资源,高中生学习与运用我国语言文字的实践机会无处不在。

再从优秀传统文化教育的角度来看,实施的过程也具有实践性。中国传统文化是我们祖先创造的由代代先民接力表现出民族特色的物质与精神成果。它本质上反映的是中华民族的生活方式与生活物质基础。文化只有与生活发生联系,在实际生活中体现时才能回到其本质上。作为中国传统文化中的思想精华与道德精髓的优秀传统文化是一个民族传承和发展的根本。习近平总书

---

① 中华人民共和国教育部. 普通高中语文课程标准:2017 年版 2020 年修订[M]. 2 版. 北京:人民教育出版社,2020:3.

记指出"不忘本来才能开辟未来"。① 同理,只有与生活实践紧密结合,优秀传统文化教育才能脚踏实地并有的放矢。2004 年中宣部、教育部印发的《中小学开展弘扬和培育民族精神教育实施纲要》提出,要通过社会实践活动使学生在活动中体验、感悟、认同民族精神,鼓励和引导学生在社会生活实际中身体力行,弘扬民族精神。由此可得出,中小学开展弘扬与培育民族精神教育遵循的原则之一就是要注重实践,而这也表明了优秀传统文化教育的实践特性。

（二）优秀传统文化在统编高中语文教材中的融入形态

就如学者温小军所指出的,"语文课程传承中华优秀传统文化首先应顾及一个基本前提,那就是在语文课程之内"②,只有优秀传统文化在语文课程中,才可能在高中语文课程中实施优秀传统文化教育。事实上,回溯中国语文教育发展史,传统语文教育时期语文与中国传统文化融合在一起,语文教育与优秀传统文化教育之间关系紧密;近代语文教育时期,学校层面的语文曾与优秀传统文化教育有近百年的分离;当代语文教育时期,随着优秀传统文化教育的兴起,语文教育与优秀传统文化教育重新融合。这种融合,在 2021 年《中华优秀传统文化进中小学课程教材指南》颁布后,从理论设想到教材落实,达到了一个优秀传统文化进语文课程教材的量的高峰期。如此,以古诗文为主体的大量中国传统文化得以名正言顺地进入高中语文课程教材,表明优秀传统文化进入高中语文课程已经成为实然。

本研究者以是否进课程教材为分类标准,将进入统编高中语文教材中反映优秀传统文化的中国传统文化的融入形态分为两类:

1. 以载体形式进入课程教材的:优秀传统文化是课文承载的重要教育主题

在中国传统文化中,作为反映优秀传统文化的载体形式进入统编高中语文教材的主体是广大高中师生所熟知的古诗文,它们归属于经典篇目。古诗在高中语文课程教材中直接成为优秀传统文化教育实施依托的课文;而古文中除了

① 中共中央宣传部.习近平新时代中国特色社会主义思想学习纲要[M].北京:学习出版社,2019:146.
② 温小军.语文课程传承中华优秀传统文化的三个必要追问[J].教育科学研究,2019(6):56.

一些篇幅长的古代散文会以节选的方式出现,总体而言,古文也是作为课文出现;另外,还有一些如人文典故、基本常识等载体形式进入了课文中。由此,可以做如下理解,即进入统编高中语文教材的优秀传统文化的首个现实形态:中国传统文化成为高中语文课程中优秀传统文化教育实施所依托的课文或课文的一个部分。由此,这些成为课文的中国传统文化所反映的优秀传统文化就是课文承载的重要教育主题。

一般而言,进入新教材的古诗文可分为两类:古代诗歌和古代散文。其中,古诗词如古风、歌谣、古体诗、近体诗、词、曲等归为古代诗歌;而古代的散文(如先秦诸子散文、历史散文等)、古典小说、神话故事等不押韵、不重排偶的散体文章属于古代散文。《完善中华优秀传统文化教育指导纲要》提出,要在语文等学科课程的课标修订中增加优秀传统文化内容比重。事实上,增加反映优秀传统文化的中国传统文化内容不仅在语文课标修订中得到了贯彻落实,而且已经落实在统编高中语文教材的选编中。据本研究者统计,统编教材必修一套五本含必修上、下册与选择性必修上、中、下册,总选文数为 139 篇(含整本书阅读篇目),必修共有 67 篇,选择性必修有 72 篇,而古诗文为 71 篇(含整本书阅读篇目《红楼梦》),占总选文数的 51.08%。古诗文在统编高中语文教材中的具体分布情况如表 2-3 所示:

表 2-3　古诗文在统编高中语文教材中的分布情况

册数	单元	篇目	文体
必修上册	二	《芣苢》《插秧歌》	诗歌
	三	《短歌行》《归园田居(其一)》《梦游天姥吟留别》《登高》*《琵琶行(并序)》《念奴娇·赤壁怀古》*《永遇乐·京口北固亭怀古》《声声慢(寻寻觅觅)》	诗歌
	六	《劝学》*《师说》	散文
	七	《赤壁赋》*《登泰山记》	散文
	古诗词诵读	《静女》《涉江采芙蓉》《虞美人(春花秋月何时了)》《鹊桥仙(纤云弄巧)》	诗歌

续表 2 - 3

册数	单元	篇目	文体
必修下册	一	《子路、曾皙、冉有、公西华侍坐》*《齐桓晋文之事》《庖丁解牛》《烛之武退秦师》*《鸿门宴》	散文
	二	《窦娥冤》	散文
	五	《谏逐客书》	散文
	六	《林教头风雪山神庙》《促织》	散文
	整本书阅读	《红楼梦》	散文
	八	《谏太宗十思疏》*《答司马谏议书》《阿房宫赋》*《六国论》	散文
	古诗词诵读	《登岳阳楼》《桂枝香·金陵怀古》《念奴娇·过洞庭》《游园(【皂罗袍】)》	诗歌
选择性必修上册	二	《〈论语〉十二章》*《大学之道》*《人皆有不忍人之心》《〈老子〉四章》*《五石之瓠》《兼爱》	散文
	古诗词诵读	《无衣》《春江花月夜》《将进酒》《江城子·乙卯正月二十日夜记梦》	诗歌
选择性必修中册	三	《屈原列传》*《苏武传》《过秦论》*《五代史伶官传序》	散文
	古诗词诵读	《燕歌行并序》《李凭箜篌引》《锦瑟》《书愤》	诗歌
选择性必修下册	一	《氓》《离骚(节选)》*《孔雀东南飞(并序)》《蜀道难》*《蜀相》《望海潮(东南形胜)》*《扬州慢(淮左名都)》	诗歌
	三	《陈情表》*《项脊轩志》《兰亭集序》《归去来兮辞(并序)》*《种树郭橐驼传》*《石钟山记》	散文
	古诗词诵读	《拟行路难(其四)》《客至》《登快阁》《临安春雨初霁》	诗歌

注：*为自读课文。

表 2 - 3 显示,在统编高中语文教材必修(含选择性必修)中作为课文(含古诗词诵读)出现的古代诗歌共有 37 首(诗词曲),这些古代诗歌的编排完全没有时间顺序。古文共有 34 篇,具体有历史散文、诸子散文、唐宋散文、明清小说。同时,这些古文的编排也没有按照文本的创作时间顺序进行。

虽然古诗文是反映优秀传统文化的载体形式——经典篇目,但在高中语文课堂教学对古诗文的文本解读与诠释中,会牵涉到如人文典故、基本常识、科技成就等其他载体形式。如必修上册第三单元选入的盛唐诗人杜甫创作的律诗《登高》就涉及重阳节登高、插茱萸辟邪等基本常识;必修下册第八单元选入的晚唐诗人杜牧创作的《阿房宫赋》就涉及古建筑、人文典故等载体形式;选择性必修下册第三单元选入的晋朝李密所写的《陈情表》就涉及称谓礼仪、有特定含义的事物等人文典故。由此可见,古诗文是以经典篇目为主的兼具其他反映优秀传统文化的载体形式的整合性文本。

在中国传统文化中除去成文的如古诗文等反映优秀传统文化的载体形式,在统编高中语文必修教材一些单元与课文中还穿插了许多非成文的反映优秀传统文化的载体形式,如人文典故、基本常识等。它们作为课文的一个部分存在课程教材中,在统编必修教材中的具体分布情况如表2-4所示:

表2-4 非成文的优秀传统文化载体形式在统编必修教材中的分布情况

册数	单元	篇目与传统文化内容	载体形式
必修上册	四	家乡文化生活:记录家乡的人和物、家乡文化生活现状调查、参与家乡文化建设	基本常识
	六	《反对党八股(节选)》:懒婆娘的裹脚,又长又臭;到什么山唱什么歌;看菜吃饭,量体裁衣;得胜回朝;对牛弹琴;等等	人文典故
	七	《故都的秋》:梧桐一叶落而知秋、采莲习俗等《我与地坛(节选)》:地坛	基本常识、人文典故、科技成就
	八	古今词义、褒贬、成语等	人文典故
必修下册	三	《青蒿素:人类征服疾病的一小步》:民间中草药、青蒿、古代加热提取技术《中国建筑的特征》:中国建筑艺术《说"木叶"》:意象,古诗词的美学知识	科技成就其他文化遗产基本常识
	五	《与妻书》:阴间鬼;妾,君;辛未三月;骨化石	人文典故基本常识
	六	《祝福》:冬至、理学、监生、本家、陈抟老祖、灵魂、地狱、无常、阴司	人文典故基本常识
选择性必修上册	一	《大战中的插曲》:"活菩萨"	人文典故
	四	逻辑的力量:《智囊全集》《十五贯》《晏子使楚》	人文典故

续表 2 - 4

册数	单元	篇目与传统文化内容	载体形式
选择性必修中册	一	《改造我们的学习》:墙上芦苇,头重脚轻根底浅;山间竹笋,嘴尖皮厚腹中空。《修辞立其诚》:修辞立其诚	人文典故
	二	《记念刘和珍君》:华盖、亲戚或余悲……托体同山阿。《包身工》:墨鸭、弄堂。《小二黑结婚(节选)》:罗睺星照运	人文典故基本常识
选择性必修下册	二	《阿Q正传(节选)》:土谷祠、文童、赛神。《边城(节选)》:雄黄、梁红玉、傩送、吕洞宾。《一个消逝了的山村》:日日思君不见君,共饮长江水。《秦腔》:秦腔。《茶馆》:茶馆	基本常识艺术与特色技能人文典故
	四	《天文学上的旷世之争》:天圆地方、宣夜说、盖天说、浑天说	科技成就

从表 2 - 4 可以看出,以碎片的方式进入统编高中语文教材的载体形式内容颇为丰富,以人文典故及基本常识为主,还夹杂艺术与特色技能、科技成就。它们都是统编高中语文教材中课文的一部分,将作为一个桥梁,在现代白话文的课文教学中激起优秀传统文化教育,使优秀传统文化教育能借此渗透进高中语文课堂教学中,体现优秀传统文化教育的"润物无声"与文言文、白话文课文中实施优秀传统文化教育的有效连接。

通过对高中语文教材中有关中国传统文化的文本内容的分析可以看出,优秀传统文化进入高中语文课程教材的情况主要有两种:其一,大量以成文的经典篇目载体形式存在,表征为古诗文,其中涉及人文典故、基本常识、兼具系统与整体性;其二,少量以非成文的人文典故与基本常识如成语、节日文化、风俗等存在。这些成为课文一部分内容的中国传统文化数量不多,完全渗透在现代白话文或单元中,比较零星与散乱。

2. 隐形入课程教材的:优秀传统文化以中国传统文化为媒介成为语文课程资源

传统语文教育时期,教材是唯一的课程资源。当代语文教育时期,语文课程资源是一个开放性的概念,它是一切可利用、有教育价值、能转化为语文课程、有利实现语文教育目的或服务于语文课程的各种条件的总称。①

---

① 陈鸿英.语文教师:一种重要的课程资源[D].桂林:广西师范大学,2008:4.

高中语文课程中优秀传统文化教育实施的渠道众多,从语文课的常规类型来说,优秀传统文化教育可以发生在新授课、练习课、作文课、活动课中。在这些高中语文常规课型中,新授课中可以充分利用进入课程教材的课文实施优秀传统文化教育;而其他课型,需要在统编高中语文课程教材之外引入为数不少的中国传统文化,通过文化的深入挖掘将引进来的中国传统文化所反映的优秀传统文化作为课程资源,具体以中国传统文化为媒介来助力高中语文课程中优秀传统文化教育实施。

(1)练习课

练习课的全称是练习讲评课,是在学生完成练习后以教师为主导对学生进行的练习分析课型,旨在评判学生答题的有效性,引导学生习得答题技巧、养成答题规范习惯等。它在实操中具体分为课文同步练习讲评课、单元练习讲评课、阶段测评讲评课等等。如必修上册选入的《琵琶行(并序)》的课后同步练习有一道题目是这样的:

《琵琶行(并序)》第二段用"东船西舫悄无言,唯见江心秋月白"结尾,有什么作用?

这是一道主观题,表面来看它考查的是学生对诗中重要句子的分析能力。但事实上,因这句话"东船西舫悄无言,唯见江心秋月白"在全诗中比较重要,它以对观众的反应以及环境的描写来侧面烘托出琵琶女的高超技艺。高中语文教师在课堂语文学习活动中一般都会引导学生探究这一句话。因此,这个课后同步练习实质是对课堂学习所得的梳理,用自己的语言来完成一段文字叙述,训练答题的技巧。在具体进行练习讲评之时,教师为提升学生对重要句子的分析能力、培养学生的答题技巧以及对同一类型练习题的举一反三能力,会较为详细地补充正面描写与侧面烘托等相关的文学鉴赏知识、成语故事等。其中补充的中国古代文学鉴赏知识与成语故事等优秀传统文化知识都是在高中语文课文同步练习讲评课中引进来的课程资源。

(2)作文课

高中语文的作文课一般有两种,一是作文指导课,一是作文讲评课。前者,发生在学生写作前,是教师对学生如何作文的指导课型。后者,出现在学生作文后,教师一般会根据学生的总体写作情况,归纳出作文中的典型问题并以此讲评以引导学生进行有效的作文修改的指导课型。在作文课中,中国传统文化被引进来作为课程资源不外乎两种情况:第一,在作文(一般是新材料作文或者任务驱动型作文)题目的指导语中出现中国传统文化,如中国古代的名人名言、人文典故等等;第二,在学生习作的标题拟定、论据使用、论证方法选择等方面涉及中国传统文化。如作文指导课中某次作文题:

22.阅读下面的材料,根据要求写作。(60分)

古人常以比喻说明对理想的追求,涉及基础、方法、路径、目标及其关系等。如汉代扬雄就曾以射箭为喻,他说:"修身以为弓,矫思以为矢,立义以为的,奠而后发,发而必中矣。"大意是,只要不断加强修养,端正思想,并将"义"作为确定的目标,再付诸行动,就能实现理想。

上述材料能给追求理想的当代青年以启示,请结合你对自身发展的思考写一篇文章。

要求:选准角度,确定立意,明确文体,自拟标题;不要套作,不得抄袭;不得泄露个人信息;不少于800字。

——2021年高考语文全国乙卷

这道作文题以人文典故作为语言材料。本次写作练习的设计者在作文写作指导语中引用了汉代扬雄的一段话,要求高中生从中受到写作启示,谈当代青年如何追求并实现理想。从优秀传统文化教育的角度来看,这道作文题目的设计意图在于向高中生充分展现传统思维的当代价值,体现中国传统文化与中国当代文化的相融相通,更创新性引导高中生思考如何转化优秀传统文化的当代价值并使之运用在当代实践中。

(3)活动课

高中语文常规课型中的活动课一般有两种:一是以阅读为主题的活动课。这是一种教师给予理论指导、学生自主设计与实施的读书交流活动,交流活动按活动流程,设置主持人、阅读分享者及观察者。阅读的书目有教师推荐的或者学生自主阅读的,也常常会涉及中国传统文化典籍或者中国古代文学经典等。二是以实践为主题的活动课。这种以实践为主题的活动课不多。如高中语文教师在教学统编高中语文教材必修上册第四单元"家乡文化生活"时,较为常规的做法是先依据学生的兴趣布置任务,组织学生进行具有可行性的实践活动,然后开展活动课,交流实践活动所得。在实践时,师生基于个人的生活实践经验可能会偏重家乡的传统文化,如传统节日文化、本土特有的民俗风情等。

如此,活动课也会引进相关的作为课程资源的优秀传统文化。

(三)高中语文课程中优秀传统文化教育实施的应然样态

优秀传统文化在高中语文课程中的融入形态直接关联高中语文课程中优秀传统文化教育实施的应然样态。在文化自觉理论视域下,基于优秀传统文化在高中语文课程教材中的融入形态,高中语文课程中优秀传统文化教育实施的应然样态有两种:

1. 高中语文课程实施应全面浸润在优秀传统文化教育中

课程本质上是一种文化要素。① 按照这一理解,高中语文课程实施是一种文化现象。而中国传统往往将道德弥漫在文化的一切领域。② 而且,人的社会化常受到文化体系的浸润,其社会实践往往受文化的潜移默化的影响③。这些为高中语文课程实施全面浸润在优秀传统文化教育中提供了一定的理论依据。实践层面,优秀传统文化在高中语文课程中的现实样态也为高中语文课程实施全面浸润在优秀传统文化教育中准备了物质条件。

高中语文课程实施全面浸润在优秀传统文化中意味着高中语文课程实施是一种全过程的优秀传统文化教育活动。具体来说,它表现为:高中语文教师以中国传统文化为实施媒介,通过高中语文课程的具体实施过程在高中语文课堂形成了一种贯穿实施过程的始与终的优秀传统文化教育的情境与氛围。高中生身处其间,如同浸润在优秀传统文化教育中,可以多方位、多形式地感受优秀传统文化的滋润,接受优秀传统文化的洗礼。

先秦荀子在《劝学》中说:"蓬生麻中,不扶而直;白沙在涅,与之俱黑。"这句明智之言强调环境或者氛围具有巨大影响力。同理,优秀传统文化教育对高中语文课程实施的全面浸润也具有其不可忽视的影响力。就如当代学者所指出的,文化的浸润有益高中生文化素质的培育。④ 而具体从对高中生的优秀传统文化教育的意义来谈,这种高中语文课程中优秀传统文化教育实施的应然样态具有三个特性:多层次、预设性、自然性。多层次意为在优秀传统文化教育的

---

① 罗生全.课程文化资本研究[M].重庆:西南师范大学出版社,2017:214.

② 韦政通.中国文化概论[M].长沙:岳麓书社,2003:58.

③ 姜琳琳,李凤莲.艺术课程中浸润中华优秀传统文化教育[J].教育研究与实验,2022(6):41.

④ 蔡嵋.文化浸润与学生素质提升[J].中国教育学刊,2007(6):34.

实施过程中,具体在高中语文课堂的每一个环节都笼罩在优秀传统文化教育氛围之中——开始导入环节,高中语文教师一般会激趣导入新课,从而营建浓郁的优秀传统文化教育氛围;中间文本研读环节,高中语文教师往往会组织学生在语言文字的解析、文学艺术的赏析与文化内涵的挖掘中形成优秀传统文化教育氛围;结尾课堂总结环节,教师会以高度凝练的带有总结性的口头语言或者书面文字收束,留下一种言有尽而意无穷的优秀传统文化教育的遗韵。这当中,高中语文教师在对各个环节的设计上必然会遵从高中生的认知发展规律,由浅到深设计教学环节,让高中生在课堂中受到多个层次的优秀传统文化的熏陶。预设性指这种全面浸润是高中语文教师的有意为之,是教师以自身优秀传统文化素养展现优雅的言行、课前的精心设计及课堂中的有意营建形成,它是有备而来的优秀传统文化教育实施。自然性指课堂实施全面浸润优秀传统文化教育后,它相较于其他道德教育的故意为之,高中语文课程中优秀传统文化教育实施会自然而然发生,高中学生会在不自觉、无意识的状态下接受优秀传统文化的潜移默化,从而自然完成优秀传统文化的代际传递,助力实现优秀传统文化教育目标。

高中语文课程实施全面浸润在优秀传统文化教育中这种样态,在高中语文课程实施中,主要应该出现在以中国传统文化为内容的新授课与以中国传统文化为主题的探究性或体验性的活动课中。

2. 优秀传统文化教育要部分渗透在高中语文课程实施中

基于中国传统文化为课文的一个部分以及优秀传统文化是高中语文课程实施的课程资源,高中语文课程中优秀传统文化教育实施的另外一种应然样态是优秀传统文化教育部分渗透在高中语文课程实施中。

在这种应然样态中,优秀传统文化教育并不是课堂教学的主要教育目标,它只是在适当的时候做适合语境的部分渗透,这样做的目的在于:一方面,可以增加高中语文课堂文化的思想厚度;另一方面,可以加大高中语文课程中优秀传统文化教育的实施力度,同时也可以平衡优秀传统文化与中国当代文化、优秀传统文化与西方文化、优秀传统文化教育与其他重大主题教育之间的关系。

在这种应然样态中,优秀传统文化教育部分渗透在高中语文课程实施中。而实现这一应然样态,需要满足两个条件:第一个条件是,这种部分渗透的发生需要依托一定的媒介。因语文教材内容和语文教学内容是不同的①,因而这些

---

① 朱绍禹. 中学语文教材概观[M]. 北京:人民教育出版社,1997:9.

媒介可以是成为课文中那一小部分的中国传统文化,可以是因教学需要引进来作为课程资源的中国传统文化,也可以是为中西文化比较、古今文化比较等而使用的西方文化、中国当代文化等。第二个条件是,这种部分渗透往往要通过知识迁移、文化联想、道德想象等在课堂教学的某个环节或某个片段中实现。

基于这些具体条件,高中语文课程中优秀传统文化教育实施的这种应然样态从对高中生实施优秀传统文化教育的价值来说,它具有零碎化、片段性、生成性三大特性。零碎化是指这种渗透在高中语文课程中对高中生所实施的优秀传统文化教育不成体系,较为零散。片段性是指它发生在课堂教学的某个片段,具体指优秀传统文化教育实施在时间上的短暂性。生成性,则与预设性相对。这种优秀传统文化教育部分渗透在高中语文课程实施中主要依赖课堂教学中的生成,而生成发生的场景在具体的教学环节可能有:其一,高中语文教师为进行文化比较,具体如中西文化比较、古今文化比较,而由课堂教学中正使用的西方文化、中国当代文化等内容通过迁移或联想进行优秀传统文化教育;其二,由课文中的传统文化内容激发高中语文课程中优秀传统文化教育的实施。

简言之,在对高中语文课程中优秀传统文化教育实施的历史与现实情况进行系统梳理后,在对其"应然"状态进行初步揭示的基础上,研究深入下去,基于理论依据与实践需要,首先提出了支撑高中语文课程中实施优秀传统文化教育的核心理论,即文化自觉理论。之后,从学科课程目标、个人成长成才和优秀传统文化传承三个角度具体阐释有厚重历史积淀与鲜明时代特色的高中语文课程中实施优秀传统文化教育的内涵,即高中语文课程中优秀传统文化教育实施是呈现语文学科特性的育人工程、筑牢个体成长成才的桥梁工程以及培养主体文化能力的传承工程。在对内涵诠释的基础上,本研究提出了高中语文课程中优秀传统文化教育实施的三大特征——人文性、整合性及实践性,随后又依据优秀传统文化融入新教材的情况,以文化自觉理论为核心理论推论,高中语文课程中优秀传统文化教育实施有两种应然样态,具体为:高中语文课程实施应全面浸润在优秀传统文化教育中与优秀传统文化教育要部分渗透在高中语文课程实施中。至此,本研究比较全面地揭示了高中语文课程中实施优秀传统文化教育的"应然"状态。

第三章 高中语文课程中优秀传统文化教育的实施效果评价工具开发

因当前高中语文课程中优秀传统文化教育的实施效果评价工具缺失,要对实施效果进行研究必然需要一套适用于高中语文课程中优秀传统文化教育的实施效果评价工具。为此,本书开发了一套专用于高中语文课程中优秀传统文化教育的实施效果评价工具,它具体包括一个高中语文课程中优秀传统文化教育的实施效果评价体系和一个配套的高中语文课程中优秀传统文化教育的实施效果评价问卷。开发的这套高中语文课程中优秀传统文化教育的实施效果评价工具拟评价的对象是完成了统编高中语文教材学习的高中学生,评价的结果理论上对高中语文课程中优秀传统文化教育实施有诊断性、终结性导向作用。

本书对高中语文课程中优秀传统文化教育的实施效果评价工具的开发分为两个部分:其一,建构高中语文课程中优秀传统文化教育的实施效果评价指标体系;其二,编制高中语文课程中优秀传统文化教育的实施效果评价问卷。

一、高中语文课程中优秀传统文化教育的实施效果评价指标体系的建构

本书对高中语文课程中优秀传统文化教育的实施效果评价指标体系的建构分了三个步骤:其一,初步建构高中语文课程中优秀传统文化教育的实施效果评价指标体系;其二,对初步建构的实施效果评价指标体系进行修订;其三,计算实施效果评价指标体系的各级指标的专家权重赋值。

(一)实施效果评价指标体系的初建

建构高中语文课程中优秀传统文化教育的实施效果评价指标体系要依据研究目标严格遵循建构原则进行。本书遵循的建构原则为科学性、目标导向性及可操作性。

首先,科学性是建构任何一个评价指标体系都必须遵从的首要原则,它提供建构的意义与价值。科学性原则,一方面,要求所建构的评价指标体系能够客观真实地反映高中语文课程中优秀传统文化教育实施的目标与任务,为实施

效果的评价提供有效的参照标准;另一方面,要求所建构的高中语文课程中优秀传统文化教育的实施效果评价指标体系是一个完整、科学的逻辑系统。其科学性具体表现在一、二、三级指标之间既相互独立又相互联系,还严格遵循统计学的资料分类要求,即上下级指标之间有一致性,同层次的指标及其关系的内涵完全不相同,各指标间的外延相斥。其次,目标导向性是建构指标体系的基本原则。目标导向是评价指标体系在应用上的重要价值,以指标体系的应用引导和激励被评价者朝正确方向行进。学者张怀满认为,评价需要遵循目标导向原则,即评价主体应以评价目标为标准来审查学生的学习和行为,通过判断其目标完成程度,做出相应的价值判断,在情况的反馈中助力改进教学。① 最后,可操作性是衡量所建构的评价指标体系的重要标准。它要求评价指标有实践性与可操作性,指标数据从实际工作数据中选取,数据收集简单、容易操作。

遵照这些原则,本研究对高中语文课程中优秀传统文化教育的实施效果评价指标体系的建构过程分为以下数个步骤:

1. 一级指标的确立及其内涵的解析

1.1 一级指标的初拟

如前所述,文化自觉理论视域下,高中语文课程中优秀传统文化教育实施在内涵上是一个使高中生充分认知优秀传统文化来厚植中华文化底蕴,在涵养审美意蕴中提升其文化自信,以及通过培育其道德素养与养成良好优秀传统文化行为从而提升其优秀传统文化继承与发展特性的文化实践能力的育人过程。而这,从操作性定义而言,高中语文课程中优秀传统文化教育实施对高中生的直接影响表现在其对优秀传统文化的文化认知程度、文化认同状态及文化实践能力水平三个方面。在文化自觉理论视域下,本研究者将高中生基于语文课程对优秀传统文化的认知概括为"文化认知",将高中生基于语文课程对优秀传统文化的情感态度概括为"文化认同",将高中生基于语文课程对优秀传统文化具有的继承与发展行为能力概括为"文化实践"。

在优秀传统文化教育实施的动态过程中,文化认知、文化认同与文化实践三者间是循环往复的递进关系。具体来说,就是高中生作为文化主体在对优秀传统文化具有充分的认知之后,会对所获得的优秀传统文化内容进行文化内化形成文

---

① 张怀满.试论教学评价的目标导向原则及实施策略[J].黑龙江高教研究,2012,30(9):44.

化认同,之后会反映在文化行为能力支撑的文化实践中。而由文化认知与文化认同推动的文化实践又会在具体的文化实践中帮助文化主体检验与校勘其对文化认知的状况,发现不足,激发文化学习内驱力,从而努力获得更充分的文化认知,推动更深层次的文化内化以形成更深刻的文化认同……如此,以文化自觉理论为核心理论的高中语文课程中优秀传统文化教育的实施会不断推动文化主体沿着"文化认知—文化认同—文化实践"的文化自觉实现路径循环往复前进。

　　从辩证唯物主义关于物质是相对静止的角度来看,文化认知、文化认同、文化实践是一个相对完整的文化自觉的实现过程。具体在优秀传统文化教育实施的实践过程中,文化认知是铺垫,助力高中生建构语文课程中的优秀传统文化知识体系,推动高中生对优秀传统文化形成充分的认识,为其文化认同的形成奠基;文化认同是高中生在文化审美中通过文化理解、文化批判与文化反思等对优秀传统文化产生的文化情感基础上的深层次的具有个性化的文化接受,是个体进行文化实践的基础;文化实践是内化了优秀传统文化的文化主体凭借良好的行为能力而展露的对优秀传统文化的传承性和创新性的文化行为,是高中生文化自觉的实现表象。

　　基于文化认知、文化认同、文化实践在优秀传统文化教育实施过程中的重要地位,本书将这三个概念抽取出来作为高中语文课程中优秀传统文化教育实施效果评价的三个重要维度,从而构建一个金字塔形的实施效果评价分析框架。这一实施效果评价分析框架如图3-1所示:

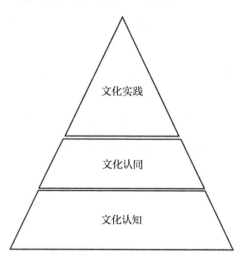

图3-1　高中语文课程中优秀传统文化教育的实施效果评价指标体系的分析框架

在图 3 - 1 中,稳定的金字塔象征了作为实施者的高中语文教师对高中语文课程中优秀传统文化教育实施所应持有的坚定不移的态度和稳定的文化自觉意识,以及实施效果对实施对象应具有的长久价值与深远、稳固的影响。金字塔的最底层为文化认知,表明文化认知是基础,文化认同需要从文化认知中获得情感来源与深层次文化内化的动力,文化实践要从文化认知中获得方法与方向。金字塔的最高层为文化实践,正遵从了本研究的理论基础——马克思主义认识论,实践是认识活动的目的与终点,文化认知的最终目的要指向文化实践。金字塔的中间为文化认同。高中生从文化认知中所获得的对优秀传统文化的认识最终要能转化为文化实践,从而对社会的文明进步、国家与民族的发展有利,其中文化认同不可或缺。如果没有文化认同,对优秀传统文化高中生就不会有发自内心的热爱、依赖与维护,文化自信将无从谈起,会表征为文化"知"与"行"脱节,不能产生相对应的文化实践行为,在文化认知与文化实践间存在"两张皮"。若无文化认同的形成,高中生在语文课程中所表现的文化实践就会无灵魂与神韵,就会导致文化行为徒有其表及形式化严重。因而,文化认同是文化主体从充分的文化认知走向真正的文化实践的关键环节。同时,金字塔从低到高,也对应了高中语文课程中优秀传统文化教育实施对高中生成长的意义:对优秀传统文化的充分认知可以厚植高中生的中华文化底蕴,文化认同在涵养其高尚审美情趣的基础上助力提高其文化自信,文化实践通过有一定文化行为能力的文化主体在语文活动中对优秀传统文化的继承性与创新性行为,充分展现其基于语文课程所培育的高水平道德素养及良好的优秀传统文化行为表现。

由以上分析可见,高中生对优秀传统文化的认知、对优秀传统文化的认同以及对优秀传统文化的实践是高中语文课程中优秀传统文化教育实施效果评价的三大重要维度,完全可以用来作为实施效果评价指标体系的一级指标。据此,本书作者初步拟定了高中语文课程中优秀传统文化教育的实施效果评价指标体系的一级指标。

1.2 对一级指标的内涵解析

要将"文化认知""文化认同""文化实践"这三个概念从实施效果评价分析框架的重要维度转成实施效果评价指标体系的一级指标,极为关键的一步就是对这些概念进行操作性定义,完成从抽象概括的本质性定义到具体形象的操作性定义的转换。

　　作为一级指标的"文化认知"。从本质性定义来说,《辞海》提出,"认知"即认识,是人类认识客观事物、获得知识的活动,包括感觉、记忆、言语、思维和想象等活动。① 从哲学的角度来看,文化认知是一个以认知主体所掌握的文化为中介,接收和加工外界事物信息,并通过文化手段完成对认知客体的认知,进而获取价值性认识的过程。文化认知是以文化为中介产生,具有认知主体的能动性特点。② 这一看法与本研究所依仗的马克思主义基本原理的认识论中对"认识"的理解一致,即认识有自主能动性。本研究以《辞海》对"文化认知"的概念界定为本,又依据马克思主义认识论,还借鉴了哲学角度对概念的解读,从内涵上来界定作为高中语文课程中优秀传统文化教育的实施效果评价指标体系一级指标的"文化认知"。在本研究中,"文化认知"是高中语文课程中优秀传统文化教育实施计划对高中学生实现的初期目标,它具体表现在:一方面,"文化认知"是高中生基于语文课程形成的对优秀传统文化的认识,它是师生在以高中语文教材中的中国传统文化为载体的语文课程实施过程中发生的,在内容上包括对显性优秀传统文化知识的认知与隐性优秀传统文化精神的认知,过程上为从对优秀传统文化的感性认知开始到对优秀传统文化的理性认知结束,最后获得对优秀传统文化的充分认知;另一方面,"文化认知"的实现需要既是优秀传统文化教育的实施对象同时也是文化主体的高中生的真正"在场"与积极参与,文化认知过程有鲜明的主观能动性。但具体作为实施效果评价指标体系的一级指标,在操作性定义上,以"文化认知"为实施效果考查的首个重要指标就是要以高中生基于语文课程获得的优秀传统文化的认识水平来考查高中生对优秀传统文化的认知程度。简言之,"文化认知"在具体的操作性定义上表现为高中生基于语文课程对优秀传统文化的浅层知识与深层精神的认识与理解程度。

　　作为一级指标的"文化认同"。在本质性定义上,按照《教育大辞典》,"文化认同"是两种文化相互接触和同化的过程,它分为两种类型:人们对所属文化的认同及人们对外来文化的认同。③ 本研究以《教育大辞典》为本,又借鉴了杨

────────────

① 陈至立. 辞海[M]. 7 版. 上海:上海辞书出版社,2019:3636.
② 王四正."文化认知"的命题释义[J]. 齐鲁学刊,2016(3):103.
③ 教育大辞典编纂委员会. 教育大辞典:第 5 卷[M]上海:上海教育出版社,1990:169.

曼等学者对"文化认同"的理解来对"文化认同"进行概念解析。杨曼等学者认为,文化认同(中华优秀传统文化认同)是不同国民个体对优秀传统文化取得的共识与认可,并依据王沛与胡发稳两位学者结合心理测量及认知理论构想的"民族文化认同心理层级结构"测评模型①,提出了文化认同应包括三个操作化维度,即文化符号认同、文化身份认同及价值文化认同。② 在本研究中,"文化认同"的操作性定义是指高中生基于语文课程对优秀传统文化取得的共识与认可及对他种文化的尊重。简言之,从操作性定义上说,"文化认同"作为实施效果考查的第二大指标主要考查高中生对优秀传统文化以及他种文化的情感态度。其中,考查以对优秀传统文化的情感态度为主。

作为一级指标的"文化实践"。在哲学意义上,"文化实践"是人类在改造世界的过程中创造文化产品和形成精神成果的活动。③ 文化实践的最主要表现形式有文学艺术创作、文化产业、教育活动、道德践履、文化交往等。④ 文化实践对人类发展的意义重大,它可以实现民族文化的遗传、继承与创新。在本研究中,文化实践是高中生以高中语文课程中优秀传统文化教育实施为背景在语文实践中对优秀传统文化进行的继承与发展的对象性活动。在优秀传统文化教育背景下,高中生在语文课程中的文化实践活动最主要的表现形式有:在高中语文教师的引导下高中生学习优秀传统文化的语文课堂活动、以优秀传统文化为话题或题材的大作文写作、以优秀传统文化为主题的语文综合实践活动、个人对优秀传统文化的道德践履、高中生与教师或与学习同伴之间的文化交往等等。这些文化实践活动背后需要一定的行为能力支撑,因而,"文化实践",从操作性定义来说,考查的是高中生进行优秀传统文化继承与发展的行为能力水平。

简言之,高中语文课程中优秀传统文化教育的实施效果评价指标体系的一级指标及其内涵如表3-1所示:

---

① 王沛,胡发稳.民族文化认同:内涵与结构[J].上海师范大学学报(哲学社会科学版),2011,40(1):105.

② 杨曼,吕立杰,丁奕然.小学生中华优秀传统文化认同现状调查及提升策略[J].中国电化教育,2019(6):45.

③ 郝立新,路向峰.文化实践初探[J].哲学研究,2012(6):116.

④ 路向峰.文化实践的理论地位与当代意义[J].北京理工大学学报(社会科学版),2013,15(1):142.

表 3 - 1　实施效果评价指标体系一级指标及其内涵与考查要点

一级指标	内涵	考查要点
A1 文化认知	高中生对语文课程中的显性优秀传统文化与隐性优秀传统文化的认知	高中生对优秀传统文化的认识与理解程度
A2 文化认同	高中生对优秀传统文化的认可及对他种文化的尊重	高中生对优秀传统文化及他种文化的情感态度
A3 文化实践	高中生在语文实践中对优秀传统文化进行的继承与发展的对象性活动	高中生对优秀传统文化进行继承与发展的行为能力水平

2. 二、三级指标的确立及其内涵解析

维度(指标)的获取一般有理论思辨和实证分析两种研究范式。① 本研究基于文化自觉理论对实施效果评价指标体系的一级指标获取的研究方法归属于理论思辨研究范式。

为了增强评价指标体系的科学性,在确立评价指标体系的二级与三级指标时,本研究主要采用实证研究范式来获取指标。对指标体系中二、三级指标的确定,在对相关的教育政策文件研究与相关期刊或学位论文等文献研究的基础上,本研究者主要采用的研究方法是定性研究方法之个案研究法。个案研究法是"提供一个或多个案例的详细解释和分析的研究"②。根据斯塔克的研究,个案研究有三种类型:本质性个案研究、工具性个案研究以及集合性个案研究。③本研究要通过对个案的分析理解一般性,比较适合采用工具性个案研究。在工具性个案研究中,研究者的首要兴趣是理解一般情形,案例只是作为达成目的的手段。因学者对"文化认同"的研究比较成熟,既有文化层次模型,又有操作性定义,所以本研究对"文化认同"的二、三级指标的拟定直接借鉴前人研究的成果。因此,本研究采用的工具性个案研究法主要用来获取"文化认知"与"文化实践"这两个一级指标的二、三级指标。

---

① 马勋雕. 智慧课堂师生互动评价指标体系构建及应用研究[D]. 长春:东北师范大学,2022:59.

② 伯克·约翰逊,拉里·克里斯滕森. 教育研究:定量、定性和混合方法:第 4 版[M]. 马健生,等译. 重庆:重庆大学出版社,2015:366.

③ 伯克·约翰逊,拉里·克里斯滕森. 教育研究:定量、定性和混合方法:第 4 版[M]. 马健生,等译. 重庆:重庆大学出版社,2015:368.

2.1 案例的收集

案例作为一种质的研究资料,一般来说,最常见的六种来源是:文件、档案记录、访谈、直接观察、参与性观察与实物证据。① 高中语文课程中优秀传统文化教育的实施要以高中语文课堂为主要场所,对高中语文教材中的文本教学是当前主要的实施路径。而本研究重点要探讨高中语文教师利用统编教材中的文本进行优秀传统文化教育的实施效果。高中语文教师是实施者,高中学生是实施对象,他们作为实施的直接参与者对"文化认知"与"文化实践"的内容有自己的独特理解。所以,本研究者将为获取效果评价指标体系的二、三级指标而收集的案例资料分为两类,即作为文件的课堂教学方面的实录及作为访谈的访谈记录。本研究者所收集的具体案例的基本信息如表3-2所示:

表3-2 为获取评价体系的二、三级指标而收集的案例基本信息表

序号	案例名称	证据来源	案例特色
1	《屈原列传》教学实录及个人反思	文件	执教者为全国高中语文教育教学名师
2	《永遇乐·京口北固亭怀古》教学实录及教学思考	文件	执教者获全国中青年教师教学大赛一等奖
3	《词语积累与词语解释》实录及名师点评	文件	省级直播示范课例
4	《红楼梦》导读教学实录及名师点评	文件	《语文教学通讯》推荐的"金奖课例"
5	对教师的访谈记录(6份)	访谈	分青年、中年及资深教师三类
6	对优秀学生的访谈记录(12份)	访谈	按性别、学习方向分类

在表3-2中,案例1—4都是散入统编高中语文教材必修与选择性必修各单元中的选文,其中涉及的中国传统文化都是课文或课文的一个部分,都与优秀传统文化教育的关系极其紧密,都需要高中语文教师在课堂教学中重点关注优秀传统文化教育。因而,这些案例的选择对本研究有一定的价值。具体来说,案例1是古文教学,该文本为选择性必修中册第三单元的课文,其单元人文

---

① 罗伯特·K.殷(Robert K. Yin).案例研究:设计与方法:原书第5版[M].周海涛,史少杰,译.重庆:重庆大学出版社,2017:127.

主题是"历史的现场";案例 2 是古诗教学,该文本是必修上册第三单元的文本,其单元人文主题是"生命的诗意";案例 3 是必修上册第八单元的内容,归属"语言积累、梳理与探究"学习任务群;案例 4 是必修下册第七单元的内容,归属"整本书阅读与研讨"学习任务群。

根据研究任务而进行的访谈分为教师组与学生组。本书选取执教过一轮高中统编教材的高中语文教师进行个别访谈,分城市普通高中学校(以城区为主要生活地的学生是主要生源的学校)与乡村普通高中学校(以乡镇为主要生活地的学生是主要生源的学校)两类进行。

同时,对访谈的高中语文教师按照在高中执教年限分为青年教师、中年教师与资深教师三组。① 按照王洁、宁波两位学者的界定,稳定在教育岗位上的教师(一般任职 3 年以上)可以按照年龄分为三类:25～35 岁(含 35 岁)为青年教师,36～45 岁(含 45 岁)为中年教师,46 岁以上的为资深教师。如此,本研究者以开放式问题用事先准备好的访谈提纲对 6 名高中语文教师进行了定性访谈。访谈为面谈,每次访谈的时间为 1 小时左右。

因调研的学校所处的省份对统编教材的使用从 2021 年秋季开始,因而,本研究选取的高中学生为语文学习方面优秀的高一及高二的学生。其中对语文学习"优秀"的认定有两个标准:其一,在阶段考试中语文成绩在 100 分上下波动;其二,由该班语文教师推荐在平时语文学习中表现优秀的学生。对学生的访谈以小组为单位,每 2 人为一组,研究者使用事先准备的非结构化访谈提纲对优秀学生进行定性访谈,在征得带班教师及学生同意后,利用晚自习时间邀请学生到办公室面谈,为不耽误学生学习,每次访谈时间为 30～40 分钟。

2.2　对质的资料的信效度检验

首先,所收集的案例 1—4 为 2022 年度人大《复印报刊资料·高中语文教与学》全文转载量排名第二的《语文教学通讯》中刊印的文件资料。其来源在高中语文教育教学方面有一定的权威性。其次,案例 1—4 中课例的执教者都是国家或各省市高中语文教育教学的佼佼者。这些课例完全可以作为高中语文教师在高中语文课程中优秀传统文化教育实施的典例。最后,所收集的访谈资料也具有信效度。访谈完全依照定性访谈的步骤进行,访谈者严格遵循访谈原

---

① 王洁,宁波.什么因素在影响着教师的专业发展?:中小学教师专业发展测评的背景、发现与改进路径[J]人民教育,2019(11):32.

则,注重研究伦理,内容方面及访谈结果有真实性保障。因此,访谈记录可靠可信。

2.3 对案例的整理、归类与分析

收集好的案例作为质的研究资料要先整理、归类后才能进行分析。按照陈向明教授所著的《质的研究方法与社会科学研究》,质的研究的资料分析可分为两步:第一步,资料的整理与初步分析;第二步,资料的归类与深入分析。① 为此,本书先对收集到的案例资料进行整理与初步分析,再对资料进行归类并深入分析,提炼获取高中语文课程中优秀传统文化教育的实施效果评价体系的二级指标。

以"文化认知"与"文化实践"为研究主题,本书作者在认真阅读原始资料后,对所有的资料进行登记。在具体登记时,作者依据研究主题对资料进行了编码。对所收集的案例进行登记情况如表3-3所示:

表3-3 访谈资料登记举隅

研究主题	访谈者对高二优秀学生的访谈(访谈2人一组,刚好两人同一个班)
文化认知	访谈者:在语文学习中你看过传统文化中的哪些书? 生:看过四大名著、《史记》、《论语》。 访谈者:看过《论语》整本书吗? 生1:我没有,因为我不太喜欢看文言文之类的书。 访谈者:《红楼梦》读过吗? 生1:之前是略读,仅知道开头和结尾,但是中间的细节把握不太清楚。高一在"整本书阅读"单元学习后,仔仔细细地读过一遍。 生2:我也认真读了。 访谈者:要细读《红楼梦》会花很多时间。那么你们有时间看吗? 生1:抽空。以前老师有要求,每天看一回。 生2:还每天要一个同学在班上做分析。 访谈者:因有学生不愿意看原著,有些语文老师会安排看电视剧版《红楼梦》,87版较经典。 生2:我们班也会看。 生1:但是那个电视剧版有缺陷。它只有一些经典情节在里面,没有很细致的东西,连续性也不是很强。

---

① 陈向明.质的研究方法与社会科学研究[M].北京:教育科学出版社,2000:269-289.

续表 3-3

研究主题	访谈者对高二优秀学生的访谈（访谈 2 人一组，刚好两人同一个班）
文化实践	访谈者:你们会将我们传统文化的这些东西践行在生活之中吗? 生 2:践行怎么做? 访谈者:比如说,尊师重教你们做了没有? 尊老爱幼做到了吗? 生 2:我觉得这些是一个人的基本素养,必须做。 生 1:我觉得经过这么久的传承下来,这些已经成为我们身边的一种习惯了。一种习惯的话,已经不能说需要特意去注意这个问题。 访谈者:那"和而不同"之类的呢? 生 2:和而不同? 这个没听过。请解释一下。 访谈者:意思是多样性的统一。具体来说,大家整体要和谐共处,又要尊重他人的意见,并保留各自的看法。 生 2:明白了,这个能做。

对以上列举的这些登记材料,本书作者根据前文的概念解析,依据主题进行了访谈的编码分类。"文化认知"讨论的是认知了什么知识与精神,以"看了什么"作为访谈问题"认知了什么内容的优秀传统文化"。"文化实践"谈论的是如何在语文课程实施中继承与发展优秀传统文化的文化行为。在表 3-3中,因登记材料的第一部分访谈者与被访谈的学生 1 和学生 2 的访谈主题是阅读了哪些优秀传统文化经典,所以,要归入"文化认知"中;第二部分探讨的是如何践行优秀传统文化的内容,应归入"文化实践"中。在登记后,本研究者按照一定的标准对收集的资料进行归类。在这一步中,研究者结合研究的目的以及资料本身的特点选择了合适的归类方式。因本次收集的所有案例按一定的研究主题来,所以本书作者对资料的归类整理与分析采用类属分析形式。类属分析是指在资料中寻找反复出现的现象以及可以解释这些现象的重要概念的一个过程。在类属分析的过程中,归入同一个类别的是具有相同属性的资料,并以一定的概念命名。如前列举的登记材料,第一部分的关键性概念是"文学经典",第二部分的关键性概念是"生活应用"。为使资料分析直观、明了,作者在建立不同类属之间的关系时使用了画图的方式。以"文化认知"与"文化实践"为研究主题得出的资料分析概念之间的关系表述如图 3-2 所示:

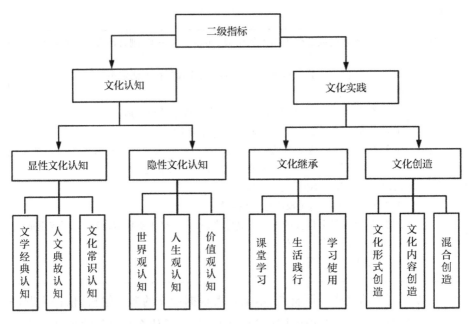

图 3 - 2　类属分析后得出的概念分析图

2.4　对初步获取的二、三级指标的修改

2.4.1　依据相关政策文件对指标进行初步修改

我国印发的相关教育政策文件曾对青少年应认知的显性优秀传统文化与隐性优秀传统文化的内容进行了说明。2021 年教育部印发的《中华优秀传统文化进中小学课程教材指南》指出,中华优秀传统文化进入中小学课程教材有经典篇目、人文典故等六种载体形式,中小学的课程教材要以中华传统美德、中华人文精神、核心思想理念为主题遴选优秀传统文化教育内容。从这个政策文件可见,这六大载体形式所外显的知识形态的优秀传统文化知识为优秀传统文化的外显内容;而中华传统美德、中华人文精神、核心思想理念三大主题统领了进入中小学课程教材的优秀传统文化教育内容,又可以被视为优秀传统文化在语文教材中的内隐状态。如此,依据该政策,这一概念分析图在"显性文化认知"上的三级指标列举不全,而"隐性文化认知"的优秀传统文化教育内容与初步获取的"三观"(世界观、人生观、价值观)的指标要重新进行匹配,对这些概念的操作性定义解析比较困难。因此,本研究拟将"隐性优秀传统文化认知"中的"三观"改成"中华传统美德认知""中华人文精神认知"与"核心思想理念认知"。

2.4.2　组织一线教师焦点小组对二、三级指标再次修改

依据相关教育政策文件对指标达成一定的修改意向后,2022 年 12 月初,研究者又在 J 省 QD 学校一线高中语文教师间组建指标体系修改焦点小组,以焦点小组团体访谈的方式对初步获取的二、三级指标进行再次修改。焦点小组由 6 名参与者构成,为避免受前面访谈的影响,焦点小组的参与者都不是先前案例研究中的受访者。因焦点小组一般要同质的,[①] 本研究以"使用过统编高中语文教材教学"为共同点,选取焦点小组的参与者。研究者所选择的焦点小组参与者的基本信息如下表所示:

表 3-4　焦点小组参与者的基本信息

序号	参与者编码	专业背景及学历	教师类型	使用统编教材教学经历
1	J1	汉语言文学专业本科	资深教师	以统编教材教学一年
2	J2	语文学科课程与教学专业硕士	中年教师	以统编教材教学一年
3	J3	古代文学专业硕士	资深教师	以统编教材教学一年
4	J4	汉语言文学专业本科	中年教师	以统编教材教学二年
5	J5	现当代文学专业硕士	资深教师	以统编教材教学二年
6	J6	汉语言文学专业本科	青年教师	以统编教材教学二年

研究者组织焦点小组的成员以二、三级指标的修改为主题进行讨论。讨论会上焦点小组成员提出的意见主要有:

(1)抽取的"文学经典"、"人文典故"和"文化常识"之间应存在交叉关系;而用政策文件中的六大载体形式,又会出现指标过多的情况,是否有更少数量却能将这几项内容概括起来的指标,且高中语文课程中优秀传统文化教育实施过程中对其他文化遗产方面的认知非常少,不是考查的重点。(2)在"文化继承"中"学习使用"与"生活应用"感觉有交叉关系,且"文化认知"的发生主要是"课堂学习",没必要再增加这么一个指标。(3)"文化传承"比"文化继承"感觉更好,建议再将"文化创造"改成"文化创新"。(4)"文化创新"分了形式与内容两个层次就没有必要用"混合创新"。(5)对"文化实践"中的"文化传承"的下一级指标可从"学"与"用"两个方面来说,改成"理论学习"与"实践应用"。

---

① 伯克·约翰逊,拉里·克里斯滕森. 教育研究:定量、定性和混合方法:第 4 版[M]. 马健生,等译. 重庆:重庆大学出版社,2015:189.

本研究者对焦点小组提出的意见认真思考后,回复如下:

政策文件中表述的"文学经典"、"人文典故"和"文化常识"之间不存在交叉关系,但以这三项指标来概述所有的外显优秀传统文化认知目标也确实不全面。如果以《中华优秀传统文化进中小学课程教材指南》所提出的六大载体形式来作为指标,这样指标数量过多。所以,本研究者按照中国教育学会制定的《中小学传统文化教育指导标准》,在"外显优秀传统文化认知"二级指标下设置经典认知、常识认知以及技艺认知三个三级指标。按照《中小学传统文化教育指导标准》,经典是指中华民族历史上有典范性和权威性的著作,是中华传统文化的重要载体。中小学阶段的经典主要包括流传广、影响大的蒙书、脍炙人口的诗词曲赋等传统文学作品,以"四书五经"为核心的儒家典籍,以及具有代表性的史部、子部、集部著作。[①] 常识是指中国历史上广泛流传、广为人知的基础知识、生活经验和思想共识,它是中华传统文化知识体系的基础。中小学阶段涉及的常识内容极其广泛,有日常礼仪文化、社会生活文化、思想文化,具体包括文献学常识、古代文学理论、古代政治思想、古代宗教文化常识、古代主要学术思想、传统地理常识、称谓知识、官职知识、选官制度、语言文字和传统教育常识、传统农业和工商业常识、传统科技常识、传统建筑常识、饮食文化常识、节日文化、民俗文化、民间故事、神话传说、寓言故事、礼仪文化等。技艺是指需要长时间反复演练才能习得和掌握的富于技巧性的游戏、手艺、工艺和艺术。[②] 从这几个概念的内涵及外延来看,《中小学传统文化教育指导标准》中所提出的优秀传统文化的三大载体形式的"经典""常识""技艺"基本可以取代《中华优秀传统文化进中小学课程教材指南》所提出的六大载体形式,其中"经典"等同于"经典篇目","常识"近似"人文典故、基本常识、科技成就、其他文化遗产","技艺"等同于"艺术与特色技能"。这三个概念相对于六大载体形式,更简单明了,指标间也具有互斥性。本书作者对焦点小组给出的对其他指标的修改意见,表示都接受。

---

① 中国教育学会. 中小学传统文化教育指导标准[M]. 北京:北京师范大学出版社,2019:13 - 14.

② 中国教育学会. 中小学传统文化教育指导标准[M]. 北京:北京师范大学出版社,2019:17 - 24.

2.5　二、三级指标的确定及其操作性定义解析

在实证研究及经过两次修改后,本书最终获取了高中语文课程中优秀传统文化教育的实施效果评价指标体系的二、三级指标。因前面已经对部分二、三级指标进行了内涵解读,研究者在此就对那些未能阐释的指标进行操作性定义解析。

首先,二级指标"显性优秀文化认知"与"隐性优秀文化认知"。"显性优秀传统文化认知"是指高中生对语文课程中优秀传统文化的物质载体相关知识的认知,具体包括经典认知、常识认知与技艺认知。"隐性优秀传统文化认知"指的是高中生对优秀传统文化精神内核的认知,它们以理论形态的方式隐含在载体中,需要通过文化挖掘才能获得。按照《中华优秀传统文化进行中小学课程教材指南》,中小学课程教材中以"中华传统美德""中华人文精神""核心思想理念"三大主题统领对青少年进行的优秀传统文化教育内容。如此,"隐性优秀传统文化认知"分为"中华传统美德认知""中华人文精神认知""核心思想理念认知"三个三级指标。其中,"中华传统美德认知"是指高中生对天下兴亡、匹夫有责的担当意识,精忠报国、振兴中华的爱国情怀,崇德向善、见贤思齐的社会风尚,孝悌忠信、礼义廉耻的荣辱观念等的认知;"中华人文精神认知"指高中生对求同存异、和而不同的处世方法,文以载道、以文化人的教化思想,形神兼备、情景交融的美学追求,俭约自守、中和泰和的生活理念等的认知;"核心思想理念认知"指高中生对革故鼎新、与时俱进的思想,脚踏实地、实事求是的思想,惠民利民、安民富民的思想,道法自然、天人合一的思想等的认知。

其次,对"文化认同"下属指标的拟定,本书借鉴杨曼等学者的研究成果进行了三级指标的初拟,将"文化认同"分为"文化符号认同""文化身份认同""价值文化认同",并结合本书所探讨的研究问题对这三项指标进行概念解析。"文化符号认同"是高中语文课程中优秀传统文化教育实施期间,高中学生对固化的传统文化表意符号的认知程度与行为倾向,具体为对优秀传统文化符号的认知状态以及偏好程度。它具体可分为:对传统文化表意符号有较高的认知程度与对传统文化表意符号的偏爱倾向。由此,本书作者将它们归纳为两个三级指标"谙熟传统文化符号"和"偏好传统文化符号"。"文化身份认同"是高中学生在语文活动中所表现出的对中华优秀传统文化的自觉性维护意识和情感上的依赖感以及对于他种文化的尊重。它可分解为两个三级指标:其一,对自身文化的认同,具体表现为对传统文化的热爱情感、依赖感以及对优秀传统文化的

自觉维护;其二,对他种文化的尊重。"价值文化认同"是指在多元、异域文化的冲击下,高中学生在语文实践活动中表现出来的对优秀传统文化中的家国情怀、社会担当以及个人修养三种价值观念的认可与接纳程度。它直接可分为三个三级指标,分别是"爱国情怀价值观认同""社会担当价值观认同""个人修养价值观认同"。它们对应了作为独立个体的人要面对的三种重要关系,即人与个体、人与社会、人与国家的基本关系。

最后,"文化传承"是一种高中生对优秀传统文化的继承与发展性质的文化实践,它可以分为理论层面上的继承行为与实践层面个体的践行行为。前者体现在高中生语文课堂内外学习过程中的理论学习,后者体现在高中生作为文化主体在个人生活中对所学的优秀传统文化的直接使用。"文化创新"是高中生在语文活动中对优秀传统文化进行创造性转化与创新性发展的行为,具体可分为形式创新与内容创新两种。

实施效果评价指标体系的二、三级指标及其内涵解析如下表所示:

表 3-5　实施效果评价指标体系的二、三级指标及其内涵解析

二级指标	内涵解析	三级指标	内涵解析
显性优秀传统文化认知	高中生基于语文课程对优秀传统文化的物质载体相关知识的认知	经典认知	高中生对中华民族历史上有典范性和权威性的著作,如儒家典籍、古代文学经典等的认知程度
		常识认知	高中生对中华民族历史上广泛流传、广为人知的基础知识、生活经验和思想共识的认知程度
		技艺认知	高中生对历史上有民族特色的游戏、工艺、手艺和艺术的认知程度
隐性优秀传统文化认知	高中生基于语文课程对优秀传统文化精神内核的认知	中华传统美德认知	高中生对担当意识、爱国情怀、荣辱观念等的认知程度
		中华人文精神认知	高中生对求同存异、和而不同的处世方法,文以载道、以文化人的教化思想,形神兼备、情景交融的美学追求,俭约自守、中和泰和的生活理念等的认知程度
		核心思想理念认知	高中生对革故鼎新、与时俱进的思想,脚踏实地、实事求是的思想,惠民利民、安民富民的思想,道法自然、天人合一的思想等的认知程度

续表 3－5

二级指标	内涵解析	三级指标	内涵解析
文化符号认同	高中生对固化的传统文化表意符号的认知程度与行为倾向	谙熟传统文化符号	高中生对固化的优秀传统文化表意符号有较高的认知程度
		偏好传统文化符号	高中生对固化的优秀传统文化表意符号有明显的偏好倾向
文化身份认同	高中生对优秀传统文化的自觉性维护意识和情感上的依赖感以及对他种文化的尊重程度	认可传统文化	高中生在语文活动中形成的对传统文化的热爱、依赖与维护程度
		尊重他种文化	高中生在语文活动中形成的对他种文化的尊重程度
价值文化认同	高中生对家国情怀、社会担当及个人修养等价值观念的认可与接纳程度	家国情怀价值观认同	高中生对家国情怀价值观的认可与接纳程度
		社会担当价值观认同	高中生对社会担当价值观的认可与接纳程度
		个人修养价值观认同	高中生对个人修养价值观的认可与接纳程度
文化传承	高中生对优秀传统文化的传承性实践行为能力	理论学习	高中生在语文学习中的优秀传统文化传承能力
		生活践行	高中生在生活中对传统文化的传承能力
文化创新	高中生在课堂内外对优秀传统文化的创新性实践能力	文化形式创新	高中生对优秀传统文化在形式方面的创新能力
		文化内容创新	高中生对优秀传统文化在内容方面的创新能力

3. 高中语文课程中优秀传统文化教育的实施效果评价指标体系的初步建构

通过前面的研究,本研究初步建构了高中语文课程中优秀传统文化教育的实施效果评价指标体系,如表 3－6 所示:

表 3-6　初步建构的高中语文课程中优秀传统文化教育的实施效果评价指标体系

一级指标	二级指标	三级指标
文化认知	显性优秀传统文化认知	经典认知
		常识认知
		技艺认知
	隐性优秀传统文化认知	中华传统美德认知
		中华人文精神认知
		核心思想理念认知
文化认同	文化符号认同	熟谙传统文化符号
		偏好传统文化符号
	文化身份认同	认可传统文化
		尊重他种文化
	价值文化认同	家国情怀价值观认同
		社会担当价值观认同
		个人修养价值观认同
文化实践	文化传承	理论学习
		实践应用
	文化创新	优秀传统文化形式创新
		优秀传统文化内容创新

（二）实施效果评价指标体系的修订

为对初步建构的高中语文课程中优秀传统文化教育的实施效果评价指标体系进行修订和完善,研究者使用德尔菲法,拟通过两轮背对背的专家匿名咨询来确定相对较为科学、完善的评价指标体系。德尔菲法是一种专家意见征询法,是最常用的直观型预测法。其过程是组建专家组,向专家调查,对专家意见综合、整理、归纳,并做统计分析后又反馈给专家第二轮征询,最后在专家意见趋于集中和统一时,征询才结束。①

---

① 教育大辞典编纂委员会.教育大辞典:第 5 卷[M].上海:上海教育出版社,1990:556.

1. 对参与德尔菲法的专家的遴选及结果

在德尔菲法中,专家的选择是影响指标评议的效果和质量的关键因素。研究者要根据研究问题,选择熟悉该研究领域的高校或研究机构的资深教授、副教授等。一般来说,使用德尔菲法选择专家的人数应为 15~50 人。因本研究是一个从高中语文教育教学实践中提取的意义性研究问题,本研究所选择的专家至少要满足以下条件之中的两项:(1)主持过省级以上教研课题;(2)对中小学优秀传统文化教育有一定的研究,发表过相关的高质量学术论文;(3)对高中语文课程的特点及高中语文教育教学实践比较熟悉;(4)对中国传统文化有较高的认知程度。研究者在对各方面权衡后,计划选择 22 名专家进行咨询。满足条件的这些专家,其身份有西南大学、湖南师范大学、四川师范大学、广西师范大学、江西师范大学、云南师范大学等省部属高校的教授与副教授,也有省市级别教育科研部门的教研员,以及一线从事高中语文教育教学工作的中小学正高级职称的教师与副高级职称的教师。

在规定时间内,有效参与第一、二轮咨询问卷的专家有 20 人。专家们的基本情况如下:从专家的工作单位来看,高校有 12 人,占比 60%;教育科研单位有 5 人,占比 25%;普通高中有 3 人,占比 15%。从专家工作地点来看,重庆 6 人,四川 3 人,江西 4 人,湖南 1 人,内蒙古 1 人,安徽 1 人,海南 1 人,云南 1 人,广西 2 人。从工作年限来看,21 年以上的专家有 11 人,占比 55%;16~20 年的专家有 4 人,占比 20%;11~15 年的专家有 2 人,占比为 10%;10 年以下的专家有 3 人,占比 15%。专业职称为教授或教研员或中小学正高级教师的专家有 10 人,副教授或中小学副高级教师的有 10 人,各占一半。最高学历为博士的专家人数有 13 人,占比 65%,硕士 6 人,占比 30%,本科 1 人,占比 5%。专业背景为教育学的专家有 8 人,占比 40%;心理学的有 5 人,占比 25%;文学的有 7 人,占比 35%。专家对研究的熟悉程度,非常熟悉的 9 人,占比 45%;很熟悉的 11 人,占 55%。数据显示:(1)专家们来自我国的东部、中部与西部地区,有一定的地域代表性;(2)专家们的专业背景为教育学、心理学与文学,又与本研究有较高的适切性,可以在学科专业上提供较为中肯的评议意见;(3)工作年限超过 10 年的专家人数高达 17 人,专家们具有丰富的教学实践与教研经验;(4)专家们的身份有高校教授与教育科研单位的教研员、普通高中的中小学正高级教师与副高级教师,他们分别代表了从上到下的三个层次,既可以从理论方法上对本研究进行理论指导，又可以从实践经验上对研究予以补充；(5)专家们的最高学历以博士为主，为指标体系的科学评议提供了一定的学识保障。

2.对指标体系的第一轮修订

2.1　问卷的形成

作者根据先前研究自编了第一轮德尔菲法专家咨询问卷后，因担心自编的咨询问卷不规范，赴某高校向有实践经验的老师和博士同门与同学虚心求教，以帮助形成规范的第一轮专家咨询问卷，提升专家咨询的效率。

老师和同学们给问卷提的意见主要有：

开头的导言不需介绍太多，讲明目的就可以；问卷的前后要一致，数字后的"代表"没必要留，要去除；问卷要交代清楚是什么课题组做的咨询，要写清楚是因选而设的课题组；要对问卷中的"文化"进行限定，且效果是在语文课程中发生的，对指标至少需要在一级指标中指出是基于语文课程而形成的，使指标与选题紧密结合；一级指标是最重要的维度，如果专家对其理解有误，很容易影响评议的效用，问卷中要对一级指标进行概念解析；专家自评的依据不应该是单选题，而是要专家给每个依据做大小程度的判断，以便后期进行统计分析。

研究者认真听取了他们的建议后，对第一轮专家咨询问卷的初始稿做了修改。由此，正式形成了第一轮专家咨询问卷。第一轮专家咨询问卷见附录一的第一部分。

2.2　问卷的发放

第一轮专家咨询问卷共分导言、专家基本情况、对高中语文课程中优秀传统文化教育的实施效果评价指标体系的各级指标的评议、专家对指标体系评价依据的自我评价、结束语五个部分。问卷设置了 3 项的一级指标划分咨询表、7 项的二级指标划分咨询表和 17 项的三级指标划分咨询表。为尽量减少各专家对各指标项内涵的误解，问卷在部分容易引起误解的指标项后配以简短描述。问卷先以 WORD 文档制作；后考虑专家来自全国各地且事务繁忙，根据 Z1 专家意见，问卷制作成了问卷星样式。之后，问卷通过问卷星平台采用微信发放的方式完成，与专家在微信中进行交流。

本书初步拟定的评价指标通过理论思辨与实证研究获取，且在修改的过程中有专家与一线教师的参与，既有专家的专业判断，也有一线教师的实践智慧，由此生成的问卷在信度和效度上都处于较高程度。

2.3 对问卷的统计分析

2.3.1 专家的积极性

一般来说,专家的积极性可从问卷的回收率与提建议率来分析。2022年9月,本研究通过微信以线上的方式发放问卷22份,在约定的时间内收到了20份有效问卷。问卷的回收率为90.91%;而回收的问卷中提出修改意见的专家有18人,提建议率为81.81%。两项数据都大于80%,表明专家对本研究主题的积极性较高。

2.3.2 专家的权威程度

一般以专家的权威系数来展现专家的权威程度。权威系数 Cr =(判断依据 Ca + 熟悉程度 Cs)/2。如 $Cr > 0.7$,说明专家的意见可接受,基本符合德尔菲法的要求;若 $Cr > 0.8$,表明专家的权威程度较高,意见具有较高的可靠性。

通过统计,在本研究中各咨询专家的权威系数如表3-7所示:

表3-7 各咨询专家的权威系数

专家	实践经验	理论分析	参考国内外文献	直观感受	熟悉程度	权威系数
Z1	0.5	0.3	0.1	0.1	0.8	0.90
Z2	0.3	0.3	0.1	0.1	0.8	0.80
Z3	0.5	0.2	0.1	0.1	1	0.95
Z4	0.4	0.3	0.1	0.1	0.8	0.85
Z5	0.5	0.2	0.1	0.1	0.8	0.85
Z6	0.3	0.2	0.1	0.1	1	0.85
Z7	0.5	0.2	0.1	0.1	0.8	0.90
Z8	0.4	0.2	0.1	0.1	1	0.90
Z9	0.5	0.3	0.1	0.1	0.8	0.90
Z10	0.5	0.2	0.1	0.1	1	0.95
Z11	0.4	0.3	0.1	0.1	0.8	0.85
Z12	0.5	0.3	0.1	0.1	1	1
Z13	0.4	0.3	0.1	0.1	0.8	0.85
Z14	0.5	0.3	0.1	0.1	1	0.95
Z15	0.5	0.3	0.1	0.1	1	1
Z16	0.3	0.3	0.1	0.1	0.8	0.80

续表 3-7

专家	实践经验	理论分析	参考国内外文献	直观感受	熟悉程度	权威系数
Z17	0.4	0.3	0.1	0.1	1	0.95
Z18	0.5	0.3	0.1	0.1	0.8	0.90
Z19	0.4	0.3	0.1	0.1	0.8	0.85
Z20	0.5	0.2	0.1	0.1	1	0.95

对各专家的权威系数求和并除以总人数,所得的 Cr 均值为 0.8975,大于 0.80,且各专家的权威系数也大于或等于 0.80。由此可以推断,参与本研究第一轮咨询的专家权威程度较高,咨询具有较高的可靠性,完全符合德尔菲法的要求。

2.3.3　专家意见协调程度

一般而言,通过统计软件计算各指标的变异系数值以及专家意见的肯德尔和谐系数值可以判断咨询专家的意见协调程度。本研究所使用的数据统计分析工具为 EXCEL 2016. 和 SPSS 24.0。

通过数据统计,在第一轮专家咨询中,具体各指标的变异系数如表 3-8 所示:

表 3-8　第一轮专家咨询中各级指标的变异系数

指标	个案数	最小值	最大值	平均值	标准差	变异系数
高中生基于语文课程的优秀传统文化认知	20	4	5	4.75	0.444	0.0935
高中生基于语文课程的优秀传统文化认同	20	4	5	4.85	0.366	0.0755
高中生基于语文课程的优秀传统文化实践	20	3	5	4.65	0.587	0.1262
显性优秀传统文化认知	20	4	5	4.15	0.366	0.0882
隐性优秀传统文化认知	20	4	5	4.8	0.41	0.0854
文化符号认同	20	3	5	4.75	0.639	0.1345
文化身份认同	20	4	5	4.8	0.41	0.0854
价值文化认同	20	4	5	4.4	0.503	0.1143
优秀传统文化传承	20	4	5	4.35	0.489	0.1124
优秀传统文化创新	20	4	5	4.8	0.41	0.0854
经典认知	20	4	5	4.85	0.366	0.0755

续表 3-8

指标	个案数	最小值	最大值	平均值	标准差	变异系数
常识认知	20	4	5	4.15	0.366	0.0882
技艺认知	20	3	5	4.05	0.605	0.1494
中华传统美德认知	20	4	5	4.85	0.366	0.0755
中华人文精神认知	20	4	5	4.85	0.366	0.0755
核心思想理念认知	20	4	5	4.8	0.41	0.0854
谙熟传统文化符号	20	3	5	4.7	0.657	0.1398
偏好传统文化符号	20	4	5	4.8	0.41	0.0854
认可传统文化	20	4	5	4.9	0.308	0.0629
尊重他种文化	20	4	5	4.7	0.47	0.1000
家国情怀价值观认同	20	3	5	4.65	0.587	0.1262
社会担当价值观认同	20	4	5	4.8	0.41	0.0854
个人修养价值观认同	20	3	5	4.45	0.759	0.1706
学习融入	20	4	5	4.8	0.41	0.0854
生活践行	20	4	5	4.75	0.444	0.0935
优秀传统文化形式创新	20	4	5	4.75	0.444	0.0935
优秀传统文化内容创新	20	4	5	4.65	0.489	0.1052

按照德尔菲法的要求,变异系数越小,专家的协调程度越高。从表 3-8 可见,在各级指标中,变异系数大于 0.1 的指标有:一级指标中的"高中生基于语文课程的优秀传统文化实践",二级指标中的"文化符号认同""价值文化认同""优秀传统文化传承",三级指标中的"技艺认知""谙熟传统文化符号""家国情怀价值观认同""个人修养价值观认同""优秀传统文化内容创新"。从各指标的变异系数来看,专家的协调程度总体一般。

而通过检验统计,本研究得到了第一轮专家咨询中的专家意见肯德尔和谐系数,具体如表 3-9 所示:

表 3-9 第一轮专家咨询中的专家意见肯德尔和谐系数

	W 系数	卡方值	指标个数	个案数
第一轮专家咨询	0.230	119.357**	27	20

**P < 0.1。

由表 3-9 可见,第一轮专家咨询中的专家意见肯德尔和谐系数为 0.230,处于 0.2~0.4 范围区间。查表可得,专家之间的一致性较差,调查结果不可靠。

综合这两组数据，对问卷数据统计的结论是，在第一轮专家咨询中专家意见协调程度较差，研究者需要认真阅读专家的反馈意见，加强与专家的沟通，对效果评价指标体系进行认真的修改。

2.4　意见收集及指标修订

本研究所制的第一轮专家咨询问卷为半结构化调查问卷，专家通过对评价指标进行重要程度评议以及填写"修改意见"来反馈。经过整理，专家们的建议以及本研究者对建议的回应如下：

专家 Z2 和 Z3 认为，二级指标"价值文化认同"是否可以改成"文化价值认同"，这与同级指标"文化符号认同""文化身份认同"结构相同。本书作者基于现代汉语语法以及在查询相关的文献后，拟不接受这两位专家的意见。"文化价值认同"与"价值文化认同"是两个不同的概念，从语法上看，"文化"与"价值"之间不是并列关系，调换位置意义会不同。从内涵上看，前者是对优秀传统文化的价值认同，即认为优秀传统文化具有某些价值；后者是对优秀传统文化中某些重要价值观的文化认同。

专家 Z1、Z4、Z7 认为，"尊重他种文化"感觉比较别扭，能否改为"尊重其他文化"。本书作者认为，"他种"是其他种类的意思，比"其他"多了"种类"的限定；"优秀传统文化"是属于中华民族的特有文化，而其他非中华民族的文化，如西方文化等都是他种文化，"其他文化"则包括政治文化、思想文化等在内，不能与"优秀传统文化"形成同一层面的逻辑对举关系。因此，不接受这一建议。Z16 认为"尊重他种文化"不重要，选题探究的是高中语文课程中优秀传统文化教育的实施效果，与"尊重他种文化"无关。本书作者认为，在文化自觉理论视域下，高中语文课程中优秀传统文化教育实施并不是对高中生进行的"独尊优秀传统文化"的教育，尤其在当前全球化的时代大背景下，高中语文课程中优秀传统文化教育实施有两个文化方面的目标：其一，要培育学生热爱与依赖优秀传统文化并能自觉维护优秀传统文化；其二，要引导学生认知优秀传统文化并不是世界上唯一的有价值的文化，其他种族的文化也有可借鉴的地方。这两个目标是以"优秀传统文化"为中心，尊重他种文化正是为了更好地认同优秀传统文化并发展中华民族传统文化。历史证明，中华民族传统文化之所以永葆活力，就在于它不断地融入其他种族的优秀文化来壮大提升自己。所以，虽然高中语文课程中优秀传统文化教育的实施过程要以认同优秀传统文化为主体，但尊重他种文化也是必不可少的。而这正是费孝通先生在文化自觉理论中所倡导的未来图景——"各美其美,美人之美,美美与共,和而不同"。由此,有必要保留这一指标。

专家Z6认为,经典、常识和技艺三个指标感觉分类不够清楚,符号、价值和身份认同也感觉有交叉,不够清晰。本书作者对这一建议不拟接受,这几项指标在概念内涵及外延上并没有交叉,本书在前面已经对它们进行了明确的概念解析。而之所以形成这样的误解是以问卷星的方式发放问卷,没有对概念进行说明,专家按照自己的认知来理解从而造成了误解。因此,在下一轮专家咨询问卷中,有必要在题项的指导语中对某些易引起误解的概念进行解析。

Z12认为,基于中小学课程教材主要围绕核心思想理念、中华人文精神、中华传统美德三大主题来遴选中华优秀传统文化教育内容,研究者所提的"经典认知、常识认知、技艺认知"三个指标划分似乎与后三个"核心思想理念认知""中华人文精神认知""中华传统美德认知"不在一个层面,建议可删除。

本书作者以为这位专家之所以提出这样的意见有两个方面缘由:其一,她对"优秀传统文化教育"概念的理解是狭义的,即认为优秀传统文化教育仅仅是思想教育;且其对优秀传统文化进高中语文教材的融入形态不甚了解,由此对高中语文课程中优秀传统文化教育实施误认为仅仅是以教材中的优秀传统文化知识来对高中生进行道德教育。在绪论的"核心概念"部分以及第二章,本书已经详细阐述了高中语文课程中优秀传统文化教育实施的内涵。在本书中,高中语文课程中优秀传统文化教育实施是高中语文教师利用进入教材的中国传统文化,以优秀传统文化为教育内容对高中生进行的认知知识形态与精神形态的优秀传统文化教育以厚植中华文化底蕴,在涵养审美情趣的基础上推动学生产生优秀传统文化认同以增强文化自信,在继承性及创新性的文化实践中培育高中生的道德素养以养成良好的优秀传统文化行为的育人教育。如此,在"高中生基于语文课程的优秀传统文化认知"上就有对显性优秀传统文化的认知,即对经典的认知、对常识的认知以及对技艺的认知;而隐性优秀传统文化认知,则包括对隐含在经典、常识与技艺背后的核心思想理念、中华传统美德、中华人文精神的认知。因而,这个指标需要保留。

专家Z9、Z13、Z14、Z18提出,三级指标"理论学习"与"实践应用"不能很好地展现高中生在语文学习中与生活实践中对优秀传统文化的继承性的行为表现,建议改为"学习融入"与"生活践行"。专家 Z15 与 Z17 认为,"文化继承"用"理论学习"与"实践应用"两个指标来概括太单一,建议再予以丰富。专家 Z5、Z8、Z11 则认为,三级指标"文化传承"中除了"理论学习"与"实践应用"外,是否能主动传播也是继承的一种表现。Z20 疑惑,"理论学习"和"生活应用"是实施途径还是实施效果?

本书作者根据研究的问题,在对指标的概念解析反复阅读并认真思考后,认为"理论学习"与一级指标"高中生基于语文课程中的优秀传统文化认知"有交叉,对应的是认知结果而不是行为结果,是高中生对优秀传统文化认知效果的实施路径,的确不适合作为"优秀传统文化传承"的三级指标,因此有必要更改。"学习融入"与"生活践行"都是从个体层面对个人"文化继承"的具体行为方式,而"文化传播"是个人对其他人的"文化继承"的具体行为方式,因此可以接受建议,将"文化传承"分为"学习融入""生活践行""文化传播"三个三级指标。其中"文化传播"是指高中生作为文化主体,在习得以显性状态存在的知识形态的优秀传统文化与隐性状态存在的精神理论形态的优秀传统文化后,满怀热爱之情,主动自觉通过书面语言与口头言语,采用线上线下的方式,向周边个人、群体或公众,传播优秀传统文化的文化实践行为。

Z16 疑惑,文化符号认同指的是中华文化符号认同吧? 文化身份认同是不是中华民族身份认同? 如果是中华民族身份认同,那就非常重要;如果不是,可以比较重要。本书作者认为之所以专家会出现这样的疑惑,还是问卷中对概念解析未到位,有必要通过解析来明确指标的含义,帮助专家们更好地评议。因而,在第二轮专家函询的指导语中增加对某些容易引起误解的指标的概念解析。

3. 对指标体系的第二轮修订

3.1 第二轮专家咨询问卷的形成与发放

第二轮专家咨询问卷是研究者根据专家的意见在第一轮问卷的基础上进行修改而成。发放第二轮专家咨询问卷的主要目的是对高中语文课程中优秀传统文化教育的实施效果评价指标体系中各级指标拟定的再咨询。第二轮专家咨询问卷的发放对象是参与第一轮专家咨询问卷的 20 位专家,问卷发放依然采用线上的方式。

3.2 问卷的统计

因是同一批专家,在问卷统计中就省略了对专家权威程度的统计;且是第二轮专家咨询,就未统计专家的建议率。实际上,在本书作者修改指标体系后,与专家们一对一交流,专家们表示对修改后的指标体系总体满意。在对问卷中的个别专家意见进行仔细斟酌后,发现它们不影响指标体系的根本,本书作者直接与专家交流看法,因而未对专家意见再次设置章节摘录与回复。

3.2.1　专家的积极程度

本次共发放了 20 份问卷。在规定时间回收到 20 份有效问卷,问卷回收率为 100%,进一步说明专家对本研究主题的关注与积极参与。

3.2.2　专家意见协调程度

通过数据统计,得出了第二轮专家咨询中各指标项的变异系数,结果如表 3 - 10 所示:

表 3 - 10　第二轮专家咨询中各指标的变异系数

指标	个案数	最小值	最大值	平均值	标准差	变异系数
高中生基于语文课程的优秀传统文化认知	20	4	5	4.95	0.2179	0.0440
高中生基于语文课程的优秀传统文化认同	20	5	5	5	0	0
高中生基于语文课程的优秀传统文化实践	20	4	5	4.05	0.2179	0.0538
显性优秀传统文化认知	20	4	5	4.05	0.2179	0.0538
隐性优秀传统文化认知	20	4	5	4.05	0.2179	0.0538
文化符号认同	20	4	5	4.05	0.2179	0.0538
文化身份认同	20	4	5	4.05	0.2179	0.0538
价值文化认同	20	4	5	4.9	0.3	0.0612
优秀传统文化传承	20	4	5	4.95	0.2179	0.0440
优秀传统文化创新	20	4	5	4.05	0.2179	0.0538
经典认知	20	4	5	4.95	0.2179	0.0440
常识认知	20	4	5	4.05	0.2179	0.0538
技艺认知	20	3	4	3.95	0.2179	0.0551
中华传统美德认知	20	4	5	4.1	0.3	0.0731
中华人文精神认知	20	4	5	4.05	0.2179	0.0538
核心思想理念认知	20	4	5	4.05	0.2179	0.0538

续表 3 – 10

指标	个案数	最小值	最大值	平均值	标准差	变异系数
谙熟传统文化符号	20	4	5	4.05	0.2179	0.0538
偏好传统文化符号	20	4	5	4.9	0.3	0.0612
认可传统文化	20	4	5	4.95	0.2179	0.0440
尊重他种文化	20	3	4	3.95	0.2179	0.0551
家国情怀价值观认同	20	4	5	4.95	0.2179	0.0440
社会担当价值观认同	20	4	5	4.95	0.2179	0.0440
个人修养价值观认同	20	4	5	4.95	0.2179	0.0440
学习融入	20	4	5	4.95	0.2179	0.0440
生活践行	20	4	5	4.95	0.2179	0.0440
文化传播	20	3	4	3.95	0.2179	0.0551
优秀传统文化形式创新	20	4	5	4.05	0.2179	0.0538
优秀传统文化内容创新	20	3	4	3.95	0.2179	0.0551

由表 3 – 10 可知,在第二轮专家咨询中,各指标的变异系数均小于 0.1,表明专家的协调程度总体较高。

同时,通过非参数检验,研究得出的第二轮专家咨询中专家意见的肯德尔和谐系数(W 系数)值如表 3 – 11 所示:

表 3 – 11　第二轮专家咨询中专家意见的肯德尔和谐系数值

	W 系数	卡方值	指标个数	个案数
第二轮专家咨询	0.821	443.157 **	28	20

** P < 0.1。

由表 3 – 11 可见,在第二轮专家咨询中专家意见的肯德尔和谐系数值为 0.821,处于 0.8 ~ 1 的范围区间,表明评价者之间的一致性非常好,评价结果可以被认为非常可靠。

对比第一轮专家咨询的数据可以发现,在第二轮专家咨询中专家意见协调系数远远高于第一轮专家意见协调系数,说明两轮专家意见咨询结果比较显著,第二轮专家意见趋向统一。综合以上结果可见,这 20 位专家在高中语文课程中优秀传统文化教育的实施效果评价指标体系上达到较高的协调程度。

（三）实施效果评价指标权重的确定

权重是对各项指标在整个评价指标体系中重要程度的定量分配,体现了某一指标相对于整个指标体系中其他指标的重要性。各个指标的权重是相对的,且相互影响与相互制约。[①] 权重的取值范围为0~1,各项指标权重和为1。

1. 权重确立的原则

评价指标权重的确立要遵循的原则主要有:

其一,整体性原则。如前所述,本研究所构建的评价指标体系必须具有科学性,即指标体系应是一个完整的科学的系统。由此,评价指标权重的确定也必须从整体性出发,通过权重的确定明确每个指标对整个指标体系的作用和贡献。如此,本研究在确定高中语文课程中优秀传统文化教育的实施效果评价指标体系的各项指标的权重时,不从单个指标出发,而是在处理好各评价指标之间的关系的基础上,依据一定的研究方法,遵循整体性原则合理分配权重,即把整体最优化作为指标权重确定的出发点和追求的目标。在具体的操作中,既不平均分配,也不能过于片面强调某个指标而忽略其他指标的作用,从而使每个指标发挥其应有的区分作用。

其二,主观性与客观性结合原则。本研究所构建的评价指标体系除了科学性,还有目标导向性。评价指标的权重反映了评价者对高中语文课程中优秀传统文化教育实施的引导意图和价值观念。既然指标权重是对指标体系中各指标项的重要程度的反映,而评价又必须是客观的、科学的,研究者在确定具有相对性的指标权重之时就必然要遵循主观性与客观性结合原则,具体为指标权重的确定要与指标对象实际情况结合起来以及现实情况要与指标导向性、评价意图结合起来。

其三,民主与集中结合原则。权重是人们对各项评价指标在综合评价指标体系中重要程度的认识,是人们对定性判断的量化结果,带有主观性,常常受个人因素的影响。而不同的主体对同一事物有不同看法,其中有合理的成分,也有因个人价值观、能力和态度造成的不合理成分。因此,在对评价指标进行权重确定之时研究者要遵照民主与集中结合原则,实行群体决策,集中相关人员

[①] 李志河,张宏业,孟继叶,等.高校教学科研人员绩效考评体系指标权重确定研究[J].现代教育技术,2008(6):36.

的意见相互补充,最后形成统一的意见。

2.计算权重的方法

一般来说,权重的计算方法有三种:定性分析法、定量分析法、混合分析法。常用的定性分析法有德尔菲法、综合评分法、FHW 法等;定量分析法有主成分分析法等;混合分析法有层次分析法等。以上列举的这几种权重计算方法中,因层次分析法具有可操作性强、操作周期短等优点,本研究采用层次分析法确定高中语文课程中优秀传统文化教育的实施效果评价指标体系中各项指标的权重。

层次分析法(AHP 法),是 20 世纪 70 年代美国运筹学家 T. L. Saaty 提出的一种定性和定量相结合的、系统化的、层次化的分析方法。它能有效地处理多目标、多方案的决策,被广泛运用于社会、政治、经济等多个领域。[①] 层次分析法将总目标分解成可具体操作的层次目标,再根据各因素之间的内在逻辑关系构造层次结构模型,然后以两两比较判断矩阵的方式借助专家学者的学识经验对同级指标的重要程度进行比较分析,将各因素的重要性用数值的形式表示出来,从而达到目的。

3.评价指标权重的确立过程

本书对评价指标权重的确立过程分为三步:(1)邀请参与两轮专家咨询问卷的 20 位专家对高中语文课程中优秀传统文化教育的实施效果评价指标体系中各项指标的相对重要程度进行判断;(2)通过数据统计确定评价指标体系中各指标权重;(3)对各层指标的权重进行一致性检验。

3.1 AHP 递阶层次结构模型的建立

一般来说,AHP 递阶层次结构分为目标层、准则层以及方案层这三个层次。其中,目标层是研究总的决策目标,在本书中,它具体是指高中语文课程中优秀传统文化教育的实施效果评价指标体系;中间层为准则层,在本研究中具体指高中语文课程中优秀传统文化教育的实施效果评价指标体系的一级指标和二级指标。其中,一级指标包括高中生基于语文课程的优秀传统文化认知、高中生基于语文课程的优秀传统文化认同、高中生基于语文课程的优秀传统文化实践 3 个指标,二级指标包括显性优秀传统文化认知、隐性优秀传统文化认知、文

① 左军.层次分析法中判断矩阵的间接给出法[J].系统工程,1988(6):56.

化符号认同、文化身份认同、价值文化认同、优秀传统文化传承、优秀传统文化创新 7 个二级指标;方案层为三级指标,包含经典认知、常识认知、技艺认知、中华传统美德认知等 18 个三级指标。如此,本书所建立的 AHP 层次结构如表 3 − 12 所示:

表 3 − 12　高中语文课程中优秀传统文化教育的实施效果评价指标 AHP 递阶层次结构

目标层	准则层		方案层
	一级目标	二级目标	三级目标
高中语文课程中优秀传统文化教育的实施效果评价指标体系	高中生基于语文课程的优秀传统文化认知(A)	显性优秀传统文化认知(A1)	经典认知(A11)
			常识认知(A12)
			技艺认知(A13)
		隐性优秀传统文化认知(A2)	中华传统美德认知(A21)
			中华人文精神认知(A22)
			核心思想理念认知(A23)
	高中生基于语文课程的优秀传统文化认同(B)	文化符号认同(B1)	谙熟传统文化符号(B11)
			偏好传统文化符号(B12)
		文化身份认同(B2)	认可传统文化(B21)
			尊重他种文化(B22)
		价值文化认同(B3)	家国情怀价值观认同(B31)
			社会担当价值观认同(B32)
			个人修养价值观认同(B33)
	高中生基于语文课程的优秀传统文化实践(C)	优秀传统文化传承(C1)	学习融入(C11)
			生活践行(C12)
			文化传播(C13)
		优秀传统文化创新(C2)	优秀传统文化形式创新(C21)
			优秀传统文化内容创新(C22)

　　在高中语文课程中优秀传统文化教育的实施效果评价指标体系的递阶层次结构中,各层之间相互形成隶属关系。以此为基础,本书最终构造了一个 AHP 递阶层次结构模型。高中语文课程中优秀传统文化教育的实施效果评价指标递阶层次结构模型如图 3 − 3 所示:

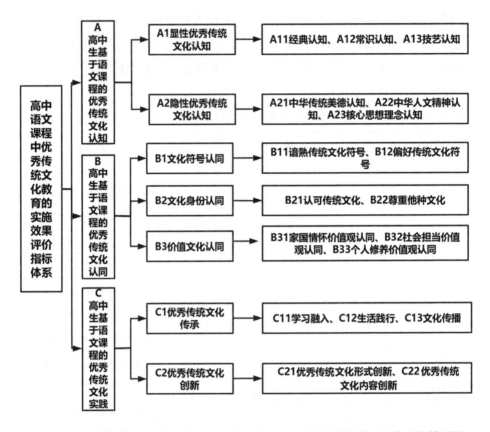

图 3 - 3 高中语文课程中优秀传统文化教育的实施效果评价指标递阶层次结构模型图

3.2 指标之间比较判断矩阵的构造

层次分析法中极为关键的环节是建立各层次的判断矩阵。它针对上一层次中某元素,通过两两比较同一层次上各元素的相对重要性,并用标度来表示这种相对重要程度而得到。本书作者根据高中语文课程中优秀传统文化教育的实施效果评价指标递阶层次结构模型图,研究编制了"指标权重"专家咨询问卷调查表。咨询问卷见附录一的第三部分。该问卷分为三个部分:一级指标两两对比重要性计分表、二级指标对比重要性排序表和三级指标对比重要性排序表。由于一级指标只有 3 个指标,所以选择两两比较的方式,通过构建比较矩阵,计算各指标的相对权重,而二级指标和三级指标较多,如果选择两两比较方式,必定会增加专家的工作量。为了避免专家由于疲惫致使所填数据不准确的情况,本书在二级和三级指标权重赋值过程中选择对比排序法。

根据高中语文课程中优秀传统文化教育的实施效果评价指标递阶层次结

构模型和一级指标两两比较的需求,本研究构建了 3 个一级指标间的判断矩阵。所构建的一级指标间的两两比较判断矩阵如表 3 - 13 所示:

表 3 - 13　一级指标间的两两比较判断矩阵

一级指标	A 高中生基于语文课程的优秀传统文化认知	B 高中生基于语文课程的优秀传统文化认同	C 高中生基于语文课程的优秀传统文化实践
A 高中生基于语文课程的优秀传统文化认知	AA	AB	AC
B 高中生基于语文课程的优秀传统文化认同	BA	BB	BC
C 高中生基于语文课程的优秀传统文化实践	CA	CB	CC

在表 3 - 13 中,以 A 表示高中生基于语文课程的优秀传统文化认知,以 B 表示高中生基于语文课程的优秀传统文化认同,以 C 表示高中生基于语文课程的优秀传统文化实践来构造起一级指标间的两两比较判断矩阵。而咨询专家就根据以上搭建的判断矩阵,依据指标之间的比较量化值规定(以 Satty1 - 9 标度法为依据)对高中语文课程中优秀传统文化教育的实施效果评价指标体系中的一级指标的重要程度进行量化比较。而按照指标之间的比较量化值规定,指标两两比较的重要程度与量化值的对应关系如表 3 - 14 所示:

表 3 - 14　指标两两比较的重要程度与量化值的对应关系

量化值	因素 i 比因素 j
1	同样重要
3	稍微重要
5	明显重要
7	强烈重要
9	极端重要
2,4,6,8	上述两相邻判断的中值
倒数	$a_{ij=1}/a_{ji}$

3.3 各级指标权重的确定过程

3.3.1 一级指标权重的确定

2022 年 11 月初,本书作者组织了两轮咨询问卷调查的 20 位专家进行问卷调查。以问卷星以及 WORD 文档的方式共发放了 20 份调查问卷,在约定时间内收回 16 份问卷,问卷的回收率 80%。整理后,根据问卷调查的填写情况,初步判定这 16 份专家填写的问卷是有效的,可以进行下一步的计算和分析。作者以几何平均法来计算一级指标的权重值。以专家 Z1 为例。

这位专家对一级指标的比较判断矩阵的赋值如表 3-15 所示:

表 3-15 专家 Z1 对一级指标的比较判断矩阵的赋值

一级指标	A 高中生基于语文课程的优秀传统文化认知	B 高中生基于语文课程的优秀传统文化认同	C 高中生基于语文课程的优秀传统文化实践
A 高中生基于语文课程的优秀传统文化认知	1	1/2	1
B 高中生基于语文课程的优秀传统文化认同	2	1	2
C 高中生基于语文课程的优秀传统文化实践	1	1/2	1

首先,计算矩阵中每行内各值的乘积 W_i。计算结果如下:

$W_1 = 1 \times 1/2 \times 1 = 0.5$;$W_2 = 2 \times 1 \times 2 = 4$;$W_3 = 1 \times 1/2 \times 1 = 0.5$

其次,对所得的 W_i 进行 4 次方根值计算,得

$\overline{w}_1 = 0.8409$,$\overline{w}_2 = 1.4142$,$\overline{w}_3 = 0.8409$

再次,对向量 $\hat{W} = (\overline{w}_1, \overline{w}_2, \overline{w}_3)$ 进行规范化处理,将得到的数值代入公式中计算出规范化后的向量特征值,所得出的结果如下:

$$\hat{W}_1 = 0.8409/(0.8409 + 1.4142 + 0.8409) = 0.2716;$$

$$\hat{W}_2 = 1.4142/(0.8409 + 1.4142 + 0.8409) = 0.4568;$$

$$\hat{W}_3 = 0.8409/(0.8409 + 1.4142 + 0.8409) = 0.2716;$$

根据向量 $\hat{W} = (0.2716, 0.4568, 0.2716)$,可知专家 Z1 对高中语文课程中

优秀传统文化教育的实施效果评价指标体系的一级指标赋值权重。

具体统计结果如表 3 - 16 所示：

表 3 - 16 专家 Z1 对一级指标的赋值权重

一级指标	赋权值
A 高中生基于语文课程的优秀传统文化认知	0.2716
B 高中生基于语文课程的优秀传统文化认同	0.4568
C 高中生基于语文课程的优秀传统文化实践	0.2716

最后,对专家赋值一级指标的权重进行一致性检验。

本研究对专家 Z1 判断矩阵的随机一致性比率 CR 进行检验,以此来推断 Z1 专家在对高中语文课程中优秀传统文化教育的实施效果评价指标体系的判断矩阵中所获得权重数值的可靠性。对此,一般的规定是,如果得出的 CR 值小于 0.1,表明专家判断矩阵具有一致性,结果可以接受;如果 CR 大于或等于 0.1,表明专家判断矩阵的一致性较差,结果暂时不可接受,修正或弃用。

计算随机一致性比率 CR 的具体过程如下：

先依据公式算出判断矩阵的最大特征值 λ_{max}。为此先计算出：

$(A\hat{W})_1 = 1 \times 0.2716 + 1/2 \times 0.4568 + 1 \times 0.2716 = 0.7716$；

$(A\hat{W})_2 = 2 \times 0.2716 + 1 \times 0.4568 + 2 \times 0.2716 = 1.5432$；

$(A\hat{W})_3 = 1 \times 0.2716 + 1/2 \times 0.4568 + 1 \times 0.2716 = 0.7716$；

再将以上数值代入到计算最大特征值 λ_{max} 的公式中,得出：

$\lambda_{max} = 1/3 \times (0.7716 \div 0.2716 + 1.5432 \div 0.4568 + 0.7716 \div 0.2716) = 3.0199$

然后通过公式 $CI = (\lambda_{max} - n)/(n - 1)$ 计算出：

$CI = (3.0199 - 3)/(3 - 1) = 0.01$

判断矩阵的随机一致性比率 CR,可以通过公式 ($CR = CI/RI$) 计算。查询多阶判断矩阵表可知,三阶 RI 值为 0.52。通过计算,可得出：

$CR = 0.01/0.52 = 0.0192$

这一 CR 值小于 0.1,表明专家 Z1 对指标体系中一级指标的权重分配合理,他所赋值的一级指标的权重可以保留。

而对其余专家的权重赋值,本研究都按这一方式进行处理,即先计算,再进行一致性检验。

最后,所有专家赋值的一级指标权重及一致性检验结果如表3－17所示:

表3－17　专家赋值的一级指标权重及一致性检验结果

专家代码	指标 A	指标 B	指标 C	CR
Z1	0.2716	0.4568	0.2716	0.0192
Z2*	0.1586	0.6828	0.1586	0.1540
Z3	0.2337	0.2337	0.5326	0.0487
Z4*	0.1872	0.6258	0.1872	0.1054
Z5	0.1678	0.5337	0.2985	0.0846
Z6	0.2337	0.5326	0.2337	0.0487
Z7	0.2716	0.2716	0.4568	0.0383
Z8	0.1678	0.5337	0.2985	0.0846
Z9	0.1683	0.2994	0.5323	0.0771
Z10	0.1660	0.5549	0.2791	0.0792
Z11	0.1509	0.3442	0.5049	0.0817
Z12	0.1173	0.6347	0.2480	0.0194
Z13	0.2016	0.4594	0.3390	0.0369
Z14	0.1660	0.5549	0.2791	0.0792
Z15	0.2292	0.3854	0.3854	0.0193
Z16	0.1173	0.6347	0.2480	0.0194

注:标注 * 的专家的 CR > 0.1。

一致性检验发现,专家 Z2 和 Z4 的 CR 都大于 0.1。因而,这两位专家在高中语文课程中优秀传统文化教育的实施效果评价指标体系的一级指标的赋值是无效的,应将其删除。在删除这两位专家的赋值权重值后,本研究将其余14位专家对一级指标的赋分权重进行计算,最终获取指标体系的一级指标的权重均值。

具体统计结果如表3－18所示:

表 3 - 18　评价指标体系的一级指标赋值权重

一级指标	赋权值
A 高中生基于语文课程的优秀传统文化认知	0.1902
B 高中生基于语文课程的优秀传统文化认同	0.4592
C 高中生基于语文课程的优秀传统文化实践	0.3506

3.3.2　二、三级指标权重的确定

高中语文课程中优秀传统文化教育的实施效果评价指标体系的二级指标一共有 7 个,三级指标有 18 个。如果研究对二、三级指标的权重确立都同样采用以上的方式,会大大增加专家的工作量,容易使专家在疲惫状态下打分过于随意,从而影响咨询获取数据的可信度。因此,在二、三级指标的权重赋值的专家咨询中,本研究采用重要性排序法来确定权重。这一方法不仅具有一定的科学性,且操作简便,仅需要组织专家对所属同一级指标中的二级指标按照重要程度排序。[①] 因二、三级指标的权重计算方法与一级指标的方法不同,虽然专家 Z2 和 Z4 的一级指标赋权没有通过一致性检验而不能使用,但他们的二、三级指标的重要性排序完整,所以这两位专家的数据也可以纳入高中语文课程中优秀传统文化教育的实施效果评价指标体系的二级指标权重的计算中。

根据专家对评价指标体系的二、三级指标的重要程度进行递减排序,由高到低赋予对应的分值。因本研究所确立的每一个一级指标下具有不同数量的二、三级指标,因此,本研究给二、三级指标赋值的范围不同。如指标数量为 2 的,赋值为 1 ~ 2 分。同时,每个二、三级指标的总分是专家人数与赋分值总和的乘积,如"文化符号认同"的三级指标只有两个,其赋分值总分为"3",其三级指标的总分为 48 分。根据专家的人数及不同指标的赋值情况进行计算,通过统计,本研究得到了高中语文课程中优秀传统文化教育的实施效果评价指标体系的二、三级指标的赋值权重。

专家们对评价指标体系的二级指标的权重赋值如表 3 - 19 所示:

---

① 马勋雕. 智慧课堂师生互动评价指标体系构建及应用研究[D]. 长春:东北师范大学,2022:109.

表 3 – 19　评价指标体系的二级指标的权重赋值

二级指标	Z1	Z2	Z3	Z4	Z5	Z6	Z7	Z8	Z9	Z10	Z11	Z12	Z13	Z14	Z15	Z16	总分	权重
A1	1	1	1	2	1	1	2	1	1	2	2	2	1	1	1	1	21	0.4375
A2	2	2	2	1	2	2	1	2	2	1	1	1	2	2	2	2	27	0.5625
B1	1	2	3	1	1	1	1	2	1	2	1	2	1	1	1	1	22	0.2292
B2	3	1	2	2	2	2	2	2	2	1	3	2	2	2	2	2	32	0.3333
B3	2	3	1	3	3	3	3	2	3	3	2	2	3	3	3	3	42	0.4375
C1	2	1	2	2	2	2	2	2	2	2	2	2	1	2	2	1	29	0.6042
C2	1	2	1	1	1	1	1	1	1	1	1	1	2	1	1	2	19	0.3958

专家们对评价指标体系的三级指标的权重赋值如表 3 – 20 所示：

表 3 – 20　评价指标体系的三级指标的权重赋值

三级指标	Z1	Z2	Z3	Z4	Z5	Z6	Z7	Z8	Z9	Z10	Z11	Z12	Z13	Z14	Z15	Z16	总分	权重
A11	3	3	3	3	3	3	3	2	3	3	2	3	3	3	2	3	45	0.4687
A12	2	2	1	2	2	2	2	3	2	2	3	2	1	2	3	2	33	0.3438
A13	1	1	2	1	1	1	1	1	1	1	1	1	2	1	1	1	18	0.1875
A21	1	3	3	3	3	2	3	3	3	3	2	1	2	3	2	1	38	0.3959
A22	2	2	1	2	2	3	2	2	1	2	2	2	3	1	3	2	32	0.3333
A23	3	1	2	1	1	1	1	1	2	1	2	3	1	2	1	3	26	0.2708
B11	2	2	2	2	2	2	2	2	2	2	2	2	2	2	1	2	31	0.6458
B12	1	1	1	1	1	1	1	1	1	1	1	1	1	1	2	1	17	0.3542
B21	2	2	2	2	2	2	2	2	2	2	2	2	2	2	2	2	32	0.6667
B22	1	1	1	1	1	1	1	1	1	1	1	1	1	1	1	1	16	0.3333
B31	3	3	3	3	3	2	2	2	2	3	2	2	2	2	2	2	38	0.3959
B32	2	2	2	2	2	3	1	2	1	2	2	3	2	2	2	2	32	0.3333
B33	1	1	1	1	1	1	3	2	3	1	2	1	2	2	2	2	26	0.2708
C11	3	3	3	3	3	3	3	3	2	3	3	3	3	2	2	2	44	0.4583
C12	2	2	2	2	2	2	2	2	3	2	2	2	2	3	3	3	36	0.3750
C13	1	1	1	1	1	1	1	1	1	1	1	1	1	1	1	1	16	0.1667
C21	2	1	2	2	2	1	2	1	2	1	2	1	2	1	2	1	25	0.5208
C22	1	2	1	1	1	2	1	2	1	2	1	2	1	2	1	2	23	0.4792

4.评价指标体系权重汇总

本研究使用层次分析法及重要性排序法对指标体系的各级指标进行权重

赋值,最终确定了高中语文课程中优秀传统文化教育的实施效果评价指标体系的各级指标的权重。

评价指标体系的各级指标赋值权重如表 3 - 21 所示:

表 3 - 21　评价指标体系的各级指标赋值权重

一级指标及权重	二级指标及权重	三级指标及权重	
A 高中生基于语文课程的优秀传统文化认知 (0.1902)	A1 显性优秀传统文化认知 (0.4375)	A11 经典认知	(0.4687)
		A12 常识认知	(0.3438)
		A13 技艺认知	(0.1875)
	A2 隐性优秀传统文化认知 (0.5625)	A21 中华传统美德认知	(0.3959)
		A22 中华人文精神认知	(0.3333)
		A23 核心思想理念认知	(0.2708)
B 高中生基于语文课程的优秀传统文化认同 (0.4592)	B1 文化符号认同 (0.2292)	B11 谙熟传统文化符号	(0.6458)
		B12 偏好传统文化符号	(0.3542)
	B2 文化身份认同 (0.3333)	B21 认可传统文化	(0.6667)
		B22 尊重他种文化	(0.3333)
	B3 价值文化认同 (0.4375)	B31 家国情怀价值观认同	(0.3959)
		B32 社会担当价值观认同	(0.3333)
		B33 个人修养价值观认同	(0.2708)
C 高中生基于语文课程的优秀传统文化实践 (0.3506)	C1 优秀传统文化传承 (0.6042)	C11 学习融入	(0.4583)
		C12 生活践行	(0.3750)
		C13 文化传播	(0.1667)
	C2 优秀传统文化创新 (0.3958)	C21 优秀传统文化形式创新	(0.5208)
		C22 优秀传统文化内容创新	(0.4792)

表 3 - 21 显示,高中语文课程中优秀传统文化教育的实施效果评价指标体系的一级指标中,权重值从高到低排序为:"文化认同"(0.4592) > "文化实践"(0.3506) > "文化认知"(0.1902)。从一级指标权重赋值的排序来看,多位专家基于自身专业水平和实践经验,进一步论证高中语文课程中优秀传统文化教育的实施效果评价指标体系的 3 个一级指标之间存在一定差异,有一定的层次关系。3 个一级指标中,"文化认同"的权重赋值最高,这表明"文化认同"是高中语文课程中优秀传统文化教育的实施效果评价指标体系中最重要的一级指

标,其地位和作用高于其他两个一级指标。它与分析框架的结论完全一致,充分证明了本书在文化自觉理论的指导下以理论探究方式所得出的高中语文课程中优秀传统文化教育的实施效果评价分析框架的科学性。另外,三个一级指标在权重上由高到低的这一排序也印证了作者在前文提炼效果评价分析框架时所提出的观点("文化认同"是高中语文课程中优秀传统文化教育实施中的关键环节),并再一次阐释研究者的观点,高中生在语文课程中要从对优秀传统文化的"文化认知"("进")走向对优秀传统文化带有传承与创新性质的"文化实践"("出"),是建立在较好地完成对优秀传统文化的"文化认同"("个人文化内化")的基础上。在三个一级指标中,"文化认知"权重赋值最低,表明专家们一致认为在高中语文课程中优秀传统文化教育实施的具体过程中,"文化认知"必要但不是效果考查的重点,"文化认同"与"文化实践"才是实施过程中比较难以实现的但更能体现优秀传统文化教育实施效果的重要方面。这种排序所隐含的知识观正回应了高中语文新课标的新理念,"学科核心素养"是"学科育人价值的集中体现",是"学生通过学科学习而逐步形成的正确价值观、必备品格与关键能力"。① 同理,对高中语文课程中优秀传统文化教育实施而言,在提升高中学生对优秀传统文化的"文化认知"程度的基础上,要发挥语文学科的育人价值,重点培育学生对优秀传统文化的"文化认同",使之有助于"以文育人",使学生形成正确的价值观与必备品格;还要大力推动学生对优秀传统文化进行传承性与创新性的"文化实践",使其有利于学生的关键能力培养。

二级指标中,"隐性优秀传统文化认知"的权重要高于"显性优秀传统文化认知",表明专家们认为以理论形态这一隐性状态存在的优秀传统文化在语文课程中实施优秀传统文化教育的过程中,其认知难度要比以知识形态或物质形态这样显性状态存在的优秀传统文化的认知难度要大。隐性优秀传统文化常深蕴于高中语文教材中,需要语文教师与学生对文本的文化挖掘才能"接触",进而被"理解"和被"接受",实现文化主体对优秀传统文化的"个人文化内化"。因而,对隐性优秀传统文化的认知相对于直接以书面文字形式印在教科书上的经典、生活中能体验参与的节日习俗等常识、技艺,的确存在更多学习上的困难。在权重排序上,"价值文化认同"(0.4375)>"文化身份认同"(0.3333)>

---

① 中华人民共和国教育部. 普通高中语文课程标准:2017 年版 2020 年修订[M]. 2 版. 北京:人民教育出版社,2020:5.

"文化符号认同"(0.2292),表明专家们认为高中生对优秀传统文化的"价值体系"的认同要比民族身份的认同和传统文化符号的认同更为重要。这一理解有其理论依据,《大辞海》提出"价值体系"是文化的核心,是特定文化系统凝聚力、向心力的基础和根据。[①] 因而,首先是对文化核心(价值文化)的认同,其次才是对文化身份的认同,最后是对文化符号的认同,层次分明。文化创新分为"形式创新"与"内容创新",但对于高中生而言,内容上的创新,如价值体系的创新、道德体系的创新都是非常高端深刻的创新,是难以完成的重大任务。相对而言,通过现代技术手段与个人的巧思妙想对优秀传统文化进行形式方面的创新更为简单,也是高中生在能力范围以内通过努力就可以实现的。在二级指标的权重排序中,"优秀传统文化传承"(0.6042)>"优秀传统文化创新"(0.3958),表明专家们确实考虑到了学生的实际,基于理论分析与实践经验做出了正确的判断。

在"显性优秀传统文化认知"的三级指标中,按权重的高低排序,"经典认知"(0.4687)>"常识认知"(0.3438)>"技艺认知"(0.1875)。它表明专家们认为高中生对"经典"认知的重要性要远高于其他两个三级指标。这一理解有事实依据。如前所述,统编高中语文教材中存在大量经典,入选教材的古诗文数量在总选文数的占比为一半有余。经典是古圣先贤的智慧结晶,历经岁月的淘洗,其中的人文教化价值相对于常识与技艺的要更具系统性、完整性与针对性。在"隐性优秀传统文化认知"的三级指标中,三个指标的权重相差不大,"中华传统美德认知"要略高于"中华人文精神认知"与"核心思想理念认知"。高中生对"中华传统美德"的认知直接与道德教育紧密相关。中小学教育的根本任务是育人,在"五育"中首先为"德育"。新时代"只有源源不断造就担当民族复兴大任的时代新人,中华民族才能够更好地把握今天、开创明天、赢得未来",而时代新人之新,在"尊道德"中有特别体现,"尊道德"首要"继承中华传统美德"。[②] 在"文化身份认同"的三级指标中,专家们毫无例外地一致认为"认可传统文化"是重点与首要,而"尊重他种文化"为次要。这是因为前者是"文化自信"的来源,后者是"文化创新"的实现路径之一。在"价值文化认同"中,权重

① 夏征农,陈至立.大辞海:政治学·社会学卷[M].上海:上海辞书出版社,2010:580.
② 中共中央宣传部.习近平新时代中国特色社会主义思想学习问答[M].北京:学习出版社,2021:300.

按高到低排序,"家国情怀价值观认同"(0.3959)>"社会担当价值观认同"(0.3333)>"个人修养价值观认同"(0.2708)。古语云"覆巢之下无完卵",有国有家才有个人。家国情怀价值观认同必然最为重要。人是社会中的人,高中生要成为时代新人,必然要有社会担当。在"优秀传统文化传承"的三级指标中,专家们基于高中语文课程中优秀传统文化教育实施,认为"学习融入"要重于"生活践行"及"文化传播"。前者体现学科特色,与课程紧密结合,必然首要;后者在生活中践行学习所得,或文化主体扮演文化传播者的角色,向他人"讲中国故事"进行文化传播,必然都要稍微后一步。

二、高中语文课程中优秀传统文化教育的实施效果评价问卷的编制

本书将高中语文课程中优秀传统文化教育的实施效果评价问卷的编制过程分为两个部分:其一,初测问卷的编制;其二,正式问卷的形成。

(一)初测问卷的编制

1. 初测问卷的设计

一般而言,问卷设计的方法主要有三种:理论指导法、因素分析法和经验准则法。其中,依据某一理论、框架及观点等来编制题项从而形成问卷的方法是理论指导法;通过收集大量的相关数据,从这些数据中抽取公因子来把握其要素的系统结构,再将之作为问卷设计依据的问卷设计方法是因素分析法;从实践出发来把握所测要素的重要特征,并将实践经验与要素内涵相结合,由此编制问卷的方法是经验准则法。[①] 本书在上一节所建构的高中语文课程中优秀传统文化教育的实施效果评价指标体系,能为实施效果评价问卷调查工具的设计提供理论依据。因此,本书以理论指导法为效果评价问卷的设计方法。

2. 初测问卷的初步编制

本研究基于高中语文课程中优秀传统文化教育的实施效果评价指标体系设计并编制了《高中语文课程中优秀传统文化教育的实施效果评价问卷》。

在高中语文课程中优秀传统文化教育的实施过程中,对高中生的显性优秀传统文化认知之技艺认知的培养相对而言比较简单。按照 2021 年教育部印发

---

① 马勋雕.智慧课堂师生互动评价指标体系构建及应用研究[D].长春:东北师范大学,2022:118.

的《中华优秀传统文化进中小学课程教材指南》及中国教育学会制定的《中小学传统文化教育指导标准》对"技艺"的概念界定,语文课程中主要培养的技艺是书法,从小学到高中对书法技艺的认知由小学中年级的"用毛笔临摹楷书字帖"到高中的"通过欣赏、临摹名家书法作品等活动,帮助学生认识中国书法的丰富内涵和文化价值,形成书法鉴赏和书法作品创作的初步经验"。因高中语文课程中涉及的经典与常识内容比较多,在编制前,为确定三级指标"经典认知"与"常识认知"的考查内容,2022 年 12 月初,本研究者对来自江西、海南、云南、四川、内蒙古、重庆、新疆、河北、河南、甘肃等 11 个省市的 56 位高中语文教师进行以问卷星为工具的线上问卷与线下的纸质发放问卷方式相结合的问卷调查。

调查结果以 NVivo11.0 plus 进行统计,得出了高中语文教师们对"经典认知"与"常识认知"部分考查内容的答案频次图,具体以词语云的方式展示如下:

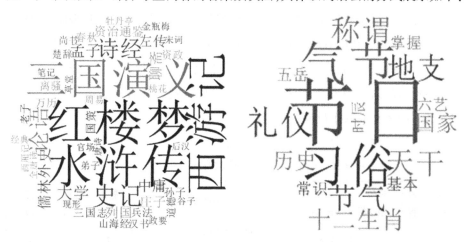

图 3 - 4　"经典认知"考查内容词语云　　图 3 - 5　"常识认知"考查内容词语云

图 3 - 4 表明,在高中生对显性优秀传统文化之经典认知中,高中语文教师们认为语文课程中优秀传统文化教育的实施过程中作为知识层面部分,高中生要重点关注经典篇目之《红楼梦》(统编教材中设置的学习任务群"整本书阅读与探讨"的阅读篇目之一)与《水浒传》(统编教材中选入其节选之《林教头风雪山神庙》),其次要关注《西游记》《诗经》《史记》等。图 3 - 5 表明,在高中生对显性优秀传统文化之"常识认知"中,高中语文教师们普遍认为要重点关注节日文化、习俗文化、礼仪文化、称谓文化等常识。

作者编制的初测问卷分为两个部分,第一部分为人口学问卷,调查受试者的性别(男女)、学习方向(物理方向或历史方向)、主要生活地(村镇或城区)、学校所在区域(第一批使用统编高中语文教材的省份或直辖市、第二批使用统编高中语文教材的省份或直辖市、第三批使用统编高中语文教材的省份或直辖市)、学生的阶段成绩层次(由高到低分为五个等级)。本研究所计划开发的效果评价问卷测评的对象是完成了统编高中语文教材学习的高中学生,而按照国家的规划,至今为止,两年一轮,已完成了一轮统编高中语文教材学习的省市有三批:(1)2019 年开始作为第一批使用统编高中语文教材的省市,共 6 个,具体为上海、北京、天津、山东、辽宁、海南。(2)2020 年开始作为第二批使用统编高中语文教材的省市,共 13 个,具体为浙江、江苏、河北、湖北、湖南、广东、福建、重庆、山西、安徽、云南、黑龙江、吉林。(3)2021 年开始作为第三批使用统编高中语文教材的省市,共 6 个,具体为广西、新疆、甘肃、河南、江西、贵州。

第二部分为主体调查问卷,研究为高中语文课程中优秀传统文化教育的实施效果评价指标体系的每一个三级指标分别设计 3 ~ 7 个题项,共编制了 93 个原始题项。初步编制的评价问卷是自陈式问卷。这种问卷,采用第一人称对被试者进行提问,便于自我评估。问卷采用李克特 4 级量表的计分方式进行评估。在条目的语句表述上,为避免学生产生思维定式或者不看清题目乱填,在问卷的中间还穿插数个反向计分的题项。

各个指标的题项分布如表 3 - 22 所示:

表 3 - 22 《高中语文课程中优秀传统文化教育的实施效果评价问卷》双向细目表

评价项目	评价内容	评价二级指标	评价三级指标	评价目标	题量分布	题目类型	计分方式
高中语文课程中优秀传统文化教育的实施效果	高中生基于语文课程的优秀传统文化认知	显性优秀传统文化认知	经典认知	知道经典的内容、主旨、文化内涵及重要细节	7	封闭式	四分制
			常识认知	知道常识的内容、出处、文化内涵及使用语境	7	封闭式	四分制
			技艺认知	知道技艺的特点,可在一定程度上展示技艺,有丰富的技艺鉴赏知识和较强的鉴赏能力	5	封闭式	四分制
		隐性优秀传统文化认知	中华传统美德认知	知道传统美德的内涵及能列举教材中具有传统美德的人物	5	封闭式	四分制
			中华人文精神认知	知道中华人文精神的内涵以及运用语境	5	封闭式	四分制
			核心思想理念认知	知道核心思想理念的内涵以及运用语境	5	封闭式	四分制

续表 3-22

评价项目	评价内容	评价二级指标	评价三级指标	评价目标	题量分布	题目类型	计分方式
高中语文课程中优秀传统文化教育的实施效果	高中生基于语文课程的优秀传统文化认同	文化符号认同	谙熟传统文化符号	能分辨不同的传统文化符号,说出传统文化符号的特点	5	封闭式	四分制
			偏好传统文化符号	相较现当代文化符号与他种文化符号,更喜欢传统文化符号	6	封闭式	四分制
		文化身份认同	认可传统文化	对优秀传统文化有依赖感和维护意识	5	封闭式	四分制
			尊重他种文化	对他种文化没有偏见,以平常心看待	3	封闭式	四分制
		价值文化认同	家国情怀价值观认同	有家国意识,肯定有家国意识的历史人物的作为	5	封闭式	四分制
			社会担当价值观认同	有担当意识,认为社会和谐青年有责	5	封闭式	四分制
			个人修养价值观认同	有提升个体修养的意识,认为要以优秀传统文化来规范个人行为	5	封闭式	四分制
	高中生基于语文课程的优秀传统文化实践	优秀传统文化传承	学习融入	能在语文书面与口头表达中融入优秀传统文化	6	封闭式	四分制
			生活践行	能在生活中践行优秀传统文化,提高生活品质	6	封闭式	四分制
			文化传播	能对他人进行正向的优秀传统文化传播	4	封闭式	四分制
		优秀传统文化创新	优秀传统文化形式创新	能用现代技术等手段对优秀传统文化进行形式创新	5	封闭式	四分制
			优秀传统文化内容创新	能对优秀传统文化加入贴合时代的内容	4	封闭式	四分制

3.初测问卷的修改

3.1 焦点小组对原始题项的修改

作者通过为初测问卷编制 93 个原始题项营造了初步的条目池。2023 年 1 月,作者组织参与指标体系建构过程中的一线教师焦点小组对条目进行修改,具体为题项内容的修改与题项数量的删减。对原始题项的内容及结构,焦点小组提的意见主要有:

题项要针对性强,评价目标是高中语文课程中优秀传统文化教育实施的效果,且实施在使用统编高中教材的背景下,问卷的题项要紧扣教材,如"我知道'精卫填海'故事中'精卫'为什么要填海"与高中语文教材无关,它虽然也考查学生的常识认知程度,建议此类的题项都要删除;题项要比较典型、精准,能较好考查高中生在语文课程中优秀传统文化教育的实施效果;某些题项表意不清,还需多斟酌修改,如考查"社会担当价值观认同"的题项"我认为志愿参加环境保护活动是必要的"中"环境保护"的范围较窄,它只是"社会担当"的一个部分,建议改为"社会公益";题项太多,学生不会愿意花太多时间去完成问卷;反向计分题保留 1~2 个即可,不需要太多。

通过焦点小组的修改,题项数量从 93 个删减到 62 个,题项的内容紧扣统编高中语文教材,且尽量精准。

3.2 专家教授对题项的修改

2023 年 2 月,本研究者以电话或微信语音口头交流与书面交流的方式邀请了参与德尔菲法的部分教育学、心理学等方面较为精通问卷编制的专家教授共计 10 人,对评价问卷编制的技术规范及各条目词句的可读性、有效性、可信度方面进行分析。在交流中对于问卷的编制,专家教授提出了一些意见。

专家们提出的不同意见及研究者经慎重思考后处理的情况如下:

X2、X4 和 X8 认为,这一问卷采用四级量表不能囊括程度,如情况一样用"完全符合",大部分一样用"基本符合",小部分一样用"基本不符合",完全不一样用"完全不符合",那么刚好一半相同就没有合适的程度选项,且一般采用的是五级量表。

本研究者认为这一意见有道理,前面之所以设置 4 级量表是担心答题时会出现学生和稀泥现象,而未考虑现实情况中确实还有一种中间程度,因而接受这一意见。首先加入"一般符合"选项,另外将"基本符合"与"基本不符合"改成"比较符合"与"比较不符合"。X1、X9 认为,题项尽量要有区分度,出题时要考虑学生可能的答题情况。如题项"我知道要不断提升自身素质以便做更好的自己",对这一题项的回答预设是学生都会答"完全符合",这种只有一个答案的题目没有效度,需要删除。本研究者认为这一建议是对的,设置这一题项确实考虑不周,接受删除该题项的建议,以及审视其他题项是否有效度问题。X6、X7、X10 认为,有多个题项有共同的问题,即一个题项中出现多个信息点,如"我知道《谏逐客书》《谏太宗十思疏》《过秦论》《陈情表》的作者分别是谁",让学生在填写问卷时容易出现误判或选择困难,建议解决方法为拆题或者在题型设计中说明情况。本研究者在与该专家交流后,认为这一建议可取,因此在指导语中说明每一题项有 5 个程度,选项如何对应每一程度。在专家修改题项后,题项数量从 62 道减少到 54 道。

3.3 试测对问卷的修改

在问卷应用于研究之前,研究者必须对问卷进行"试用"或试测。试测中使用的比较有用的方法是出声思考法,它要求试测者在进行一项活动时说出想法和观点。[①] 本书作者在 2023 年 5 月初分两批共组织了 8 个高二已学完统编高中语文教材的学生(分男女与学习方向)对问卷进行了试测。通过试测,作者拟了解学生完成问卷的平均时间,学生对题项的理解与研究者通过题项考查的预期是否存在不同,学生对题项是否能理解从而顺利完成答题。试测发现,学生的答题时间在 8~12 分钟之间,均值为 9 分 52 秒。在试测者完成调查问卷后,作者组织参加试测的同学讨论问卷,讨论的时长各约为一个小时。讨论会上,作者请同学们说说他们认为每一道题的题项所表达的含义。其中,作者也向学生们解释问卷的目的,并通过对话交流来了解答题者如何看待问卷中的指导语和题项,帮助研究者判明哪些题项会令人困惑。如题项"我知道《红楼梦》中贾府的人物关系",作者想通过这一题项考查学生对经典《红楼梦》的理解,其中的"人物关系"预设的是贾府的人物关系,贾府分为荣国府与宁国府,每府有哪些主子,他们之间关系如何。有学生审题后能明白题目意图,但也有学生认为这道题考查的是人物之间的感情关系,如贾宝玉和林黛玉、薛宝钗之间的情爱关系。因而,这道题要在题项内容上做修改,改成"我知道《红楼梦》中贾府主要人物的关系,具体为贾府分为几府,每府有哪些主子,主子之间是什么关系"。这样,它就指向贾府中两府主要主子们之间的关系。

通过试测,作者修改题项内容多处,并删除了数个题项。最终,初测问卷的题项数量为 48 道,每个指标下分了 2~4 道题,且保留了 2 个反向题。如此,本研究就初步编制成了高中语文课程中优秀传统文化教育的实施效果评价问卷。预试版本评价问卷见附录二的第一部分。

(二)正式问卷的形成

从问卷的初步编制完成到问卷的最终形成经过以下几个环节。

---

① 伯克·约翰逊,拉里·克里斯滕森.教育研究:定量、定性和混合方法:第 4 版[M].马建生,等译.重庆:重庆大学出版社,2015:170.

1. 对问卷的预测试

2023 年 5 月下旬,作者采用便利性抽样,建立了一个小型样本,拟通过预试版本测验决定题目的可用程度以及删除不良的题项,以帮助形成正式的评价问卷量表。在 J 省 QD 学校(以主要在村镇生活的学生为主)与 JS 学校(以主要在城区生活的学生为主)进行预测试。按照预测的要求,为确保统计分析稳定性,预试样本数为 300 比较合适。①

作者在这两所学校以分层抽样的方式,抽取了历史方向与物理方向的高二学生共 332 名参与本次预试。问卷调查采用研究者进教室当场发放问卷并当场收回的方式,共收回 332 份问卷。团队对收回的问卷进行手工编码,检核无效问卷,最终判定的有效问卷的数量为 303,有效率为 91.26%,符合预试的样本要求。

2. 项目分析

项目分析是量表编制最为根本的一项工作,其主要目的是对预试题目进行适切性评估。项目分析常见的策略有五种,分别是:遗漏值检验法、项目描述统计检验法、极端组检验法、相关分析法与因素分析法。② 本研究采用了极端组检验法。极端组检验法,也称为内部一致性校标法。它依照全量表总分高低两个极端值归类分组,以 t 检验或 F 检验来检验其是否具有显著的差异,从而判断题目的鉴别力。具有鉴别度的题目,在两个极端组的得分应具有显著差异,t 检验达到显著水平。此时的 t 值又称为决断值或 CR 值,用于决定是否具有鉴别度。一般研究使用的显著水平标准为:$\alpha = 0.01$,亦即 $CR \geqslant 2.58$,表示具有良好的鉴别度。③

本研究通过对小样本进行独立样本 t 检验,得出的结果如表 3-23 所示:

---

① 邱皓政. 量化研究与统计分析:SPSS(PASW)数据分析范例解析[M]. 重庆:重庆大学出版社,2013:297.

② 邱皓政. 量化研究与统计分析:SPSS(PASW)数据分析范例解析[M]. 重庆:重庆大学出版社,2013:313.

③ 邱皓政. 量化研究与统计分析:SPSS(PASW)数据分析范例解析[M]. 重庆:重庆大学出版社,2013:315.

表 3 - 23 独立样本 t 检验结果

		莱文方差等同性检验		平均值等同性 t 检验						
		F	显著性	t	自由度	Sig.（双尾）	平均值差值	标准误差差值	差值95%置信区间	
									下限	上限
经典1	假定等方差	7.482	0.007	7.676	164	0.000	0.960	0.125	0.713	1.207
	不假定等方差			7.650	150.335	0.000	0.960	0.125	0.712	1.208
经典2	假定等方差	0.259	0.611	6.901	164	0.000	0.836	0.121	0.597	1.076
	不假定等方差			6.892	161.166	0.000	0.836	0.121	0.597	1.076
经典3	假定等方差	0.965	0.327	7.092	164	0.000	0.944	0.133	0.681	1.206
	不假定等方差			7.081	160.056	0.000	0.944	0.133	0.680	1.207
经典4	假定等方差	0.473	0.493	7.289	164	0.000	0.853	0.117	0.622	1.084
	不假定等方差			7.288	163.856	0.000	0.853	0.117	0.622	1.084
常识1	假定等方差	0.547	0.461	7.074	164	0.000	0.859	0.122	0.620	1.099
	不假定等方差			7.068	162.507	0.000	0.859	0.122	0.619	1.100
常识2	假定等方差	1.138	0.288	4.351	164	0.000	0.518	0.119	0.283	0.753
	不假定等方差			4.347	162.105	0.000	0.518	0.119	0.283	0.753
常识3	假定等方差	0.352	0.554	4.628	164	0.000	0.722	0.156	0.414	1.030
	不假定等方差			4.634	163.082	0.000	0.722	0.156	0.414	1.030
常识4	假定等方差	2.815	0.095	5.949	164	0.000	0.994	0.167	0.664	1.323
	不假定等方差			5.938	158.854	0.000	0.994	0.167	0.663	1.324
技艺1	假定等方差	0.641	0.424	3.483	164	0.001	0.518	0.149	0.224	0.811
	不假定等方差			3.485	163.981	0.001	0.518	0.149	0.224	0.811
技艺2	假定等方差	3.802	0.053	3.894	164	0.000	0.546	0.140	0.269	0.824
	不假定等方差			3.894	163.945	0.000	0.546	0.140	0.269	0.824
美德1	假定等方差	0.710	0.401	6.041	164	0.000	0.831	0.138	0.559	1.103
	不假定等方差			6.027	157.463	0.000	0.831	0.138	0.559	1.103
美德2	假定等方差	0.100	0.752	4.511	164	0.000	0.690	0.153	0.388	0.993
	不假定等方差			4.508	163.173	0.000	0.690	0.153	0.388	0.993

续表 3－23

		莱文方差等同性检验		平均值等同性 t 检验						
		F	显著性	t	自由度	Sig.（双尾）	平均值差值	标准误差差值	差值95%置信区间	
									下限	上限
人文 1	假定等方差	1.397	0.239	4.442	164	0.000	0.682	0.153	0.379	0.985
	不假定等方差			4.429	154.228	0.000	0.682	0.154	0.378	0.986
人文 2	假定等方差	3.124	0.079	4.212	164	0.000	0.690	0.164	0.366	1.013
	不假定等方差			4.223	158.108	0.000	0.690	0.163	0.367	1.013
人文 3	假定等方差	10.796	0.001	5.608	164	0.000	0.799	0.142	0.518	1.080
	不假定等方差			5.588	149.308	0.000	0.799	0.143	0.516	1.081
核心 1	假定等方差	0.881	0.349	4.389	164	0.000	0.589	0.134	0.324	0.854
	不假定等方差			4.385	162.154	0.000	0.589	0.134	0.324	0.854
核心 2	假定等方差	5.438	0.021	4.829	164	0.000	0.762	0.158	0.451	1.074
	不假定等方差			4.816	154.870	0.000	0.762	0.158	0.450	1.075
核心 3	假定等方差	6.917	0.009	5.911	164	0.000	0.932	0.158	0.621	1.243
	不假定等方差			5.894	153.642	0.000	0.932	0.158	0.619	1.244
谙熟 1	假定等方差	9.473	0.002	7.985	164	0.000	0.906	0.113	0.682	1.130
	不假定等方差			7.956	148.769	0.000	0.906	0.114	0.681	1.131
谙熟 2	假定等方差	11.026	0.001	7.451	164	0.000	0.849	0.114	0.624	1.074
	不假定等方差			7.428	152.483	0.000	0.849	0.114	0.623	1.074
谙熟 3	假定等方差	8.881	0.003	7.951	164	0.000	0.797	0.100	0.599	0.995
	不假定等方差			7.926	152.351	0.000	0.797	0.101	0.599	0.996
偏好 1	假定等方差	8.355	0.004	8.892	164	0.000	1.019	0.115	0.792	1.245
	不假定等方差			8.849	139.163	0.000	1.019	0.115	0.791	1.246
偏好 2	假定等方差	19.886	0.000	7.690	164	0.000	0.858	0.112	0.638	1.078
	不假定等方差			7.654	140.264	0.000	0.858	0.112	0.636	1.080
偏好 3	假定等方差	5.028	0.026	8.826	164	0.000	1.069	0.121	0.829	1.308
	不假定等方差			8.797	150.980	0.000	1.069	0.121	0.829	1.309

独立样本检验

续表 3-23

独立样本检验									
		莱文方差等同性检验		平均值等同性 t 检验						
		F	显著性	t	自由度	Sig.（双尾）	平均值差值	标准误差差值	差值95%置信区间	
									下限	上限
认可1	假定等方差	4.984	0.027	8.933	164	0.000	0.939	0.105	0.731	1.147
	不假定等方差			8.901	149.089	0.000	0.939	0.105	0.731	1.147
认可2	假定等方差	17.686	0.000	6.792	164	0.000	0.935	0.138	0.663	1.207
	不假定等方差			6.763	144.505	0.000	0.935	0.138	0.662	1.209
认可3	假定等方差	6.416	0.012	7.954	164	0.000	0.957	0.120	0.719	1.194
	不假定等方差			7.924	147.958	0.000	0.957	0.121	0.718	1.195
尊重1	假定等方差	11.347	0.001	8.957	164	0.000	0.953	0.106	0.743	1.163
	不假定等方差			8.917	141.858	0.000	0.953	0.107	0.742	1.164
尊重2	假定等方差	11.616	0.001	5.980	164	0.000	0.840	0.140	0.562	1.117
	不假定等方差			5.961	150.811	0.000	0.840	0.141	0.561	1.118
尊重3	假定等方差	1.717	0.192	6.369	164	0.000	0.589	0.093	0.407	0.772
	不假定等方差			6.372	163.959	0.000	0.589	0.093	0.407	0.772
家国1	假定等方差	12.546	0.001	4.065	164	0.000	0.414	0.102	0.213	0.616
	不假定等方差			4.058	159.932	0.000	0.414	0.102	0.213	0.616
家国2	假定等方差	2.331	0.129	5.400	164	0.000	0.531	0.098	0.337	0.726
	不假定等方差			5.389	158.757	0.000	0.531	0.099	0.337	0.726
担当1	假定等方差	2.465	0.118	6.833	164	0.000	0.832	0.122	0.591	1.072
	不假定等方差			6.813	153.869	0.000	0.832	0.122	0.590	1.073
担当2	假定等方差	4.400	0.037	6.560	164	0.000	0.699	0.107	0.489	0.909
	不假定等方差			6.544	155.560	0.000	0.699	0.107	0.488	0.910
个人1	假定等方差	1.348	0.247	4.515	164	0.000	0.717	0.159	0.403	1.030
	不假定等方差			4.520	163.411	0.000	0.717	0.159	0.404	1.030
个人2	假定等方差	0.073	0.787	6.121	164	0.000	0.888	0.145	0.602	1.175
	不假定等方差			6.115	162.065	0.000	0.888	0.145	0.601	1.175

续表 3－23

		莱文方差等同性检验		平均值等同性 t 检验						
		F	显著性	t	自由度	Sig.（双尾）	平均值差值	标准误差差值	差值95%置信区间	
									下限	上限
学习1	假定等方差	0.390	0.533	6.289	164	0.000	0.885	0.141	0.607	1.163
	不假定等方差			6.281	161.328	0.000	0.885	0.141	0.607	1.163
学习2	假定等方差	0.024	0.878	7.819	164	0.000	1.007	0.129	0.753	1.262
	不假定等方差			7.816	163.549	0.000	1.007	0.129	0.753	1.262
学习3	假定等方差	0.029	0.865	7.528	164	0.000	1.086	0.144	0.801	1.371
	不假定等方差			7.527	163.792	0.000	1.086	0.144	0.801	1.371
生活1	假定等方差	0.007	0.935	7.653	164	0.000	1.096	0.143	0.813	1.379
	不假定等方差			7.646	162.491	0.000	1.096	0.143	0.813	1.379
生活2	假定等方差	0.014	0.906	8.466	164	0.000	1.229	0.145	0.942	1.515
	不假定等方差			8.462	163.301	0.000	1.229	0.145	0.942	1.515
生活3	假定等方差	0.382	0.538	6.354	164	0.000	0.881	0.139	0.607	1.155
	不假定等方差			6.357	163.960	0.000	0.881	0.139	0.607	1.155
传播1	假定等方差	0.537	0.465	6.881	164	0.000	0.983	0.143	0.701	1.265
	不假定等方差			6.873	161.838	0.000	0.983	0.143	0.701	1.266
传播2	假定等方差	0.492	0.484	7.293	164	0.000	1.062	0.146	0.775	1.350
	不假定等方差			7.291	163.503	0.000	1.062	0.146	0.774	1.350
形式1	假定等方差	0.008	0.929	5.670	164	0.000	0.854	0.151	0.556	1.151
	不假定等方差			5.679	162.211	0.000	0.854	0.150	0.557	1.150
形式2	假定等方差	1.298	0.256	6.149	164	0.000	0.971	0.158	0.659	1.283
	不假定等方差			6.156	163.088	0.000	0.971	0.158	0.660	1.283
内容1	假定等方差	0.030	0.862	4.073	164	0.000	0.512	0.126	0.264	0.760
	不假定等方差			4.077	163.386	0.000	0.512	0.126	0.264	0.760
内容2	假定等方差	0.227	0.635	6.308	164	0.000	0.714	0.113	0.490	0.937
	不假定等方差			6.316	162.931	0.000	0.714	0.113	0.491	0.937

独立样本检验

在 303 个受试者中,取全量表总分最高与最低的各 27%(各约 82 人)为极端组,进行平均数差异检验。表 3 - 23 的数据显示,独立样本 t 检验中,所有题项均达到了显著水平,这表明它们具有良好的鉴别度,即在本次项目分析中不需要删除题项。因此,项目分析后,正式问卷依然有 48 个题项。

3. 因素分析

在对量表的项目分析完成后,接着要进行因素分析。因素分析是证实研究者所设计的测验的确在测量某一潜在特质,并厘清潜在特质的内在结构,将一群具有共同特性的测量分数抽离出背后构念的统计分析技术。其主要目的是求得量表的构念效度。因素分析的两个重要指标为共同性、特征值。本书利用 SPSS 统计软件所做的因素分析为探索性因素分析。在进行因素分析前,本书作者对题项重新进行了编码。因本问卷之前已经通过理论思辨、实证研究及德尔菲法构建指标体系,初测问卷形成后又有专家对结构把关,所以量表具有一定的专家效度,且明确为三个维度。因此,在探索性因素分析时,直接将共同因素的数量定为 3。

3.1 KMO 和巴特利特检验

一组测量变量是否适合进行因素分析,测量变量背后是否具有潜在构念,直接的方式是检视测量变量的相关情形。这就是对 KMO 和巴特利特进行检验。具体的标准是:KMO 统计量在 0.9 以上,因素分析适合性极佳;KMO 统计量在 0.8 以上,因素分析适合性良好;KMO 统计量在 0.7 以上,因素分析适合性中度;KMO 统计量在 0.6 以上,因素分析适合性平庸;KMO 统计量在 0.5 以上,因素分析适合性可悲;KMO 统计量在 0.5 以下,因素分析适合性无法接受。[①]

将问卷导入到 SPSS 25.0,分析结果如表 3 - 24 所示:

表 3 - 24 KMO 和巴特利特检验结果

KMO 和巴特利特检验		
KMO 取样适切性量数		0.832
巴特利特球形度检验	近似卡方	6791.546
	自由度	1128
	显著性	0.000

---

① 邱皓政. 量化研究与统计分析:SPSS(PASW)数据分析范例解析[M].重庆:重庆大学出版社,2013:337.

从表 3 - 24 可以看出,本研究获得的 KMO 统计量为 0.832,表示达到良好的指标,即该量表适合进行因素分析。巴特利特球形度检验的近似卡方值为6791.546,自由度(df)为 1128,显著性概率值 p = 0.000 < 0.05,达到显著水平,表示这个量表有共同因素存在,数据文件适合做因素分析。

3.2 探索性因素分析

如果使用者在原先的问卷编制中,已根据理论探究结果确定了量表的层面架构,并经过"专家效度"检验,那么在因素分析时,可以不用将整个量表全部题项纳入因素分析中,而改用"分量表/各层面"进行因素分析,即用层面的个别题项进行因素分析,每个层面也可以再筛选一个子层面出来。[①] 本研究属于这种情况,量表按照明确的指标体系分为"高中生基于语文课程的优秀传统文化认知""高中生基于语文课程的优秀传统文化认同""高中生基于语文课程的优秀传统文化实践"三个层面。本研究将分别从这三个层面来进行探索性因素分析。

3.2.1 第一层面的因素分析

本研究以主成分分析,配合最大方差法进行直交旋转,在"高中生基于语文课程的优秀传统文化认知"层面依据其下属 2 个二级指标而萃取两个共同因素。

删除一些题项后,最终所得出的旋转后的成分矩阵(a)如表 3 - 25 所示:

表 3 - 25 第一层面因素分析中旋转后的成分矩阵(a)

旋转后的成分矩阵[a]		
	成分	
	1	2
AA03	0.858	0.003
AA02	0.857	0.028
AA05	0.830	0.090
AA08	0.817	0.025
AA04	0.805	0.057
AA09	0.741	− 0.095
AB08	− 0.051	0.722

---

① 吴明隆.问卷统计分析实务:SPSS 操作与应用[M].重庆:重庆大学出版社,2010:268.

续表 3 – 25

旋转后的成分矩阵[a]		
	成分	
	1	2
AB07	0.028	0.640
AB03	− 0.124	0.633
AB01	− 0.023	0.626
AB06	0.132	0.534
AB05	0.082	0.516

提取方法:主成分分析法。

旋转方法:凯撒正态化最大方差法。

a. 旋转在 3 次迭代后已收敛。

由表 3 – 25 可见,这 12 个题项的因素负荷量大部分在 0.6 以上,小部分在 0.5 以上,表示潜在变量基本能反映其因素构成。对应总方差解释如表 3 – 26 所示:

表 3 – 26 第一层面因素分析中总方差解释

	总方差解释								
成分	初始特征值			提取载荷平方和			旋转载荷平方和		
	总计	方差百分比	累积%	总计	方差百分比	累积%	总计	方差百分比	累积%
1	4.072	33.933	33.933	4.072	33.933	33.933	4.066	33.886	33.886
2	2.292	19.097	53.030	2.292	19.097	53.030	2.297	19.144	53.030
3	0.999	8.322	61.352						
4	0.859	7.158	68.510						
5	0.757	6.307	74.817						
6	0.679	5.656	80.473						
7	0.646	5.381	85.854						
8	0.543	4.528	90.382						
9	0.416	3.471	93.852						
10	0.300	2.503	96.355						
11	0.270	2.249	98.604						
12	0.168	1.396	100.000						

提取方法:主成分分析法。

表3-26显示,萃取两个共同因子后,这些题项的联合方差解释值为53.030,高于50%的最低要求。

3.2.2 第二层面的因素分析

按照指标体系,"高中生基于语文课程的优秀传统文化认同"的二级指标数量为3个,由此,本研究将第二层面分为三个子层面来进行因素分析,即第二层面因素分析将采用直交旋转的最大方差法萃取三个因素。第二层面的因素分析得出的旋转后的成分矩阵(a)如表3-27所示:

表3-27 第二层面因素分析中旋转后的成分矩阵(a)

旋转后的成分矩阵[a]			
	成分		
	1	2	3
BA02	0.851	0.105	0.039
BA04	0.838	0.040	0.038
BA01	0.796	0.193	0.029
BA05	0.783	0.174	-0.077
BA06	0.780	0.137	0.107
BA03	0.753	0.197	0.059
BB06	0.125	0.816	0.015
BB03	0.146	0.783	0.051
BB01	0.096	0.729	0.009
BC04	-0.011	-0.098	0.826
BC06	0.114	0.060	0.815
BC02	0.206	-0.136	0.690

提取方法:主成分分析法。

旋转方法:凯撒正态化最大方差法。

a.旋转在4次迭代后已收敛。

表3-27显示,这12个题项的因素负荷量均在0.600以上,表明潜在变量能较好反映其因素构成。

第二层面因素分析统计得出的对应总方差解释如表3-28所示:

表3-28　第二层面因素分析中总方差解释

总方差解释								
成分	初始特征值			提取载荷平方和			旋转载荷平方和		
	总计	方差百分比	累积%	总计	方差百分比	累积%	总计	方差百分比	累积%
1	4.789	39.906	39.906	4.789	39.906	39.906	4.379	36.489	36.489
2	1.639	13.660	53.566	1.639	13.660	53.566	1.959	16.326	52.815
3	1.300	10.836	64.402	1.300	10.836	64.402	1.390	11.587	64.402
4	0.739	6.157	70.558						
5	0.671	5.592	76.150						
6	0.541	4.509	80.659						
7	0.500	4.169	84.828						
8	0.471	3.927	88.756						
9	0.425	3.538	92.294						
10	0.346	2.887	95.181						
11	0.314	2.614	97.795						
12	0.265	2.205	100.000						

提取方法:主成分分析法。

表3-28显示,在第二层面的因素分析中,三个因素旋转后的特征值分别为4.379、1.959、1.390,解释变异量分别为36.489%、52.815%、64.402%,联合解释变异量w为64.402%,大于50%,完全符合要求。

3.2.3　第三层面的因素分析

按照高中语文课程中优秀传统文化教育的实施效果评价指标体系,"高中生基于语文课程的优秀传统文化实践"分为2个二级指标,因此,在第三层面的因素分析中将分为两个子层面进行分析,即萃取2个共同因子。

第三层面因素分析中所得到的旋转后的成分矩阵(a)如表3-29所示:

表 3 - 29　第三层面因素分析中旋转后的成分矩阵(a)

旋转后的成分矩阵ª		
	成分	
	1	2
CA06	0.741	− 0.044
CA04	0.703	0.003
CA02	0.586	0.422
CA03	0.543	0.311
CA08	0.543	0.257
CB03	− 0.228	0.651
CB04	0.098	0.641
CB01	0.260	0.622

提取方法:主成分分析法。

旋转方法:凯撒正态化最大方差法。

a. 旋转在 3 次迭代后已收敛。

表 3 - 29 显示,萃取 2 个共同因子后,旋转后的各题项的因素负荷量都大于 0.500 的最低标准,表明一定程度上潜在变量能反映其因素构成。

同时,第三层面因素分析统计得出的对应总方差解释如表 3 - 30 所示:

表 3 - 30　第三层面因素分析中总方差解释

总方差解释								
成分	初始特征值			提取载荷平方和			旋转载荷平方和		
	总计	方差百分比	累积%	总计	方差百分比	累积%	总计	方差百分比	累积%
1	2.723	34.038	34.038	2.723	34.038	34.038	2.474	30.920	30.920
2	1.244	15.551	49.589	1.244	15.551	49.589	1.494	18.669	49.589
3	1.006	12.580	62.169						
4	0.828	10.354	72.523						
5	0.742	9.276	81.799						
6	0.556	6.953	88.753						

续表 3 - 30

总方差解释								
成分	初始特征值			提取载荷平方和			旋转载荷平方和		
	总计	方差百分比	累积%	总计	方差百分比	累积%	总计	方差百分比	累积%
7	0.507	6.334	95.087						
8	0.393	4.913	100.000						

提取方法:主成分分析法。

从表 3 - 30 可知,萃取 2 个共同因子进行因素分析后,2 个因素旋转后的特征值分别为 2.474、1.494,其联合解释量为 49.589%,四舍五入基本满足 50% 的最低要求。

4. 信度检验

通过因素分析后,问卷删除了部分题项,并确定了正式版调查问卷。确定后的正式问卷题项数量为 32。但问卷要应用于检测中,还需进行最后一步,即对问卷进行信度检验。信度是指测验或量表工具所测得结果的稳定性及一致性,量表的信度越大,测量标准误差越小。[①] 信度的检验通常采用内部一致性信度来测量。

本研究对问卷的可靠性分析结果如表 3 - 31 所示:

表 3 - 31　问卷的可靠性分析结果

可靠性统计		
可靠性统计量	Cronbach's Alpha	项数
高中生基于语文课程的优秀传统文化认知	0.708	12
高中生基于语文课程的优秀传统文化认同	0.862	12
高中生基于语文课程的优秀传统文化实践	0.736	8
问卷整体	0.829	32

表 3 - 31 显示,本研究对问卷整体的可靠性分析的 Cronbach's Alpha 值为 0.829,同时"高中生基于语文课程的优秀传统文化认知""高中生基于语文课程

---

① 吴明隆. 问卷统计分析实务:SPSS 操作与应用[M]. 重庆:重庆大学出版社,2010: 237.

的优秀传统文化认同""高中生基于语文课程的优秀传统文化实践"三个潜在变量的 Cronbach's Alpha 值都大于 0.7。这都说明评价问卷信度较好,即本研究所编制的问卷具有较好的可靠性。

由此,通过以上多个步骤,终于确定了正式的评价问卷。正式评价问卷见附录二的第二部分。

最后,本研究在对问卷的题项进行全面审视后发现,这份确立的正式版高中语文课程中优秀传统文化教育的实施效果评价问卷恰好保留各指标题项,且每一个指标至少有 1 个对应题项,这间接说明本研究在前面所制定的高中语文课程中优秀传统文化教育的实施效果评价指标体系的科学性与合理性。

第四章 高中语文课程中优秀传统文化教育实施的效果、问题及问题归因

为考查高中语文课程中优秀传统文化教育实施的"实然"状况，在适用于高中语文课程中优秀传统文化教育实施的效果评价工具开发后，作者以使用过统编高中语文必修教材的高中生为测评对象，拟通过数据统计分析全国各普通高中生的取样调查结果来推论实施效果，找出现存问题，再以现状问卷调查来佐证结论和助力归因，并结合相关文献，找出问题的根源。

一、高中语文课程中优秀传统文化教育实施的效果

本研究对当前高中语文课程中优秀传统文化教育实施的效果评价分三步走：(1)在全国范围内分层取样，以经过项目分析、因素分析及信度检验的正式版高中语文课程中优秀传统文化教育的实施效果评价问卷为测评工具，以高中生为对象施测；(2)对样本进行数据统计分析；(3)在先前数据统计的基础上，先计算出被试样本在三级指标上的均值，再依据已确定的高中语文课程中优秀传统文化教育的实施效果评价指标体系的各指标权重赋值，计算出样本的各级指标权重得分均值及综合效果值。在测评完成后，本研究通过对统计结果的分析，推论高中语文课程中优秀传统文化教育实施的当前效果。

(一)对调查样本的获取过程

2023年6月初到中旬，研究者以高中语文课程中优秀传统文化教育的实施效果评价问卷(正式版)对高中生进行施测。调查采用分层抽样的方式，依据统编高中语文教材在各普通高中开始使用的时间，将已经完成一轮教材使用的普通高中所在省份或直辖市分为三层：第一层为2019年开始使用统编高中语文教材的省份或直辖市，具体有上海、北京、天津、山东、辽宁、海南六个省市；第二层为2020年开始使用统编高中语文教材的省份或直辖市，具体有浙江、江苏、

河北、湖南、湖北、广东、福建、重庆、山西、安徽、云南、黑龙江、吉林13个省市；第三层为2021年开始使用统编高中语文教材的省份或直辖市，分别有广西、新疆、甘肃、河南、江西、贵州6个省份。在分层抽样后，又以方便抽样与随机抽样相结合的方式，在第一层中抽取了海南省与山东省这两个省的部分高中学生，在第二层中抽取了山西省、浙江省、广东省、福建省四省的部分高中学生，在第三层中抽取了江西省与河南省这两个省的部分高中学生。

本研究对调查问卷的发放采用两种方式：其一，以作者单位所在地为本省，对外省市的学生利用网络平台"问卷星"发放问卷。但当前使用这一方式存在两个问题：(1)学生使用手机答题存在障碍。大多普通高中学校不允许高中生携带手机入校，要求学生在校不用手机、在家少用手机。(2)学生自主回答问卷，在不受教师监督的情况下，容易出现乱写、应付答卷的情况。为尽量解决这两个问题，在使用问卷星的方式调查时，本研究要求学生由教师统一安排在计算机房在教师监管的情况下作答。因本研究涉及多个地区多所学校，且学生须在上计算机课时才能作答，本次调查的时间比较长。其二，对本省市的学生采用现场发放纸质问卷的方式进行。本研究者组织教师在晚自习时间到各班教室现场发放问卷，并现场回收。

（二）对样本数据的统计分析

1. 对样本数据的有效统计

对以线上方式发放的问卷，本研究在数据下载后剔除其中的无效问卷，如选择同一个答案或规律性答题；对现场发放的纸质问卷，研究以是否答完问卷、是否选择同一个答案、是否规律性答题以及人口学问题中"学校所处地域"是否正确为判断答卷有效或无效的标准。以这两种方式发放评价问卷后，本研究共收到问卷1168份，剔除无效问卷后，有效问卷为1015份，问卷的有效率为86.90%。

2. 对有效被试基本情况的描述统计

对有效被试的基本情况进行描述统计后的结果如表4-1所示：

表4-1 调查被试的频率统计

项目	维度	被试人数	占被试比率
性别	男	431	42.5%
	女	584	57.5%
学习方向	历史方向	506	49.9%
	物理方向	509	50.1%
主要生活地	村镇	472	46.5%
	城区	543	53.5%
学校所处区域	第一批使用统编教材的省份或直辖市	317	31.2%
	第二批使用统编教材的省份或直辖市	367	36.2%
	第三批使用统编教材的省份或直辖市	331	32.6%
语文学习成绩	优秀	26	2.5%
	良好	369	36.4%
	一般	503	49.6%
	差	108	10.6%
	极差	9	0.9%

表4-1显示,在有效被试的基本情况中,高中女生的人数比高中男生的人数多153人;历史方向与物理方向的高中生人数相当,基本各占一半;以城区为主要生活地的高中生的人数比以村镇为主要生活地的高中生的人数要多71人;学校所处区域中,三个层次高中学校的被试人数都在300以上,问卷所获得的有效样本数比较适合进行数据统计与分析;被试者的语文成绩在阶段考试中常处于优秀与极差层次的人数非常少,占比各不超过3%,而一般层次(80~100分)的学生人数最多,占总人数的一半左右,其次良好(100~120分)的人数要占三分之一左右,再其次为差(60~80分)的人数约占被试总人数的五分之一。

3.对主体调查内容的数据统计分析

本研究对主体调查内容的数据统计分析分为两个部分:其一,对人口学题项相关数据的统计分析;其二,对核心题项相关数据的统计分析。为便利统计分析的文字书写,本研究在本章中对高中语文课程中优秀传统文化教育的实施效果评价指标体系的各级指标都使用了简化的称呼,如将高中生基于语文课程的优秀传统文化认知、高中生基于语文课程的优秀传统文化认同、高中生基于语文课程的优秀传统文化实践这三个一级指标简称为文化认知、文化认同与文化实践。

3.1 对人口学题项相关数据的统计分析

本研究设置了 5 个人口学题项,分别为性别、学习方向、主要生活地、学校所在区域、语文学习成绩。这些题项所反映的内容作为类别变量在文化认知、文化认同、文化实践这三个变量上是否存在显著差异? 这 5 个类别题项与 3 个变量之间是否具有正向或负向的相关性? 相关程度又如何? 本研究以 SPSS25.0 统计软件进行相关数据的统计分析。

3.1.1 对性别分组相关数据的统计分析

性别分男女组,本研究在性别上的独立样本 t 检验的结果如表 4 - 2 所示:

表 4 - 2　性别分组独立样本 t 检验

独立样本检验		莱文方差等同性检验		平均值等同性 t 检验					差值95%置信区间	
		F	显著性	t	自由度	Sig.(双尾)	平均值差值	标准误差值	下限	上限
文化认知题平均	假定等方差	0.001	0.975	− 1.484	1013	0.138	− 0.06290	0.04238	− 0.14607	0.02026
	不假定等方差			− 1.478	911.234	0.140	− 0.06290	0.04257	− 0.14645	0.02064
文化认同题平均	假定等方差	2.191	0.139	− 0.972	1013	0.331	− 0.03043	0.03132	− 0.09188	0.03102
	不假定等方差			− 0.966	907.218	0.334	− 0.03043	0.03149	− 0.09223	0.03137
文化实践题平均	假定等方差	1.361	0.244	− 2.202	1013	0.028	− 0.10302	0.04679	− 0.19484	− 0.01120
	不假定等方差			− 2.172	877.867	0.030	− 0.10302	0.04743	− 0.19611	− 0.00994

表 4 - 2 显示,男生在文化认知、文化认同、文化实践三个变量的得分均小于女生;性别上,男女分组在文化实践上的显著系数为 $0.030 < 0.05$,说明在文化实践上男女分组存在着显著差异,即男生的得分显著低于女生的得分。

在此基础上,本研究使用一般线性模式的单变量分析法具体考查性别和文化实践之间关联强度的指标。统计结果如表 4 - 3 所示:

表 4 - 3　不同性别在文化实践上的差异摘要

项目		男 (n = 431)		女 (n = 584)		t(df)	p	95% CI		μ^2	$1 - \beta$
		M	SD	M	SD			下限	上限		
文化实践		3.12	0.035	3.22	0.030	− 2.17(877.867)	0.03	− 0.20	− 0.01	0.005	0.595

由表 4-3 可知:(1)女生的题平均值稍高于男生的题平均值,表明女生在文化实践方面有优势;(2)统计检验力$(1-\beta)$是 0.595,不符合大于 0.80 的标准,即其犯第二类型的错误概率较大;(3)从效果值来看,μ^2 为 0.005,依照 Cohen(1988)提出的标准:$\mu^2 \geq 0.138$,高度关联强度;$0.059 \leq \mu^2 \leq 0.138$,中度关联强度;$0.010 \leq \mu^2 \leq 0.059$,低度关联强度。[①] 基于这一标准,性别与文化实践变量之间自由关联度不佳。

3.1.2　对学习方向分组相关数据的统计分析

学习方向分历史方向与物理方向,本研究在学习方向上的独立样本 t 检验的统计结果如表 4-4 所示:

表 4-4　学习方向分组独立样本 t 检验

独立样本检验									
		莱文方差等同性检验		平均值等同性 t 检验						
		F	显著性	t	自由度	Sig.(双尾)	平均值差值	标准误差差值	差值95%置信区间	
									下限	上限
文化认知题平均	假定等方差	1.751	0.186	4.639	1013	0.000	0.19252	0.04150	0.11108	0.27397
	不假定等方差			4.638	1008.737	0.000	0.19252	0.04151	0.11106	0.27398
文化认同题平均	假定等方差	0.351	0.553	4.673	1013	0.000	0.14319	0.03064	0.08306	0.20332
	不假定等方差			4.672	1009.977	0.000	0.14319	0.03065	0.08305	0.20333
文化实践题平均	假定等方差	6.391	0.012	7.025	1013	0.000	0.31806	0.04528	0.22921	0.40691
	不假定等方差			7.023	1005.189	0.000	0.31806	0.04529	0.22919	0.40693

表 4-4 显示,学习方向的分组在文化认知、文化认同、文化实践三个变量上的显著性系数皆为 0.000,这表明学习方向的分组在三个维度上都存在显著差异。

在此基础上,本研究使用一般线性模式的单变量分析具体考查学习方向和文化实践之间关联强度的指标。统计的结果如表 4-5 所示:

---

① 邱皓政. 量化研究与统计分析:SPSS(PASW)数据分析范例解析[M]. 重庆:重庆大学出版社,2013:163.

表 4 - 5　不同学习方向在文化认知、文化认同与文化实践上的差异摘要

项目	历史方向 (n = 506)		物理方向 (n = 509)		t(df)	p	95% CI 下限	95% CI 上限	μ²	1 - β
	M	SD	M	SD			下限	上限		
文化认知	3.39	0.68	3.19	0.50	4.64(1008.737)	0.000	0.11	0.27	0.021	0.996
文化认同	3.66	0.50	3.51	0.48	4.67(1009.977)	0.000	0.08	0.20	0.021	0.997
文化实践	3.34	0.75	3.02	0.69	7.023(1005.189)	0.000	0.22	0.41	0.046	1.000

由表 4 - 5 可知:(1)历史方向的高中学生在三个变量上的得分均高于物理方向的高中学生;(2)统计检验力(1 - β)分别是 0.996、0.997、1.000,都符合大于 0.80 的标准,表明统计检验力佳;(3)从效果值来看,三个变量的 μ² 值分别是 0.021、0.021、0.046,皆处于低效果值的范围(大于 0.010 且小于 0.059)。这表明,高中生的学习方向与高中生的优秀传统文化认知、优秀传统文化认同与优秀传统文化实践之间低度关联。

3.1.3　对主要生活地分组相关数据的统计分析

在本研究中,高中生的主要生活地分为村镇与城区两类,本研究在主要生活地的独立样本 t 检验的统计结果如表 4 - 6 所示:

表 4 - 6　主要生活地分组独立样本 t 检验

独立样本检验		莱文方差等同性检验		平均值等同性 t 检验					差值95%置信区间	
		F	显著性	t	自由度	Sig.(双尾)	平均值差值	标准误差值	下限	上限
文化认知题平均	假定等方差	1.104	0.294	- 1.368	1013	0.171	- 0.05749	0.04201	- 0.13992	0.02495
	不假定等方差			- 1.364	977.937	0.173	- 0.05749	0.04215	- 0.14021	0.02523
文化认同题平均	假定等方差	2.100	0.148	- 2.536	1013	0.011	- 0.07848	0.03095	- 0.13921	- 0.01774
	不假定等方差			- 2.529	982.175	0.012	- 0.07848	0.03103	- 0.13937	- 0.01758
文化实践题平均	假定等方差	3.965	0.047	- 1.315	1013	0.189	- 0.06109	0.04644	- 0.15222	0.03005
	不假定等方差			- 1.321	1007.311	0.187	- 0.06109	0.04623	- 0.15181	0.02963

表4-6显示,以村镇为主要生活地的高中学生在文化认知、文化认同、文化实践三个变量上的得分均值都比以城区为主要生活地的高中学生得分要低;另外,主要生活地在文化认同变量上的显著系数为0.012,小于0.05,表明主要生活地在文化认同变量上存在着显著差异。在此基础上,本研究使用一般线性模式的单变量分析法具体考查主要生活地和文化实践变量之间关联强度的指标。

统计的结果如表4-7所示:

表4-7　不同主要生活地在文化认同上的差异摘要

项目	村镇 (n=472)		城区 (n=543)		t(df)	p	95% CI		μ^2	$1-\beta$
	M	SD	M	SD			下限	上限		
文化认同	3.54	0.50	3.62	0.48	-2.529(982.175)	0.01	-0.14	-0.18	0.006	0.717

由表4-7可知:(1)以城区为主要生活地的高中学生在文化认同上的得分要高于以村镇为主要生活地的高中学生;(2)统计检验力$(1-\beta)$是0.717,不符合大于0.80的标准,也就是说其犯第二类型的错误概率较大;(3)从效果值来看,$\mu^2=0.006$,低于0.010的低效果值的标准,表明主要生活地与文化认同之间的自由关联度不佳。

3.1.4　对学校所在区域分组相关数据的统计分析

学校所在区域分为三组。而当类别变量的内容超过两种水平,统计检验的总体超过两个,需要一种能同时对两个以上的样本平均数差异进行检验的方法,即方差分析(ANOVA)。① 如此,本研究需采用方差分析法来对学校所在区域的相关数据进行统计分析。方差齐性检验发现,三个变量的p值分别为0.575、0.144、0.124,均大于0.05,不显著,表明它们均属于同质,可直接进行方差分析。分析结果如表4-8所示:

---

① 邱皓政.量化研究与统计分析:SPSS(PASW)数据分析范例解析[M].重庆:重庆大学出版社,2013:156.

表 4 - 8　学校所处不同区域在文化认知、文化认同、文化实践上的方差分析摘要

ANOVA								
		平方和	自由度	均方	F	显著性	事后比较	ω^2	$1-\beta$
文化认知变量	组间	7193.006	2	3596.503	62.834	0.000	第二批 > 第一批 第一批 > 第三批	0.109	1.000
	组内	57924.590	1012	57.238					
	总计	65117.596	1014						
文化认同变量	组间	609.646	2	304.823	8.839	0.000	第二批 > 第三批 第三批 > 第一批	0.017	0.972
	组内	34898.318	1012	34.485					
	总计	35507.964	1014						
文化实践变量	组间	3534.272	2	1767.136	56.174	0.000	第二批 > 第一批 第一批 > 第三批	0.097	1.000
	组内	31835.752	1012	31.458					
	总计	35370.024	1014						

表 4 - 8 显示:(1)学校所处不同区域在三个变量上的 F 值分别为 62.834、8.839、56.174,p 值均为 0.000,这表明不同区域在三个变量上都有显著差异。(2)事后比较发现,学校所处区域为第二批的得分显著高于第一批与第三批。(3)效果值分别为 0.109、0.017 及 0.097。依据 Cohen(1988)的主张,ω^2 值大于 0.138,变量间属于高度关联强度;ω^2 介于 0.059 至 0.138 间,变量间属于中度关联强度;ω^2 值低于 0.059 属于低度关联强度。[①] 依据这一标准,学校所处的不同区域与文化认知有中度关联、与文化认同有低度关联、与文化实践有中度关联。(4)统计检验力均大于 0.80 的标准,说明统计检验力佳。

3.1.5　对语文学习成绩分组相关数据的统计分析

本研究对高中生的语文学习成绩依据现实情况分为优秀、良好、一般、差、极差五个组别。对其相关数据的统计分析的方法同上。

方差齐性检验发现,文化认知的 p = 0.000,文化认同的 p = 0.510,文化实践的 p = 0.054,如以 0.05 为显著的标准,则文化认知为不同质,而文化认同与文化实践均同质。

如此,对同质的文化认同与文化实践直接采用方差分析法。方差分析的结

———————————

① 吴明隆. 问卷统计分析实务:SPSS 操作与应用[M]. 重庆:重庆大学出版社,2010:354.

果如表4-9所示：

表4-9　学生不同语文成绩在文化认同、文化实践上的方差分析摘要

ANOVA									
		平方和	自由度	均方	F	显著性	事后比较	ω^2	$1-\beta$
文化认同变量	组间	2625.091	4	656.273	20.157	0.000	1>2>3>4>5	0.074	1.000
	组内	32882.873	1010	32.557					
	总计	35507.964	1014						
文化实践变量	组间	4178.088	4	1044.522	33.822	0.000	1>2>3>4>5	0.118	1.000
	组内	31191.935	1010	30.883					
	总计	35370.023	1014						

由表4-9可知，文化认同变量的$F=20.157$，$p=0.000$；文化实践变量的$F=33.822$，$p=0.000$；表明语文不同成绩在文化认知、文化实践两个变量上存在显著差异。经事后比较发现，优秀等级的学生在文化认同、文化实践上显著高于良好等级，良好等级要显著高于一般等级，一般要高于差，差要高于极差。另外，这两个变量的效果值分别为0.074与0.118，当ω^2介于0.059至0.138间，表明变量间属于中度关联强度。以此判断，高中生的语文成绩与文化认同、文化实践都具有中度关联。此外，两个变量的统计检验力都为1.000，高于0.80的标准，表明统计检验力皆佳。

而对不同质的文化认知另以布朗-福赛斯统计法，再进行平均值相等性稳健检验。结果如表4-10所示：

表4-10　平均值相等性稳健检验

变量	F	自由度1	自由度2	显著性	事后比较	ω^2	$1-\beta$
文化认知	15.325	4	27.360	0.000	1>2>3>4>5	0.105	1.000

表4-10显示：（1）学生的不同语文成绩在文化认知上有显著差异；（2）事后比较发现，优秀等级显著高于其他等级，其余按序先后排列；（3）效果值是0.105，处于中等效度，即高中生的语文学习成绩与高中生基于语文课程的优秀传统文化认知有中度关联；（4）统计检验力大于0.80的标准，表示统计检验力佳。

3.2　对核心题项相关数据的统计分析

评价问卷的核心题项涉及三个变量与变量下的七个维度。这三个变量分别为文化认知、文化认同、文化实践。其中,文化认知分为显性优秀传统文化认知、隐性优秀传统文化认知两个维度,文化认同分为文化符号认同、文化身份认同与价值文化认同三个维度,文化实践分为文化传承与文化创新两个维度。本研究拟通过相关分析了解这三个变量之间的关系以及变量与维度之间的相关程度。

3.2.1 对文化认知、文化认同的相关分析

本研究以积差相关法对文化认知与文化认同这两个变量进行相关分析,通过数据统计,拟求出两者的相关系数,找出两个变量的线性关系强度。

分析的结果如表4-11所示:

表4-11 文化认知、文化认同积差相关分析

相关性		1	2	3	4	5	6	7
1 显性优秀传统文化认知维度	皮尔逊相关性	1	0.677**	0.896**	0.419**	0.086**	0.280**	0.392**
	Sig.(双尾)		0.000	0.000	0.000	0.006	0.000	0.000
	个案数	1015	1015	1015	1015	1015	1015	1015
2 隐性优秀传统文化认知维度	皮尔逊相关性	0.677**	1	0.910**	0.446**	0.081**	0.298**	0.414**
	Sig.(双尾)	0.000		0.000	0.000	0.010	0.000	0.000
	个案数	1015	1015	1015	1015	1015	1015	1015
3 文化认知变量	皮尔逊相关性	0.896**	0.910**	1	0.477**	0.091**	0.323**	0.446**
	Sig.(双尾)	0.000	0.000		0.000	0.004	0.000	0.000
	个案数	1015	1015	1015	1015	1015	1015	1015
4 文化符号认同维度	皮尔逊相关性	0.419**	0.446**	0.477**	1	0.179**	0.319**	0.787**
	Sig.(双尾)	0.000	0.000	0.000		0.000	0.000	0.000
	个案数	1015	1015	1015	1015	1015	1015	1015
5 文化身份认同维度	皮尔逊相关性	0.086**	0.081**	0.091**	0.179**	1	0.440**	0.630**
	Sig.(双尾)	0.006	0.010	0.004	0.000		0.000	0.000
	个案数	1015	1015	1015	1015	1015	1015	1015
6 价值文化认同维度	皮尔逊相关性	0.280**	0.298**	0.323**	0.319**	0.440**	1	0.749**
	Sig.(双尾)	0.000	0.000	0.000	0.000	0.000		0.000
	个案数	1015	1015	1015	1015	1015	1015	1015

续表 4 – 11

相关性							
		1	2	3	4	5	6	7
7 文化认同变量	皮尔逊相关性	0.392**	0.414**	0.446**	0.787**	0.630**	0.749**	1
	Sig.（双尾）	0.000	0.000	0.000	0.000	0.000	0.000	
	个案数	1015	1015	1015	1015	1015	1015	1015

**．在 0.01 级别（双尾），相关性显著。

表 4 – 11 显示，文化认知与文化认同之维度与整体的相关系数（r）介于 0.081 ~ 0.477 之间，都达到显著正相关，这表明文化认知越高，文化认同也越高。依照邱皓政（2013）关于相关系数强度大小与意义的标准：相关系数的绝对值 1.00 为完全相关，0.70 ~ 0.99 为高度相关，0.40 ~ 0.69 为中度相关，0.10 ~ 0.39 为低度相关，0.10 以下是微弱相关或无相关。① 就此标准看，文化认知与文化认同的维度与整体之间的相关程度介于微弱相关至中度相关之间。

3.2.2　对文化认知、文化实践的相关分析

本研究以积差相关对文化认知与文化实践这两个变量进行相关分析，通过数据统计，拟求出两者的相关系数，找出两个变量的线性关系强度。

分析的结果如表 4 – 12 所示：

表 4 – 12　文化认知、文化认同积差相关分析

相关性							
		1	2	3	4	5	6
1 显性文化认知维度	皮尔逊相关性	1	0.677**	0.896**	0.426**	0.414**	0.457**
	Sig.（双尾）		0.000	0.000	0.000	0.000	0.000
	个案数	1015	1015	1015	1015	1015	1015
2 隐性文化认知维度	皮尔逊相关性	0.677**	1	0.910**	0.417**	0.350**	0.427**
	Sig.（双尾）	0.000		0.000	0.000	0.000	0.000
	个案数	1015	1015	1015	1015	1015	1015

---

① 邱皓政.量化研究与统计分析:SPSS(PASW)数据分析范例解析[M].重庆:重庆大学出版社,2013:224.

续表 4 – 12

相关性		1	2	3	4	5	6
3 文化认知变量	皮尔逊相关性	0.896**	0.910**	1	0.466**	0.416**	0.486**
	Sig.（双尾）	0.000	0.000		0.000	0.000	0.000
	个案数	1015	1015	1015	1015	1015	1015
4 文化传承维度	皮尔逊相关性	0.426**	0.417**	0.466**	1	0.694**	0.954**
	Sig.（双尾）	0.000	0.000	0.000		0.000	0.000
	个案数	1015	1015	1015	1015	1015	1015
5 文化创新维度	皮尔逊相关性	0.414**	0.350**	0.416**	0.694**	1	0.864**
	Sig.（双尾）	0.000	0.000	0.000	0.000		0.000
	个案数	1015	1015	1015	1015	1015	1015
6 文化实践变量	皮尔逊相关性	0.457**	0.427**	0.486**	0.954**	0.864**	1
	Sig.（双尾）	0.000	0.000	0.000	0.000	0.000	
	个案数	1015	1015	1015	1015	1015	1015

＊＊．在 0.01 级别（双尾），相关性显著。

表 4 – 12 显示，文化认知与文化实践之维度与整体的相关系数（r）介于 0.350～0.486 之间，都达到显著正相关，表明文化认知与文化实践之间有正向的相关性，即文化认知越高，文化实践越高。同时，按照邱皓政所提的标准，文化认知与文化实践的维度与整体的相关程度介于低度相关至中度相关之间。

3.2.3 对文化认同、文化实践的相关分析

本研究以积差相关对文化认同与文化实践这两个变量进行相关分析，通过数据统计，拟求出两者的相关系数，找出两个变量的线性关系强度。

分析的结果如表 4 – 13 所示：

表 4 – 13 文化认同、文化实践积差相关分析

相关性		1	2	3	4	5	6	7
1 文化符号认同维度	皮尔逊相关性	1	0.179**	0.319**	0.787**	0.506**	0.388**	0.503**
	Sig.（双尾）		0.000	0.000	0.000	0.000	0.000	0.000
	个案数	1015	1015	1015	1015	1015	1015	1015

续表 4 – 13

相关性								
		1	2	3	4	5	6	7
2 文化身份认同维度	皮尔逊相关性	0.179**	1	0.440**	0.630**	0.183**	0.694**	0.157**
	Sig.（双尾）	0.000		0.000	0.000	0.000	0.000	0.000
	个案数	1015	1015	1015	1015	1015	1015	1015
3 价值文化认同维度	皮尔逊相关性	0.319**	0.440**	1	0.749**	0.422**	0.289**	0.414**
	Sig.（双尾）	0.000	0.000		0.000	0.000	0.000	0.000
	个案数	1015	1015	1015	1015	1015	1015	1015
4 文化认同变量	皮尔逊相关性	0.787**	0.630**	0.749**	1	0.543**	0.369**	0.528**
	Sig.（双尾）	0.000	0.000	0.000		0.000	0.000	0.000
	个案数	1015	1015	1015	1015	1015	1015	1015
5 文化传承维度	皮尔逊相关性	0.506**	0.183**	0.422**	0.543**	1	0.051	0.954**
	Sig.（双尾）	0.000	0.000	0.000	0.000		0.106	0.000
	个案数	1015	1015	1015	1015	1015	1015	1015
6 文化创新维度	皮尔逊相关性	0.388**	0.694**	0.289**	0.369**	0.051	1	0.864**
	Sig.（双尾）	0.000	0.000	0.000	0.000	0.106		0.000
	个案数	1015	1015	1015	1015	1015	1015	1015
7 文化实践变量	皮尔逊相关性	0.503**	0.157**	0.414**	0.528**	0.954**	0.864**	1
	Sig.（双尾）	0.000	0.000	0.000	0.000	0.000	0.000	
	个案数	1015	1015	1015	1015	1015	1015	1015

＊＊．在 0.01 级别（双尾），相关性显著。

由表 4 – 13 可知，文化认同与文化实践之维度与整体的相关系数（r）介于 0.157～0.694 之间，都达到显著正相关，表明文化认同与文化实践之间具有正相关的关系，即文化认同越高，文化实践越高。同时依据邱皓政所提的标准，文化认同与文化实践之整体与维度的相关程度处于低度相关到中度相关之间。

3.2.4　文化认同在文化认知对文化实践影响中的中介效应检验

从以上三个相关分析可以推论，文化认知、文化实践与文化认同之间的关系为：文化认知能影响文化实践，文化认知能影响文化认同，文化认同能影响文化实践。基于以上三个变量的关系，似乎文化认同居于文化认知与文化实践之间具有桥梁作用,即文化认同为中介变量。为此,本研究以多元回归分析来检验这一假设,尝试回答两个问题:(1)文化认同在文化认知对文化实践影响中的中介效应是否存在? (2)如果存在,这种中介是完全中介还是部分中介?

本研究对中介效应的验证过程采用 Baron 与 Kenny(1986)所提的中介效果检验三步骤:步骤一,确认自变量(文化认知)预测因变量(文化实践)的回归模型;步骤二,执行自变量(文化认知)预测中介变量(文化认同)的回归模型;步骤三,执行自变量(文化认知)与中介变量(文化认同)对因变量(文化实践)的回归模型。检验结果见表 4-14:

表 4-14 中介效果摘要

	因变量	文化认知	文化认同	文化实践
自变量		β	β	β
文化认知		0.486***	0.446***	0.313***
文化认同				0.388***
模型摘要				
R		0.486	0.446	0.597
R^2		0.236	0.199	0.357
F		313.098***	251.801***	280.654***

***$p < 0.001$。

通过步骤一,研究发现,文化认知与文化实践的回归模型达显著($F = 313.098, p = 0.000$),$R = 0.486, R^2 = 0.236$,而标准化回归系数为 0.486($t = 17.695, p = 0.000$)。通过步骤二,研究发现,文化认知与文化认同回归模型达显著($F = 251.801, p < 0.001$),$R = 0.446, R^2 = 0.199$,而标准化回归系数为 0.446($t = 15.868, p < 0.001$)。通过步骤三,研究发现,具有中介变量的回归模型达显著($F = 280.654, p = 0.000$),$R = 0.597, R^2 = 0.357$。

同时,文化认知总分对文化实践总分的标准回归系数是 0.313,也达显著水平($t = 11.101, p < 0.001$);文化认同对文化实践总分的标准回归系数是 0.388,且达显著($t = 13.778, p < 0.001$)。而进一步经 Sobel test 中介效果考验也发现,$Z = 12.21776263, p = 0.000$,表明中介效果考验达到显著,即中介效果具有统计上的意义。由此得知,文化认同在文化认知与文化实践间具有部分的中介效果。

在以上对核心题项相关数据的统计分析中,研究得出了两个结论:(1)文化认知越高,文化认同越高,文化实践也越高;文化认同越高,文化实践越高;(2)具有部分中介效果的文化认同是文化认知与文化实践的桥梁。这两个结论与本研究在前一章中通过理论思辨所得出的高中语文课程中优秀传统文化教育的实施效果评价指标体系的分析框架基本吻合,表明高中语文课程中优秀传统文化教育的实施效果评价指标体系的确定具有科学性与实践性。

(三)对调查样本的得分统计

本书对调查样本的得分统计分为两个部分:(1)对样本总体在三级指标上的得分均值进行统计;(2)在前一基础上,基于高中语文课程中优秀传统文化教育的实施效果评价指标体系的权重赋值,统计调查样本的综合得分。

1. 调查样本在三级指标上的得分均值统计

通过数据统计,1015 个调查样本在三级指标上的得分均值如表 4 – 15 所示:

表 4 – 15 调查样本在三级指标上的得分均值

	N	均值	标准偏差
经典认知	1015	3.3287	0.80920
常识认知	1015	3.2867	0.96209
技艺认知	1015	3.07	1.065
中华传统美德认知	1015	3.45	1.076
中华人文精神认知	1015	3.1452	0.80891
核心思想理念认知	1015	3.4892	0.89618
谙熟传统文化	1015	2.6742	0.81680
偏好传统文化	1015	3.6929	0.72567
认可传统文化	1015	4.1128	0.83314
尊重他种文化	1015	4.20	1.001
家国情怀价值观认同	1015	3.53	1.004
社会担当价值观认同	1015	4.04	0.994
个人修养价值观认同	1015	3.91	1.033
学习融入	1015	3.2621	0.85329
生活践行	1015	3.3635	0.92726
文化传播	1015	3.10	0.999
优秀传统文化形式创新	1015	2.83	1.167
优秀传统文化内容创新	1015	3.1271	0.85202
有效个案数(成列)	1015		

2.调查样本在指标体系权重赋值下各级指标的权重得分统计

在对被试1015个样本在三级指标上的均值统计的基础上,本研究基于高中语文课程中优秀传统文化教育的实施效果评价指标体系的权重赋值汇总,对调查样本在评价指标体系中的各级指标权重得分进行了统计。

统计的结果如表4-16所示:

表4-16　调查样本在各级指标上的权重得分

一级指标及样本的权重得分	二级指标及样本的权重得分	三级指标及样本的权重得分	
A 高中生基于语文课程的优秀传统文化认知 (0.13)	A1 显性优秀传统文化认知 (0.29)	A11 经典认知	(0.31)
		A12 常识认知	(0.23)
		A13 技艺认知	(0.12)
	A2 隐性优秀传统文化认知 (0.38)	A21 中华传统美德认知	(0.27)
		A22 中华人文精神认知	(0.21)
		A23 核心思想理念认知	(0.19)
B 高中生基于语文课程的优秀传统文化认同 (0.34)	B1 文化符号认同 (0.14)	B11 谙熟传统文化符号	(0.35)
		B12 偏好传统文化符号	(0.26)
	B2 文化身份认同 (0.28)	B21 认可传统文化	(0.55)
		B22 尊重他种文化	(0.26)
	B3 价值文化认同 (0.33)	B31 家国情怀价值观认同	(0.28)
		B32 社会担当价值观认同	(0.27)
		B33 个人修养价值观认同	(0.21)
C 高中生基于语文课程的优秀传统文化实践 (0.22)	C1 优秀传统文化传承 (0.39)	C11 学习融入	(0.30)
		C12 生活践行	(0.25)
		C13 文化传播	(0.10)
	C2 优秀传统文化创新 (0.23)	C21 优秀传统文化形式创新	(0.29)
		C22 优秀传统文化内容创新	(0.30)

(四)对数据统计结果的分析

本研究对所得的数据统计结果进行分析,尝试推论出高中语文课程中优秀传统文化教育的实施效果。

　　首先,从人口学题项相关数据的统计结果来看。女生在三个变量上的单题均值都高于男生,其中在文化实践变量上男生的单题均值显著低于女生;历史方向的高中生在三个变量上的单题均值都显著高于物理方向的高中生;以村镇为主要生活地的高中生在三个变量上的单题均值都低于以城区为主要生活地的高中生,只有在文化认同变量上主要生活地在村镇的高中生显著低于主要生活地在城区的高中生;学校所处区域为第二批(2020 年开始)使用统编高中语文教材的省份或直辖市在三个变量上的单题均值都为最高,在文化认知与文化实践这两个变量上,学校所在区域为第一批(2019 年开始)使用统编高中语文教材的省份或直辖市的单题均值要高于学校所在区域为第三批(2021 年开始)使用统编高中语文教材的省份或直辖市,而在文化认同变量上,学校所在区域为第一批(2019 年开始)使用统编高中语文教材的省份或直辖市的单题均值比学校所在区域为第三批(2021 年开始)使用统编高中语文教材的省份或直辖市要低。

　　其次,从单题平均值来看。依据吴明隆、张毓仁(2011)对五点量表的单题平均数制定的标准:1.8 以下为低等程度,1.81～2.60 为中下程度,2.61～3.40 为中等程度,3.41～4.20 为中上程度,4.21 以上为高等程度。[①] 表 4－15 显示,被试高中生在三级指标上的均值处于中等或中上程度,其中在中等程度的三级指标有:经典认知、常识认知、技艺认知、中华人文精神认知、谙熟传统文化、学习融入、生活践行、文化传播、优秀传统文化形式创新、优秀传统文化内容创新10 个指标,而在中华传统美德认知、核心思想理念认知、偏好传统文化、认可传统文化、尊重他种文化、家国情怀价值观认同、社会担当价值观认同、个人修养价值观认同 8 个三级指标上的题项均值得分处于中上程度。若以理论中值为参照,那么单题平均值低于3(因本研究使用的评价问卷为五点量表,其理论中值为3)的有谙熟传统文化与优秀传统文化形式创新这两个三级指标,前者只有2.6742,后者只有2.83。如此,从总体来看,当前高中语文课程中优秀传统文化教育的实施效果在具体的三级指标上总体一般,个别指标上亟须加强。但具体效果中,高中生基于语文课程的显性优秀传统文化认知总体不及高中生基于语文课程的隐性优秀传统文化认知;文化符号认同总体不及文化身份认同与价值

---

① 吴明隆,张毓仁.SPSS 问卷统计分析快速上手秘笈[M].台北:五南图书出版,2011:148.

文化认同;无论是学习融入、生活践行、文化传播等优秀传统文化传承类的文化实践,还是形式与内容上的优秀传统文化创新类的文化实践,都未能达到中上程度。

最后,从综合统计值来看。由表4－16可知,以评价问卷为测评工具,作为调查样本的1015名被试者的高中语文课程中优秀传统文化教育的实施效果评价综合权重分(均)值为0.69,被试样本在文化认知上的权重分(均)值为0.67,在文化认同上的权重分(均)值为0.75,在文化实践上的权重分(均)值为0.62。而通常情况下,五点量表的评分标准(以1.00为总分)为:0.90～1.00为优秀,0.80～0.89为良好,0.70～0.79为中度,0.6～0.69为合格,0.60以下为不合格。按照这一标准,通过抽样调查所得出的被试样本的综合权重均值属于合格层次。由此推论,从整体上看,当前高中语文课程中优秀传统文化教育的实施效果一般。未来,高中语文课程中优秀传统文化教育实施要达到更高的效果,从当前合格的层级逐渐走向中度、良好甚至优秀层级,还有较长的路要走。

二、高中语文课程中优秀传统文化教育实施的现存问题

以上所得的结果暴露出现存于高中语文课程中优秀传统文化教育实施的问题。基于统计结果,文化自觉理论视域下,高中语文课程中优秀传统文化教育实施的现存问题应有:

(一)语文教师的文化传播能力不足及其文化自觉意识不强

如前所述,在文化自觉理论视域下,高中语文课程中优秀传统文化教育实施更应是一个培育主体文化能力的传承工程。因而,从宏观层面来说,师生是通过语文课程中优秀传统文化教育的实施进行优秀传统文化传承的。高中语文教师,在这一具体的文化传承过程中,在微观层面上承担文化传递者的职责。

对全国高中学生抽样调查的统计分析结果显示,被试样本在高中语文课程中优秀传统文化教育的实施效果评价中获得的综合权重分(均)值为0.69,基于语文课程的优秀传统文化认知的权重分(均)值为0.67,在文化认同上的权重分(均)值为0.75,在文化实践上的权重分(均)值为0.62。这样的分值表明,在这场优秀传统文化的传承过程中,师生文化传递的发生并没有达到高效程度。捷克教育家夸美纽斯在《大教学论》中提出:"假如学生不愿学习,那不是别

人的过错,而是教师的错处。"①曾在我国流行的热句"没有教不好的学生,只有不会教的教师"的说法虽然过于偏激,但的确点出了教师对学生的学习情况担负较大责任的事实。由此,在高中语文课程这一特定场域的优秀传统文化传承中,学生的得分不高,很大程度上要归咎于教师的问题。

夸美纽斯认为,教员的责任是熟练地把教导的种子散布到学生的心灵,并精心灌溉。② 而教师要做到熟练及精心,需要一定的能力与用心。在文化传承过程中,这种能力是优秀传统文化的文化传递能力,这种用心即强大的文化自觉意识。因此,在这一文化传承过程中作为文化传递者,教师在优秀传统文化教育实施过程中所展露的问题应该是优秀传统文化传递能力不足及其文化自觉意识不强。

(二)高中学生在优秀传统文化传承中的文化自觉层次不高

本书作者在第二章中曾结合学者们的现有研究提出,文化自觉是一个由始至终的动态过程。它可分为三个层次:第一个层次是文化认知,是文化自觉产生的基础;第二个层次是文化认同,将文化自觉内化;第三个层次是包含文化传承与文化创新的文化实践,是文化自觉的落实与外在表现。

抽样的调查数据显示,在高中语文课程中优秀传统文化教育的实施效果评价指标体系的 18 个三级指标中,被试样本在经典认知、常识认知、技艺认知、中华人文精神认知、谙熟传统文化、学习融入、生活践行、文化传播、优秀传统文化形式创新、优秀传统文化内容创新 10 个指标上的得分值处于中等程度;且谙熟传统文化与优秀传统文化形式创新这两个三级指标,前者只有 2.6742,后者只有 2.83,都达不到理论中值 3 的水平。从这些三级指标所属的评价维度来看,高中学生在文化实践上(文化传承与文化创新)的表现不佳,均未能达到应有的程度。这表明,高中学生在高中语文课程中优秀传统文化教育实施这一特定的优秀传统文化传承过程中的文化自觉可能处于较低的层次,高中生的文化自觉应该还未能完全觉醒并落实在具体的文化实践中。

---

① 夸美纽斯.大教学论[M].傅任敢,译.2 版.北京:教育科学出版社,2014:90.
② 夸美纽斯.大教学论[M].傅任敢,译.2 版.北京:教育科学出版社,2014:68.

(三)实施优秀传统文化教育的课堂重认知与认同,轻实践

在高中学校的教育实践中,教师对大部分学科进行课堂教学。以此来论,学科课堂是高中学校实施优秀传统文化教育的主要渠道。而从文化自觉的文化传承立场来说,学科课堂也是优秀传统文化传承的重要渠道。如此,在文化自觉理论视域下,本研究所评定的高中语文课程中优秀传统文化教育实施的"实然"状态,也应从实施优秀传统文化教育的学科课堂中寻找到问题所在。

从抽样调查所获得的数据来看,学生在文化认同上的得分(均值)较高,文化认知次之,文化实践最低。而从 1015 个被试样本在三个评价维度中的描述统计来看,在高中生基于语文课程的优秀传统文化实践方面,在总分 5 分的题项中,频次排名前三的分别是:得分 3 的人数有 121 人,占比 11.9%;得分 2.88 的人数有 83 人,占比 8.2%;得分 2.75 的人数有 67 人,占比 6.6%。得分 2 及以下的人数占比 6.1%,得分 3 及以下的人数占比 49.8%。在高中生基于语文课程的优秀传统文化认知方面,频次排名前三的分别是:得分 3 的人数有 69 人,占比 6.8%;得分 3.67 的人数有 62 人,占比 6.1%;得分 3.42 的人数有 56 人,占比 5.5%。得分 2 及以下的人数占比 3.6%,得分 3 及以下的人数占比 35.7%。在高中生基于语文课程的优秀传统文化认同方面,频次排名前三的分别为:得分 3.67 的人数有 91 人,占比 9.0%;得分 3.75 的人数有 77 人,占比 7.6%;得分 3.92 的人数有 61 人,占比 6.0%。得分 2 及以下的人数占比 0.5%,得分 3 及以下的人数占比 13.9%。

对比以上数据可以得知,高中生在文化实践上的低分率要明显高于文化认知与文化认同。这说明了高中生在文化实践上得分不高而在文化认知、文化认同上得分更高的情况有一定的普遍性。这充分揭示了实施优秀传统文化教育的高中语文课堂中可能存在的现实问题,即重文化认知与文化认同,轻文化实践。这种课堂培育的高中学生容易知行脱节。长此以往,这样实施优秀传统文化教育的课堂将直接导致在优秀传统文化传承中实施对象的文化自觉很难落实于外在表现,优秀传统文化教育实施的目标难以完成。

三、高中语文课程中优秀传统文化教育实施的问题归因

为找出问题起因,并对抽样调查得出问题的结论进行佐证或纠偏,本研究

对高中语文课程中优秀传统文化教育实施过程中的参与者进行了现状调查。调查过程分为两步:第一步,以自制访谈提纲分层深入访谈部分高中语文教师与高中学生;第二步,以自编调查问卷对高中师生进行调查。具体的访谈提纲与调查问卷见附录三。

2023 年 6 月下旬,作者以访谈提纲对高中语文课程中优秀传统文化教育实施的现状进行了深入调查。调查以电话与面谈两种方式分层次深度访谈了 6 名高中语文老师,每次访谈的时间在一个小时以上。被访谈者为研究者精心筛选的,按其单位所在区域共分三层,以第一批开始使用统编教材的省份或直辖市为第一层,以第二批开始使用统编教材的省份或直辖市为第二层,以第三批开始使用统编教材的省份或直辖市为第三层,在第一层中择取了海南省的 2 名老师,在第二层中择取了山西省的 2 名老师,在第三层中择取了江西省的 2 名老师。本研究所邀请的被访谈者皆满足以下三个条件:(1)使用统编教材执教高中语文至少一年;(2)专业职称为中小学一级教师或以上;(3)任教高中语文时长 10 年以上。在对教师访谈的间隙,研究者又进入 JX 省 JD 学校(以主要生活地为村镇的学生为主要生源的普通高中学校)与 JS 学校(以主要生活地为城区的学生为主要生源的普通高中学校)分历史方向与物理方向两层面谈了 12 名使用统编高中语文教材进行语文学习的高二学生,学生又具体分男女。研究者利用晚自习时间与学生两两分组面谈,每组面谈时间为 30~40 分钟。

2023 年 7 月,为扩大现状调查的范围及弥补访谈调查的不足,本研究以自编的调查问卷面向全国各地的高中语文教师及高中学生进行高中语文课程中优秀传统文化教育的实施现状的线上问卷调查。对学生的调查采用的是结构式问卷,在问卷中增设了涉及学生的优秀传统文化学习的积极性、喜好以及学校优秀传统文化教育氛围的具体表现等题项。因暑假期间学生放假在家,问卷全部通过联系班主任或科任教师在班级微信群采用线上的方式发放,学生自愿以手机答题。问卷以"高中语文课程中优秀传统文化教育的实施现状"为主题,实际设置了"统编教材使用下"的研究背景,被调查者为使用过统编教材至少一年的学生。在全国各普通高中以分层抽样与方便抽样相结合的方式进行问卷调查。

对学生的问卷调查共发放问卷 450 份,有效问卷数为 422 份,有效率为 93.78%。被调查者的基本情况如表 4－17 所示:

表4-17　学生调查问卷中被调查者的基本情况汇总

选项		人数	占比
性别	男	235	55.69%
	女	187	44.31%
学习方向	物理方向	248	58.77%
	历史方向	174	41.23%
学校所处的地域	东部	118	27.96%
	西部	126	29.86%
	中部	178	42.18%
所在年级	高一	133	31.52%
	高二	289	68.48%

表4-17显示,自愿参加问卷调查的男生比女生略多,参与调查的学生物理方向的比历史方向的多些,学生就读的学校所处的地域在中部的比其他地域的要多些,高二的学生要比高一的学生多些。这些数据说明,本次对学生的问卷调查涉及比较广,兼顾了性别、学习方向、所在年级与所处地域,具有一定代表性。

本研究基于文献研究、研究团队的实践智慧自编了一份教师调查问卷。在编制考查优秀传统文化素养的题项时,本研究除参考先前所编制的《高中语文课程中优秀传统文化教育的实施效果评价问卷》外,还积极借鉴了《幼儿园教师传统文化素养的现状调查研究》的部分题项①和《小学语文教师中华传统文化素养的现状调查研究》的部分题项②。调查问卷在问卷星平台制作完成后,研究者直接通过多个微信群对全国高中语文教师进行问卷的发放,邀请各地高中语文教师自愿答题。对教师的问卷调查共收到100份答卷。

被调查者的基本情况如表4-18所示:

---

① 林妍萍.幼儿园教师传统文化素养的现状调查研究[D].广州:广州大学,2022:60 - 63.

② 马敏.小学语文教师中华传统文化素养的现状调查研究[D].广州:广州大学,2017: 41 - 44.

表4-18 教师调查问卷中被调查者的基本情况汇总

选项		人数	占比
学科专业背景	汉语言文学专业	78	78%
	中国古代文学专业	4	4%
	现当代文学专业	10	10%
	语文课程与教学	2	2%
	语文教育	3	3%
	其他	3	3%
最高学历	专科	2	2%
	本科	64	64%
	硕士	33	33%
	博士	1	1%
	其他	0	0
专业职称	中小学二级教师	16	16%
	中小学一级教师	34	34%
	中小学副高级教师	45	45%
	中小学正高级教师	2	2%
	其他	3	3%
执教高中语文的时长	5年以下	15	15%
	6~10年	9	9%
	11~15年	22	22%
	16~20年	20	20%
	20年以上	34	34%
使用统编教材教学的起始年	2019年	10	10%
	2020年	20	20%
	2021年	23	23%
	2022年	37	37%
	从未使用过	10	10%
使用统编教材教学的时长	1年	40	40%
	2年	27	27%
	3年	22	22%
	4年	1	1%
	从未使用过	10	10%

续表4－18

选项		人数	占比
单位所处的区域	东部地区	12	12%
	中部地区	72	72%
	西部地区	16	16%

由表4－18可见,参与调查的教师们的专业学科背景以汉语言专业为主,现当代文学专业为其次;最高学历以本科最多,其次是硕士,博士与专科极少;专业职称以中小学二级、一级、副高级居多,正高级及其他较少;执教高中语文11年以上(含11年)的人数占比76%;至今使用过统编教材的人数占比90%,参与调查的教师大多有1~3年的使用统编教材的教学经历;参与调查者的任职单位所在的地域在北京、上海、新疆、山西、安徽、湖北、甘肃、内蒙古、江西、广东、浙江、山东、宁夏、广西、河北等,分别居于我国的东部、中部与西部,有一定的代表性,其中以中部地区参与调查者的人数最多。

按照文化自觉理论,以文化主体在社会中的角色为分类标准,文化主体分为政府类文化主体、精英类文化主体及大众类文化主体三类。一场声势浩大且富有成效的文化行为,需要政府类文化主体、精英类文化主体与大众类文化主体的共同参与和通力协作。以文化自觉理论来审视我国的优秀传统文化教育,可以发现,优秀传统文化教育滥觞于20世纪80年代初的"寻根文化",发轫在20世纪90年代初期,在21世纪10年代后随着《完善中华优秀传统文化教育指导纲要》的出台开始蓬勃发展。从实质来看,兴起于20世纪末的优秀传统文化教育是一个以内因性文化自觉为主体的文化行为,最初由精英类文化主体发起与小范围宣传,之后靠政府类文化主体下发大量政策文件促进。据统计,21世纪以来相关的优秀传统文化教育政策文件已下发了40余个。当下正是推动大众类文化主体树立文化自觉意识,从而积极主动进行优秀传统文化的传承与创新的时期。基于调查研究所得出的高中语文课程中优秀传统文化教育实施的"实然"状况,结合对广大师生的问卷调查结论,本研究认为,从语文教师、高中学生与学校(教职员工与学生的结合体)这三个在优秀传统文化传承过程中作为大众文化主体的角度来看,高中语文课程中优秀传统文化教育实施的问题要归因于以下三个方面:

（一）语文教师的优秀传统文化素养不高及教师在课堂中教学失当

基于问卷调查结论,结合相关文献与个人实践经验,研究发现,在实施优秀传统文化教育过程中的确存在语文教师的文化传递能力不足及文化自觉意识不强的问题,问题产生的内在原因是高中语文教师的优秀传统文化素养不高,其外在表现为在实施优秀传统文化教育过程中的高中语文课堂教学失当。

1.语文教师的优秀传统文化素养不高的表现及归因

1.1　语文教师的优秀传统文化素养不高的表现

无论是通过调查问卷对教师的考查,还是对高中师生的深度访谈,研究发现,高中语文教师在实施优秀传统文化教育的过程中存在"素质跟不上""积淀不够"的问题。问题归总就是高中语文教师的优秀传统文化素养整体不高。依据文化自觉理论,本研究将高中语文教师的优秀传统文化素养分为三个维度:优秀传统文化认知、优秀传统文化认同及优秀传统文化实践。高中语文教师的优秀传统文化素养整体不高的突出表现有:

（1）不少高中语文教师的优秀传统文化认知不足

问卷以中国古典四大名著《红楼梦》《水浒传》《三国演义》《西游记》作为代表来调查教师的经典阅读情况,从而掌握教师的优秀传统文化认知情况。调查的结果如表4－19所示:

表4－19　高中语文教师对以四大名著为代表的经典的认知情况

选项	小计	比例
都没读完,大概知道故事情节	14	14%
只读完1部	0	0%
读完2～3部	12	12%
全部读完,但泛泛阅读	32	32%
全部读完,只精读1～2部	38	38%
全部深读,内容非常熟悉	4	4%
本题有效填写人次	100	

表4－19显示,在以中国古典四大名著为代表的经典篇目阅读上,14%的

高中语文教师都没读完四大名著,只大概知道故事情节;74%的高中语文教师读完了四部经典,但32%的教师处于泛泛阅读中,38%的教师精读其中1~2部,只有4%的高中语文教师全部深读,对内容非常熟悉。这表明,教师们对以四大名著等为代表的经典认知的熟练程度处于一般偏上程度。

本研究又以传统节日文化、当地民俗文化为典例来调查教师的常识认知情况。调查结果如表4-20所示:

表4-20　高中语文教师对以节日文化、民俗文化为代表的常识的认知情况

题目\选项	完全不符合	多数不符合	有一半符合	大部分符合	完全符合	平均分
对于中国的传统节日与二十四节气,您可以说出它们的由来	2(2%)	16(16%)	32(32%)	36(36%)	14(14%)	3.44
您对您所在地的民俗文化有系统的了解	0(0%)	20(20%)	28(28%)	44(44%)	8(8%)	3.4

由表4-20可知,高中语文教师对节日文化与二十四节气的认知情况大半了解及完全了解占50%,而对当地民俗文化的系统认知占52%。从平均分也可以看出,教师们对这一题项的得分在理论中值略高一点,达不到良好程度。这表明,高中语文教师对以节日文化、民俗文化为代表的常识认知程度一般偏上。

按照2021年教育部发布的《中华优秀传统文化进中小学课程教材指南》,语文课程中对培养学生的传统文化技艺之书法有贯彻始终的要求,如小学低年级要"初步认识汉字与中华文化的联系",小学中年级要"熟悉笔、墨、纸、砚等常用传统书写用具"及"指导学生用毛笔临摹楷书字帖,引导学生接触楷书经典碑帖",小学高年级要"通过临摹和欣赏书法作品感受汉字的独特之美,增进对汉字的美感体验",初中要"关注最具代表性的书法家和作品,学习多角度欣赏书法作品,感受书法之美,体悟汉字魅力",高中要"通过欣赏、临摹名家书法作品等活动,帮助学生认识中国书法的丰富内涵和文化价值,形成书法鉴赏和书法作品创作的初步经验"。因此,高中语文教师需要掌握一定的书法艺术鉴赏水平以及具有一定的书法写作能力。

在对教师的书法艺术的鉴赏水平及书法写作能力调查中,高中语文教师在两个题项的得分结果如表4-21所示:

表4-21　高中语文教师的技艺认知情况

题目\选项	完全不符合	多数不符合	有一半符合	大部分符合	完全符合	平均分
您有较高的书法艺术鉴赏水平	14(14%)	26(26%)	32(32%)	24(24%)	4(4%)	2.78
您能写一手有一定书法基础的漂亮板书	8(8%)	12(12%)	30(30%)	42(42%)	8(8%)	3.3

表4-21表明,高中语文教师在书写能力上表现一般,只有50%的教师能写一手有书法基础的漂亮板书;在书法艺术鉴赏水平上显著不足,只有28%的教师在书法艺术上具有高水平的鉴赏力。

对高中语文教师对中华传统美德、中华人文精神、核心思想理念的隐性优秀传统文化的认知情况进行调查,调查结果如表4-22所示:

表4-22　高中语文教师对中华传统美德、中华人文精神、核心思想理念的认知情况

题目\选项	完全不符合	多数不符合	有一半符合	大部分符合	完全符合	平均分
您能基本概括中华传统美德、中华人文精神、核心思想理念的内涵	4(4%)	10(10%)	30(30%)	48(48%)	8(8%)	3.46

表4-22显示,一半以上的高中语文教师能基本概括出中华传统美德、中华人文精神与核心思想理念的内涵,但均值未到4,表明他们对中华传统美德、中华人文精神以及核心思想理念的认知程度为中等偏上。

从总体来看,被调查者表现出来的对优秀传统文化的认知达不到应有的高程度,整体属于优秀传统文化认知不足的层次。

(2)多数高中语文教师对优秀传统文化的情感浮在表层

教师对优秀传统文化的情感常常浮在表层,是指教师的确认同自己的文化身份,也明白优秀传统文化的价值,并喜欢优秀传统文化,但这种对优秀传统文化的爱未深入骨髓,没抵达灵魂,不能形成对优秀传统文化的毫无二心的、完全的、坚定的维护感。本研究对语文教师的优秀传统文化认同的调查结果如表4-23所示:

表4-23 高中语文教师的优秀传统文化认同情况

题目\选项	完全 不符合	多数 不符合	有一半 符合	大部分 符合	完全 符合	平均分
您能不看注释读懂一篇古文	0(0%)	4(4%)	20(20%)	62(62%)	14(14%)	3.86
您对中华优秀传统文化 很感兴趣	0(0%)	2(2%)	16(16%)	54(54%)	28(28%)	4.08
您认为传统文化源远流长、博 大精深,需要继承与发扬	0(0%)	2(2%)	6(6%)	24(24%)	68(68%)	4.58
您非常愿意通过自我经典诵读 提高自身的传统文化素养	0(0%)	2(2%)	8(8%)	30(30%)	60(60%)	4.48

从表4-23可知,高中语文教师在文化符号上的得分接近良好,在文化兴趣、文化感情及文化发展上的平均分在良好以上。这表明他们对优秀传统文化的认同处于较高程度。但这种文化认同并没有在其教育实践中外显。在优秀传统文化教育的实施过程中出现了"教师没有认真实施""工作不到位""为考试拿分而教学"等现象,间接表明了教师们的情感浮在表面。

(3)大多语文教师对优秀传统文化的践行不够、文化实践能力不强

本研究对高中语文教师在优秀传统文化实践情况方面的调查结果如表4-24所示:

表4-24 高中语文教师的优秀传统文化实践情况

题目\选项	完全 不符合	多数 不符合	有一半 符合	大部分 符合	完全 符合	平均分
在日常生活中,您会时刻注意 自己的言行举止,为高中生塑 造良好的个人形象	0(0%)	4(4%)	8(8%)	32(32%)	56(56%)	4.4
您能熟练借助现代技术制作精 美的优秀传统文化内容的课件 或音视频	0(0%)	18(18%)	30(30%)	22(22%)	30(30%)	3.64
在备课的过程中,您会经常注 重挖掘和利用当地特有的传统 文化资源	0(0%)	8(8%)	28(28%)	36(36%)	28(28%)	3.84

续表 4 - 24

题目\选项	完全 不符合	多数 不符合	有一半 符合	大部分 符合	完全 符合	平均分
在教学活动中,您会经常加入传统文化元素	0(0%)	8(8%)	24(24%)	38(38%)	30(30%)	3.9
您在语文课堂活动中能指导学生在学习优秀传统文化过程中融入时代特色的内容	2(2%)	8(8%)	22(22%)	38(38%)	30(30%)	3.86

表 4 - 24 显示,高中语文教师在生活践行、文化创新上的单题得分均值分别为 4.4 与 3.64,依据吴明隆、张毓仁(2011)对五点量表的单题平均数的程度标准,高中语文教师在优秀传统文化实践上的表现处于中上程度。数据表明,生活践行上有 88% 的教师能做到身正为范;文化创新上有 52% 的教师具有现代技术与优秀传统文化融合的创新能力;分别有 64%、68% 的高中语文教师会在备课中经常挖掘和利用传统文化课程资源及课堂中经常进行优秀传统文化教育,这表明有六成以上的高中语文教师具有把优秀传统文化践行于教学中的行为能力;有 68% 的高中语文教师具有中上程度的在课堂活动中指导学生进行内容上的文化创新能力。总体来看,高中语文教师对优秀传统文化的践行不够,同时在优秀传统文化教育的实施过程中所展现的优秀传统文化实践能力也明显不足。

"身正为范"是教师的职责所在。"要给学生一杯水,教师要有一桶水"强调了教师素养的重要性。如此,语文教师的优秀传统文化素养不高就直接解释了其文化传递能力的不足以及文化自觉意识薄弱的内在根源。同时,对语文教师优秀传统文化素养的问卷调查结果充分证实了由抽样测评的推论(在教师方面存在问题)是正确的。

1.2　语文教师的优秀传统文化素养不高的问题归因

综合调查研究及相关文献,研究发现教师的优秀传统文化素养不高应归因于教师个体、培养未来高中语文教师的高等院校以及负责在职教师岗前与职后优秀传统文化教育相关培训的相关职能部门这三个责任主体。

(1)教师个体的先天培育不足及后天完善不够

从个人角度来看,教师的优秀传统文化素养不够高是由教师个体的先天培育不足及后天完善不够造成的。这里说的"先天"不是"天生"之意,而是与"后天"相对的一个词语。《论语》中有言"天将以夫子为木铎"。木铎象征了教师的育人使命,而这使命是上天所赋予的。本研究借用"天"喻"师",暗指在优秀传统文化教育背景下,教师作为优秀传统文化传递者要有上天赋予的神圣使命感之意识。由此,"先天培育"在本研究中指的是高中语文教师在成为教师之前(更确切地说,是进入大学准备成为教师之前)的个人在优秀传统文化素养方面的成长。"后天完善"是指高中语文教师入职后自觉地对个人的优秀传统文化素养带有完善性质的提升。

目前在职的高中语文教师,从年龄层次来说,处于"60后"至"90后"间。他们入大学前的求学时间段应该在20世纪的80年代到21世纪10年代。这段时间,从中国的教育发展史来看,语文教师们在自己的中、小、幼阶段大都只能接受到零星的不成体系的优秀传统文化教育,而个人所拥有的家庭教育同样大都很难提供这方面的教育内容。如此,既缺乏书法训练的童子功,又没有自小朗朗上口的对句启蒙训练,更无大儒解读文化典籍的加成教育,他们的优秀传统文化素养因先天培育明显不足而未能打好扎实的根基。

现状调查发现,就职后的高中语文教师对自身先天薄弱的优秀传统文化素养底子的完善不够,这不够直接表现在对优秀传统文化的学习不够。本研究对高中语文教师阅读中国传统文化典籍或古代文学经典的频次做了一个调查。调查的结果如表4-25所示:

表4-25 高中语文教师阅读经典频次的调查结果

选项	小计	比例
从来不读	6	6%
一周1~2次	70	70%
一周3次以上	12	12%
每天都读15分钟以内	8	8%
每天都读一个小时	4	4%

表4-25显示了被试教师在个人经典阅读的频次。在参与调查的全国语文教师中,有6%的教师从来不读,以一周读1~2次的占比最多,这样的阅读经典频次对高中语文教师来说,的确有点低。从不阅读与低频阅读的高中语文教师约占总调查人数的八成。而坚持每天阅读的高中语文教师的阅读时间也不算长,每天读15分钟以内的占比8%,每天阅读1个小时的占比只有4%。从这

些数据可看出:高中语文教师的经典阅读情况堪忧,他们对不足的先天素养并未在后天尽全力去完善。

虽然大部分语文教师都有增加自己阅读优秀传统文化经典著作频次的主观意愿,也认识到自己目前的阅读频次不够,但是完善个人素养所进行的自主阅读(学习)方式具有个体差异性及不确定性的特征。① 因此,对语文教师优秀传统文化素养的完善更应该依托高校的职前教育课程设置及各级教育部门所开展的相关培训。

(2)高校针对志在高中语文教育的大学生的优秀传统文化素养培育不足

一般来说,语文教师的优秀传统文化素养的培育有家庭、学校与社会三种渠道。从小到大,无论在家庭、学校以及社会中,语文教师的优秀传统文化素养一直在有意或无意的培育中向上增长。但对语文教师而言,他们将用于高中语文课程中优秀传统文化教育实施过程中的优秀传统文化素养主要还是在大学时期的相关课程的学习与岗前的相关培训中得以完善且基本成形。而现有研究表明,中小学语文教师大多没有经受过系统的古代汉语和优秀传统文化教育,工作中较少接触这方面的系统培训,专业功底不扎实情况普遍存在。② 这表明,除了个体的"先天"培育不足外,还有高校对志在高中语文教育的大学生的优秀传统文化素养的培育不够的因素。

本研究以文献研究法与问卷调查法对高中语文教师在大学期间对优秀传统文化素养的学习做了深入的探究。本研究对语文教师就读高校为其开设的优秀传统文化内容的课程数量进行问卷调查。调查的结果如表4-26所示:

表4-26　高中语文教师大学就读的高校为其开设优秀传统文化内容的课程数量

选项	小计	比例	
从来没有	8		8%
三门以下	42		42%
三至五门	34		34%
五门以上	16		16%

---

① 谢芳利.中学语文教师优秀传统文化培训的调查研究:以北京市四所中学为例[D].北京:中央民族大学,2015:25.

② 李晓蕾.中华优秀传统文化教育现状的调查分析:基于全国31个省(自治区、直辖市)的调查数据[J].湖南师范大学教育科学学报,2020,19(5):21.

从表 4-26 可见,高校对未来教师的优秀传统文化内容的课程开设数量不多。但这一调查结果只能作为参考,毕竟被调查的教师们从在职数年至几十年,他们对大学期间开设的课程可能因时间远隔而产生记忆的紊乱。

为获得更为客观、明确的证据支持,本研究从高中语文教师的学科专业背景入手,以在职语文教师最主要的学科背景专业为例,审视高校对优秀传统文化内容的课程开设情况。本研究对在职语文教师的学科专业背景的调查结果如表 4-27 所示:

表 4-27 高中语文教师的学科专业背景情况

选项	小计	比例	
汉语言文学专业	78		78%
中国古代文学专业	4		4%
现当代文学专业	10		10%
语文课程与教学	2		2%
语文教育	2		2%
其他	4		4%

从表 4-27 可知,在职高中语文教师的学科专业背景有汉语言文学专业、中国古代文学专业、现当代文学专业、语文课程与教学、语文教育及其他,其中以汉语言文学专业为主,占比 78%。因学历与专业人数有些不对等,研究者以为这里存在这种情况:当本科与硕士专业完全不一时,本科以上学历的高中语文教师在选择学科专业背景之时,会选择以汉语言文学作为自己的专业。

当前,各高校设置汉语言文学专业主要研究汉语和中国文学等方面的基本理论和知识,包括其相关理论、发展历史和研究现状等,涉及诗词歌赋、现当代文学、民间文学等多个领域。汉语言文学专业的大学生就业一般有三个方向:(1)新闻出版类企事业单位的文学评论、文章编辑、新闻传播;(2)政府、事业单位的文化宣传;(3)中小学校、教育机构的语文教学。为使人才培育更具针对性,现在高校一般将汉语言文学专业分为两个方向:师范类与非师范类。前者为中小学或教育机构的语文教学培养人才,后者面向其他。但实际上,有很多非师范类汉语言文学专业的大学生就业时也会选择去做语文教师。因而,现任或未来的高中语文教师有相当一部分人的学科专业背景为汉语言文学专业(非师范类)。属于同一专业却不同方向的师范类汉语言文学专业与非师范类汉语言文学专业因培育目标不一,在课程设置上有异同。

以颇具代表性的部属高校湖南师范大学汉语言文学专业课程设置为例。表 4-28 与表 4-29 为本研究者在网上所收集的湖南师范大学汉语言文学专业师范类与非师范类的专业课程安排。

表 4-28 湖南师范大学汉语言文学专业(师范类)专业课程设置①

课程结构	课程类型	具体课程名称
通识教育课程	必修课程	思想道德与法治、中国近现代史纲要、马克思主义基本原理、毛泽东思想和中国特色社会主义理论体系概论、大学外语、大学计算机应用、大学体育、健康教育、形势与政策、军事理论与训练
	选修课程	人文社会科学课程、自然科学课程、公共艺术课程、创新创业课程
学科专业课程	专业基础课程	现代汉语、古代汉语、文学概论、语言学概论
	专业核心课程	先秦两汉魏晋南北朝文学、唐宋文学、元明清文学、中国现代文学、中国当代文学、外国文学
	专业实践课程	文学写作、实用写作、普通话、书法等
	专业选修课程	美学与文论、语言学及应用语言学、古代汉语与传统文献、现代汉语与方言、古代文学与传统文化、现当代文学与中国文化、比较文学与世界文学、写作理论与实践
教师教育课程	教育基础课程	心理学、学校教育学等
	学科教育课程	中学语文课程标准与教材研究、中学语文教学设计
	师范技能课程	教师语言与演讲、现代教育技术应用
	教育实践课程	教育见习、教育实习、教育研习
	教师教育校选课程	教育哲学、教育科研方法、教育政策与法规等
	教师教育院选课程	语文教师专业发展研究、中学语文名篇选讲、高考语文研究专题、中国文学与中学语文教学、语言学与中学语文教学

从表 4-28 可见,湖南师范大学汉语言文学专业(师范类)从通识教育、学科专业教育及教师教育三个方面来培育大学生的语文教师素养。与教师语文素养相关的学科专业课程分为专业基础课程、专业核心课程、专业实践课程、专

① 汉语言文学(师范)本科专业人才培养方案(2021 版)[EB/OL].(2022-09-23)[2025-03-26]. http://sdwxy. hunnu. edu. cn/info/1058/4899. htm.

业选修课程四种类型。其中,与高中语文教师的优秀传统文化素养有关的课程具体有:通识教育课程之中国近现代史纲要;学科专业课程中的古代汉语(专业基础课程),先秦两汉魏晋南北朝文学、唐宋文学、元明清文学(专业核心课程),书法(专业实践课程),古代汉语与传统文献、古代文学与传统文化(专业选修课程);教师教育课程之中国文学与中学语文教学、语言学与中学语文教学。

表4-29 湖南师范大学汉语言文学专业(非师范类)专业课程设置①

课程结构	课程类型	具体课程名称
通识教育课程	必修课程	思想道德与法治、中国近现代史纲要、马克思主义基本原理、毛泽东思想和中国特色社会主义理论体系概论、大学外语、大学计算机应用、大学体育、健康教育、形势与政策、军事理论与训练
	选修课程	人文社会科学课程、自然科学课程、公共艺术课程、创新创业课程
专业课程	学科基础课程	中国语言文学研究方法导论、文学写作、实用写作、文学概论、文献学、语言学概论、美学、比较文学原理
	专业核心课程(必修)	现代汉语、古代汉语、先秦两汉魏晋南北朝文学、唐宋文学、元明清文学、中国现代文学、中国当代文学、外国文学、湖湘文化概论、西方文论、中国哲学史、西方哲学史、中国文学批评史、中国通史
	专业实践课程	大学生就业指导与创新创业、科研实习与文化考察、毕业论文
	中西文论与写作	中国古代文论名著选读、马克思主义文艺思想研究、叙事美学等
	中国语言与文学(选修)	演讲与口才、逻辑学、语言学历史、训诂学、文字学、音韵学等
	古代文学与文化	《庄子》导读、唐宋诗词文化解读、《红楼梦》研究、杜诗导读、明清小说研究、桐城派散文研究等
	经典导读与研究	外国语言学经典导读、外国文学经典导读、中国哲学经典研究、中国历史经典研究等
	湖湘语言与文学	湖湘语言学家研究、湖湘文学研究名家研究、湖湘古代文学研究、湖湘现当代文学研究、女书语言文化研究

---

① 世承书院国家文科基础学科人才培养和科学研究基地(汉语言文学)本科专业拔尖人才培养方案(2021版).[EB/OL].(2022-09-23)[2025-03-26]. http://sdwxy.hunnu. edu.cn/info/1058/4900.htm.

表4-29显示,非师范类汉语言文学专业只从通识教育与学科专业教育两个方面来培育大学生。其中,与高中语文教师的优秀传统文化素养有关的课程具体有:通识教育课程之中国近现代史纲要;专业必修课程中的文献学(学科基础课程),古代汉语、先秦两汉魏晋南北朝文学、唐宋文学、元明清文学、湖湘文化概论、中国哲学史、中国文学批评史、中国通史(专业核心课程);专业选修课程之中国古代文论名著选读(中西文论与写作),语言学历史、训诂学、文字学、音韵学等(中国语言与文学),《庄子》导读、唐宋诗词文化解读、《红楼梦》研究、杜诗导读、明清小说研究、桐城派散文研究(古代文学与文化),中国哲学经典研究、中国历史经典研究(经典导读与研究),湖湘古代文学研究、女书语言文化研究(湖湘语言与文学)。

对比表4-28和表4-29可以发现,师范类与非师范类的汉语言文学专业在课程设置上,通识教育课程完全相同,专业基础相同的课程有文学概论与语言学概论,核心课程相同的课程有:中国古代文学(先秦两汉魏晋南北朝文学、唐宋文学、元明清文学)、中国现代文学、中国当代文学、外国文学。两者的不同在于:师范类汉语言文学专业相较而言偏重教育,增加教师教育专业课程,并将之列入与通识教育、学科专业教育并重的地位,且在第二级的学科专业课程中增加了专业实践课程之书法与普通话。后者对应语文教师的普通话考核要求,即二甲或以上普通话水平;前者则回应了《中华优秀传统文化进中小学课程教材指南》对语文学科在传统文化技艺书法方面的系统性具体要求。对语文教师而言,书法是他们在语文课程中实施优秀传统文化教育必要掌握的一门传统文化技艺。而非师范类的汉语言文学专业则对学科专业的深度、广度有更多的要求,其对文学、文艺、哲学等多个方面的学习有理论深度,有助于培育大学生的理性思维能力与文化批判、文化反思能力。

2014年,教育部印发的《完善中华优秀传统文化教育指导纲要》提出,要"打造一支中华优秀传统文化教育骨干队伍。在中小学教师资格考试内容中增加中华优秀传统文化的比重"。这意味着高校要加强对有志于成为中小学教师的大学生的优秀传统文化教育。且从2017年至今,语文统编教材正逐渐完成对中小学语文多版本教材的统一。统编教材与原来人教版等教材的不同之一在于教材中选入优秀传统文化内容的选文数增加了许多。据教材总编温儒敏教授介绍,小学一年级就选入古诗文,整个小学12册语文教材共选有124篇古诗文,比原人教版增加 55 篇,增幅近 80%。初中古诗文选篇占所有选篇的 51.7%,比原来人教版有提高。① 高中语文统编教材中选入古诗文的篇数占总选文数的 51.08%,比原来人教版的 40% 上升很多。在加强大学生优秀传统文化教育背景下,小学到高中各学段语文统编教材如此大量选入优秀传统文化内容对高校师范生的培育提出了新的要求,即在校师范生要加强对中华优秀传统文化的学习。② 对未来将从事语文教学的汉语言文学专业的大学生而言,培育其语文教师素养的重要目标之一就是具备良好的优秀传统文化素养。如果从这一角度来看,我们可以发现,湖南师范大学汉语言文学专业两个方向在专业课程设置上对优秀传统文化素养的培育各有优劣。前者的确更适合培育语文教师,但对高中语文教师的培育还是不够,对优秀传统文化认知的丰富性及深度有欠缺;后者对大学生的优秀传统文化素养培育较前者要充分深入很多,但缺乏文化实践的培育,而这直接关联语文课程中对学生的文化技艺的掌握与欣赏能力的培养。

简言之,以湖南师范大学的汉语言文学专业的课程设置为例,从对未来语文教师的培育来看,高校在开设培育高中语文教师的优秀传统文化素养方面的课程的确不够全面。

(3)相关职能部门对语文教师的岗前与职后培训不够

教师的优秀传统文化素养不高还与相关职能部门对高中语文教师的岗前与职后培训不足紧密相关。岗前培训,即就职前的适应性岗前培训,针对的是即将入职的初任教师。当前,高校教师岗前培训是热点,而中小学教师岗前培训相对来说比较受忽视。本研究对高中语文教师在岗前所获得的优秀传统文化教育内容的培训频次进行问卷调查。调查结果如表 4 - 30 所示:

表 4 - 30　高中语文教师在岗前所获得的优秀传统文化教育内容的培训频次

选项	小计	比例
从来没有	42	42%

① 温儒敏.“部编本”语文教材的编写理念、特色与使用建议[J].课程·教材·教法,2016,36(11):6.

② 何婵娟.从“部编本”语文教材反窥师范生中华优秀传统文化教育[J].文教资料,2020(15):30.

续表 4 – 30

选项	小计	比例
1～2 次	48	48%
3 次以上	10	10%

从表 4 – 28 可知,高中语文教师在岗前所获得的优秀传统文化教育内容的培训次数非常少。当下,各级教育部门对高中语文教师的优秀传统文化教育内容的培训一般有两种形式:一种是渗透在语文教研当中,一种是专门组织的培训。岗前培训对大部分被调查的教师而言,因时间久远可能记忆模糊,所以研究所得出的这一调查结果只用来参考。

学者李秀梅以江苏省为例对高中初任语文教师的适应性岗前培训进行了研究。她发现对高中初任语文教师的适应性岗前培训存在不少问题,具体的问题有:(1)培训形式单一、培训内容枯燥无味、培训时间短、培训的人数多;(2)多数地区采用多学科混同的方式进行岗前培训,培训缺乏学科针对性;(3)即使分学科进行岗前培训,但其对高中初任语文教师岗前培训的重点在于促进教师对语文教学知识的掌握,目的仅仅在于帮助初任教师掌握一定的教学技能,助其快速适应新工作岗位。[①] 本书作者又在网上搜索了不少地区的新教师培训通知或通讯报道,也得出关于初任教师的岗位培训现状的相似结论。以江西省某地 2020 年秋季的新教师培训通知为例,该县将新招聘的 300 多名教师集中培训两天,再计划校本培训一年;在集中培训之时分岗前培训和提高培训两个阶段进行。岗前培训主题为职业理想和师德师风教育、教学常规、班主任工作等专题;提高培训分幼儿园、小学语文、小学数学、中学四个班,主题为语文和数学新课标解读(2019 年版)、教材分析与教学设计、幼儿园自主游戏课程构建及实施、幼儿园区域活动指导与分析等,示范课观摩采用新老教师同课异构、县骨干教师培养人点评的方式。[②] 如此,可以想见,这样的岗前培训对高中语文教师的优秀传统文化素养的提升并没有多大价值,即岗前培训不够。

---

① 李秀梅.高中初任语文教师适应性岗前培训研究:以江苏省为例[D].南京:南京师范大学,2017:26.

② 吉水县教育体育局.2020 年吉安吉水县新聘教师岗位培训通知[EB/OL].(2020 – 08 – 31)[2025 – 03 – 26].http://jx.zgjsks.com/html/2020/ksgg_0831/59023.html.

以江西省为例,教师的职后培训实行学分管理,具体涵盖三级两类培训。三级指的是国家级与省级、设区市和县(市、区)级培训与校本培训,两类指的是统筹培训(各级教育行政部门按年度培训计划统筹安排的各类培训项目)与自主培训(各中小学校或学校发展共同体根据自身教师队伍发展的状况和需要,自主组织实施的校本级培训或校本教研)。在这些职后培训中,渗透在语文教研中的语文教师的优秀传统文化培训有一定的随意性,培训时间、优秀传统文化内容比重、连贯性等都不确定;而专门组织的语文教师的优秀传统文化培训,还属于小范围培训,有名额限制,且次数很少,一个学期可能仅一次或没有,因而它对于大多数教师来说,还属于空白,教师只能自己琢磨优秀传统文化如何教学。①

本研究对全国高中语文教师在职后所获得的优秀传统文化教育内容的培训频次的现状进行调查。调查结果如表 4 – 31 所示:

表 4 – 31　高中语文教师在职后所获得的优秀传统文化教育内容的培训频次

选项	小计	比例
从来没有	30	30%
1～2 次	50	50%
3 次以上	14	14%
每年都有一次	6	6%
每年多次	0	0%

表 4 – 31 显示,高中语文教师在职后所获得的优秀传统文化培训的次数非常少,3 次以下的占比 80%。

将相关文献的研究结论与本研究的现状调查结论整合,可以推论:虽然对高中语文教师职后的优秀传统文化教育内容的培训一直在语文教研活动当中渗透,但因其随意性强、连贯性不够,而专门组织的培训又覆盖面窄、频次低,所以当前对高中语文教师职后的优秀传统文化素养的培训是完全不够的。

---

① 谢芳利. 中学语文教师优秀传统文化培训的调查研究:以北京市四所中学为例[D]. 北京:中央民族大学,2015:17 – 18.

2. 语文教师在实施优秀传统文化教育的课堂中教学失当表现及问题归因

正因为语文教师在高中语文课程中优秀传统文化教育实施这一独特场域的优秀传统文化传承过程中的文化传递能力不够以及其文化自觉意识不强,教师们在课堂教学中表现出与优秀传统文化教育不适宜的教学行为,是为教学失当。

2.1　语文教师的教学失当表现

文化自觉理论视域下,语文教师在实施优秀传统文化教育的语文课堂中所出现的教学失当主要有两个方面的表现:

一方面,是一纲多本时期使用老教材遗留的教学失当。因目前在职的一线高中语文教师大都使用过两种教材,他们在实施优秀传统文化教育的过程中常受使用老教材遗留问题的影响。以人教版高中语文教材为例,语文教师们使用老教材的教学失当主要表征为:

(1)教师在教材文本的教学目标设置上偏重知识目标

在语文教学的知识、情感、能力三维目标中,部分高中语文教师偏重知识目标,课堂常以灌输知识内容为主。以篇章形式承载优秀传统文化内容的古诗文,从外到内有三种形式。因对文本首层形式——文言文的阅读与理解,是学生很难跨过的语言关卡,这往往是高中生学习的一个重点,但不少语文教师由此将"字词句"相关的文言文字方面的知识视为高中生优秀传统文化学习极其重要的教学目标。因此,现实生活中,不少高中语文教师以"知识"为唯一目标,耗费大量时间与精力,通过讲授与练习进行文言文的字词句相关知识的积累与整理,以及利用这些知识进行翻译的技巧教学与训练。

(2)教师教学古诗文之时乐于文字教育与文学教育,忽视文化教育

部分教师在对古诗文之类文学类文本进行教学时,只关注文本的文字解读、文学特色,从字词句的翻译,文本的表现手法、修辞手法、结构手法等设计教学环节,忽视了文本的文化内涵。如对人教版必修二《小雅·采薇》的教学,教师从文学教育的文本教学价值取向将教学重点放在对文本中重唱叠句、赋比兴、反衬等艺术手法的赏析上,而对它的文化内蕴在作品简介中一笔带过。新课标对教学提出建议,"普通高中语文课程应重视对学生情感、态度与价值观的正确引导。教学时应注意教学内容的价值取向,发挥语文课程的熏陶感染

作用"①。这种忽视对文本文化内蕴的解读,会给学生对这深具优秀传统文化内涵的经典文本的深度阅读形成文化理解的障碍。实际上,《采薇》(《诗经》中的名篇)不单是简单的一首战争诗歌,其中更有对人类轴心时代的农耕文化、礼乐文化、战争文化的精彩展现。《采薇》的历史背景,根据近代孙作云先生的考证,是西周后期的社会现实。② 当时农耕文化是周人的本根文化。礼乐文化则为维护宗法等级制而产生的新兴文化,那些远古思想观念、生活习俗还流淌在周人的血液中并出现在周人的生活中。祭祀与战争是周人生活的两大主题。周代等级制度森严,言语、行动、饮食等方方面面都要有上下尊卑。③ 不了解历史背景,不从字词句中深入学习文化,不明了文本背后的文化内涵,就很难理解《采薇》这个教材文本最深沉的情感表达及文化内蕴。

(3)教师以讲解诵读为主,缺乏体验式教学的实施

讲授法是现代教学法的一种。一纲多本时期,对文言文内容的教学,尤其是文言文中的散文类文本,有不少教师习惯性以讲解诵读来代替学生的阅读思考。这样一来,教学方式比较单调,学生学起来被动枯燥。新课标提出,要通过改革,让学生"多经历、体验各类启示性、陶冶性的语文学习活动,逐渐实现多方面要素的综合与内化"④。因大多数学生对古诗文的时代背景、古人们的生活场景以及古人们的一些思想情感难以理解,会感觉"不是熟悉的生活,有距离感",因而需要多设计与实施体验式教学环节,让课堂动起来、活起来,使学生在动手动脑的过程中具身体验发生在"别人"身上的故事,从而引发"共情"效应,加深学生对优秀传统文化的理解,促进学生将文本所蕴含的思想内化于心,再外化于行。但这种体验式教学在使用人教版教材的传统文化课堂教学中比较少。

另一方面,是教师因使用新教材处于摸索时期而产生的教学失当。文化自觉理论视域下,统编教材是传承和弘扬中华优秀传统文化的核心文本。它为中

————————

① 中华人民共和国教育部.普通高中语文课程标准:2017年版2020年修订[M].2版.北京:人民教育出版社,2020:41.

② 孙作云.说"诗经、大小雅"同为西周末年诗[J].文史哲,1957(8):14.

③ 吕华亮.《诗经》名物的文学价值研究[M].合肥:安徽大学出版社,2010:10.

④ 中华人民共和国教育部.普通高中语文课程标准:2017年版2020年修订[M].2版.北京:人民教育出版社,2020:2.

国精神的构筑、中国力量的传递以及文化自信的增强提供了重要载体。^① 它对于优秀传统文化教育的实施非常有利。但广大一线高中语文教师在使用新教材之时，未能利用好新教材实施优秀传统文化教育。在使用新教材时，教师的教学失当主要有两种表现：

（1）延续旧有教学方式，使实施优秀传统文化教育的课堂教学向度偏离

现实教育实践中，有些一线教师不按新课标、新教材的新要求使用教材，按老习惯使用统编教材，导致其课堂教学中出现上面研究者所列举的诸多问题，让新教材使用背景下的课堂具有显著的教学向度偏离的问题。例如，2020 年有一个一线教师发文描述自己所见的某同事使用必修上的《芣苢》这一教材文本进行公开教学的流程：

用 PPT 展示芣苢的图片，让学生对芣苢有感性认知，对芣苢"多子多福"的寓意进行诠释→点名学生朗读，依据情况纠正字音→进行朗读指导，引导学生齐读→以课件的方式简要介绍《诗经》的语言和结构形式特点→引导思考：诗中是如何运用"赋"这一手法的？→品读诗歌，借助视频与图片想象妇女们采摘芣苢的画面→教师展示闻一多先生想象的情景，并配乐朗读→课堂小结→课堂练习：从语言等文学角度鉴赏《桃夭》。

发文的这位教师认为从教学内容选择的角度来看，她的同事这样使用《芣苢》上课充分暴露了一线教师在使用统编教材过程中的困惑和迷惘；并提出，在新课标和新的教材编写理念下，这样教不妥帖。^② 检视执教者的问题，就会发现执教者所设计实施的《芣苢》教学流程的问题在于：过多地关注文本的文学价值，在教学过程中只进行了诗歌语言形式、结构特点、修辞手法及表现手法等文学方面的教育，而没有从对教材文本的整体认知的角度来使用教材。

教材文本是在语文教学之前存在的有待师生理解的一种文本，是存在于教科书上的用文字符号固定下来的书写文本，它经过教材编写者的改动，除课文外还加进了阅读提示、注释说明和思考练习题等内容。如进入高中语文课堂教学的文本《芣苢》不单是一首古诗，还包含了其他。从具体教材的编排来说，《芣苢》是高中语文统编教材必修上第二单元的古诗文，其文本主体是一首诗，其余

---

① 罗生全.统编教材：国家事权的核心体现［J］.课程·教材·教法,2021,41(6):61.

② 潘海霞.《芣苢》应该教什么：兼谈教师如何用好统编教材［J］.中学语文,2020(32):42.

还有第二单元的单元说明、课文下面的文字注释、课后的学习提示以及单元学习任务等。如此,《芣苢》的教学要关注单元说明及课后提示前后都强调的人文主题"劳动教育"。另外,从新课标所设计的十八个学习任务群的归属来看,《芣苢》所处的第二单元又归属于"实用性阅读与交流"。新课标提出,该学习任务群要引导学生学习当代社会生活中的实用性语文,丰富学生的生活经历和情感体验。① 由此可见,文学阅读与鉴赏不该是这个教材文本的重点教学目标之一。因《芣苢》是反映优秀传统文化内容的载体形式——古诗文,该教师的教材文本使用不当正可视为当前一线教师在优秀传统文化教育实施过程中教材文本使用不当的案例。

(2)给教材文本贴标签,课堂教学依葫芦画瓢,忽视优秀传统文化教育

在对优秀传统文化内容进行教学时,还有一种教材文本使用不当的情形也很容易出现,即依葫芦画瓢,照单元目标及学习提示将文本教学重点放在"主题词"上,这种做法有给文本"贴标签"之嫌。

新课标多次强调"文化"这个关键词,且学科育人价值的集中体现——语文学科核心素养之一是"文化传承与理解",这要求教师们在进行文本教学尤其是古诗文教学时,首先不能忽略教材文本的文化价值;虽然统编教材尤其是必修教材采用人文主题和学习任务群两条线索结构单元,人文主题又被视为单元组合和内容选择的重要依据。然而,事实上所谓的主题词"只是一个主体的人文教育指向,不能涵盖教学资源的全部教育价值",且实际教材也并未明确标示单元主题词,因为编者担心如明确主题词,教师们就会在教学中给文本"穿靴戴帽、贴标签,影响到对每一个文本丰富内蕴的理解,窄化文本的内涵"②。如对统编教材必修上册《芣苢》的教学,就不能完全放在"劳动教育"这一所谓的主题词上,文本中蕴含的天人合一等的优秀传统文化核心思想理念也需要作为优秀传统文化传递者的教师深入挖掘,从而实现文化传递。

2.2 语文教师的教学失当归因

语文教师在使用教材时出现的教学失当,有多方面的原因:除了自身的优秀传统文化素养不高的原因外,还有学校环境的影响(具体将在学校部分阐释)

---

① 中华人民共和国教育部.普通高中语文课程标准:2017 年版 2020 年修订[M].2 版.北京:人民教育出版社,2020:20.

② 王本华.统编高中语文教材的设计思路[J].人民教育,2019(20):56.

和教材本身及教师使用教材方面的因素。

教材建设彰显国家事权。教材作为人类文化记忆的重要媒介,①它在实施优秀传统文化教育的过程中扮演实施媒介这一重要角色。如前所述,高中语文教材大幅度更新对高中语文课程中优秀传统文化教育实施有较大影响。

尽管在 21 世纪之后,高中语文教材有多个版本,但其编排以中国文学发展史为纵轴。这种教材选文的编排设计有利于学生学习,便于高中学生系统掌握中国古代文学史相关的知识。但它对优秀传统文化教育的不利在于这样的编排及内容选择倾向于文学教育,易导致对文化教育视而不见。针对老教材中中国传统文化内容的不足,统编教材增加了选文数,使其在总选文数的占比由人教版的 40% 上升到 51.08%;同时,作为国家事权落实表征的统编语文教材在编排上力求凸显语文教育的"育人"特色,希望通过教材的编排充分发挥语文课程在文化教育方面的积极价值,组织单元使用"人文主题"和"学习任务群"双线结构,且人文主题范围广,顾及新时代高中生人格和精神成长的需要,在"理想信念""文化自信""责任担当"三方面聚焦。② 统编教材从 2019 年在六省市的试用,到 2022 年秋季学期在全国各普通高中的全面覆盖(部分地区还只有高一年级使用),距今为止一线高中语文教师对教材的使用时长只有四年。对教师的现状调查结果也显示,能四年一直使用统编教材的教师非常少,且事实上即使使用了四年,完整使用统编教材最多也只有两轮,教师们对新教材总体还不熟悉。因不熟悉,全国语文教师使用新教材还处于全面摸索中,这导致他们的课堂教学容易失当。

(二)高中学生在课堂中的主体地位丧失以及其文化自觉意识淡薄

问卷调查显示,文化自觉理论视域下,高中生在优秀传统文化传承中的确存在文化自觉层次不高的现实问题。结合文献研究及个人实践经验,本研究认为,这一问题主要是由高中生的文化自觉意识淡薄及其在实施优秀传统文化教育的语文课堂中主体地位的丧失造成的。

---

① 杨柳,罗生全.教材建设国家事权:内涵、性质与价值[J].全球教育展望,2023,52(3):113.

② 温儒敏.统编高中语文教材的特色与使用建议[J].北京教育(普教版),2019(11):73.

1.高中学生在实施优秀传统文化教育的课堂中的主体地位丧失

从现状调查可知,在 422 名被调查者中,有 89.81% 的高中生认为语文课程中教师以"传授知识"的方式实施优秀传统文化教育,且 63.98% 的高中生认为教师"以讲解传授知识为主"来实施优秀传统文化教育。而在问卷调查时,也有一些教师反映在优秀传统文化教育实施的过程中,"受高考指挥棒的影响,对学生优秀传统文化教育主要注重知识点的传授"。如此,从以上学生与教师的反馈来看,"传授知识"明显是语文教师在高中语文课程中实施优秀传统文化教育的课堂教学重点。文化自觉理论视域下,如果在优秀传统文化教育的实施过程中,只注重知识的传授,就难以支撑带有优秀传统文化传承性质的优秀传统文化教育。

细究课堂出现"以传授知识为主"现象的背后,可以发现,语文教师在课堂中重点关注知识传授源于其将课堂教学视为"知识的传递"的错误认知,它隐含着我国长期应试教育体制下高中语文教师们在大众心理层面根深蒂固的"知识点"情结。这种"知识点"情结下的课堂容易产生三种丧失,即学习对象的丧失、学习伙伴的丧失与学习意义的丧失,导致"学习的异化"。① 应试教育背景下,学习的异化不仅会让课堂缺乏活力,更阻隔了学生的个性与全面发展。

由此,这种以"传授知识"为主的语文课堂因满足于知识的习得与再现,不关注学生核心素养的培育与优秀传统文化的传承,其实质是一种传统的、落后于时代的课堂。它的中心是"教师",即"教师中心"而不是"学习者(学生)中心"。它的存在意味着,在"以传授知识为主"的高中语文课堂中作为实施对象的高中生丧失了其课堂的主体地位。学生如果丧失了主体地位,在课堂教学活动中就会表现出静止的学习状态。某一线语文教师反思《念奴娇·赤壁怀古》课堂教学,认为不能调动学生积极思维活动的课注定是一堂沉闷无聊的课;呼吁高中语文教师们在课堂上要让学生动起来。② 在实施优秀传统文化教育的语文课堂中,如果学生不动起来,就意味着他们不主动参与学习活动,那么他们在实施优秀传统文化教育的课堂教学活动中就非常被动,课堂上容易出现学生"身在曹营心在汉"与"讲台上教师声嘶力竭讲字词句,讲台下学生奋笔疾书数

① 钟启泉.课堂研究[M].上海:华东师范大学出版社,2016:16.
② 项香女.高中语文传统文化教育初探:走向本真的语文教学案例[M].杭州:浙江大学出版社,2015:3.

理化"的现象,使语文课堂中的优秀传统文化传递因实施对象的主观能动性不足而人为受阻,最终导致语文教师们在高中语文课程中实施优秀传统文化教育的效果降低。

高中生在课堂中的主体地位被剥夺直接导致的后果有三:

(1)高中生在参与课堂活动的过程中比较被动

访谈中,有学生反馈实施优秀传统文化教育的传统文化课堂主要依靠"教师个体发挥"推动。如果教师本人擅长讲授,言语生动,知识渊博又能深入浅出,让整个课堂妙趣横生,那么学生还是会比较高兴地听课,其思维能主动跟着教师的引领走。但事实上,不是所有的语文教师都具有这样的能力,因而不少学生往往被动参与课堂活动且被动接受优秀传统文化知识的灌输。如此,课堂活动缺少师生围绕文化教育进行思想的对话与交流环节,课堂枯燥无味,学生昏昏欲睡。

(2)高中生在课余进行优秀传统文化学习的主动性不够

在问卷调查中,一些高中语文教师提出学生们的问题有"基础太弱"且"阅读面太窄,缺少阅读基础和能力"。但这些显著的问题,学生并不会自己主动利用空余时间去解决,他们常以"刷题数理得天下"及"课业负担重,没充裕时间了解"为借口不主动学习。由此,个人在语文课程中对优秀传统文化学习的不足一直存在。

(3)高中生对优秀传统文化学习的直接兴趣不高

优秀传统文化本身具有魅力,但对高中学生而言,要纯粹被优秀传统文化自身的魅力吸引,从而对优秀传统文化产生浓郁的直接兴趣,这要建立在对其有正确的接触方式与深入了解的基础上。而当前,一方面,学生接触与学习优秀传统文化的时间明显不足,访谈中教师们抱怨"课时不够"。同时,学生也对此有所反映。如S1说,我们学校从早上6点早读开始到晚上10点的晚自习结束,除了就餐时间和50分钟的午休时间,每一个时间段都安排了课,每节课都有科任教师在,每天满满当当都是各科学习,数不清的练习要做。另一方面,语文课堂也少有提供高中生正确接触优秀传统文化的方式。调查结果显示,23.70%的学生反映教师"只要求学生死记硬背""对课文内容简单重复,教学形式单一"。目前语文课堂中对优秀传统文化学习的方式以教师口头讲授知识为主(63.98%的学生认为教师在语文课程中实施优秀传统文化教育的教学方式是"以讲解传授知识为主"),偶尔穿插视频的播放以及学生的自主阅读、合作探究。学习方式总体比较单调,学习时间比较短暂,又较少对优秀传统文化的生活体验、实地考察与实践探索,学生对优秀传统文化的直接兴趣往往让步给间接兴趣,如"考个好分数"等。

这三种情况的出现让高中生在优秀传统文化传承的文化实践中不主动、不愿意、不愉悦,从而表现不佳,效果低下。

2.高中学生的文化自觉意识比较淡薄

按照文化自觉理论,文化自觉是生活在一定文化中的人对其文化有自知之明,并对其发展历程和未来有充分的认识。[①] 其中,"文化"指的是"本民族的文化",即中华优秀传统文化。"文化自觉意识"在优秀传统文化教育的背景下,包含三项内容:其一,对中华优秀传统文化有主动自觉地去了解、理解的意识;其二,对中华优秀传统文化有自觉地反思的意识,表征为对中华优秀传统文化既不妄自尊大也不妄自菲薄;其三,对中华优秀传统文化有自觉地取其精华去其糟粕地继承和发扬的意识。

实施效果测评显示,高中学生在文化认同上的得分高于在文化认知上及文化实践上的得分。这表明,高中生基于语文课程对优秀传统文化的认识,与其对优秀传统文化的传承与创新实践的表现和对优秀传统文化的文化认同的表现脱节。这意味着,高中生的这种言行不一应来自他们对优秀传统文化在认识上、情感上与行为上的不一。这就是说,虽然高中生在心中热爱优秀传统文化,有积极维护优秀传统文化的意识且认同自己的文化身份,但在优秀传统文化教育的实施过程中对优秀传统文化的文化实践用心不足、努力不够。而之所以用心不足、努力不够,归根结底,还是文化自觉意识不够浓厚,这使得他们难以勇猛挣脱社会功利性影响,冲破"应试教育"的阻碍,克服一切困难主动自觉地参与语文课程中老师指导下的有计划、有组织、有意识、有目的的优秀传统文化学习活动。

在现状调查中,作者还发现,高中学生能充分认识到优秀传统文化对个人发展的价值,会以"增强文化底蕴"作为个人在语文课程中努力学习优秀传统文化的动力,会提出"传承文化"是学习优秀传统文化的意义。这表明高中生具有

---

① 费孝通.文化与文化自觉:全2册[M].北京:群言出版社,2012:263.

一定的文化自觉意识,有主动自觉去认知与理解优秀传统文化的意识。但这种文化自觉意识又比较淡薄,它具体表征在:一方面,在调查自评自己学习优秀传统文化的主动性时,有58.33%的高中生认为自己学习优秀传统文化不主动;另一方面,调查还显示,在高中生群体中存在一定比例的"认为优秀传统文化学习没有意义"及对优秀传统文化教育可能有漠视感的个体。

由上可见,在实施优秀传统文化教育的过程中,作为实施对象的高中生的确具有一定的文化自觉意识,但这种文化自觉意识在"高考唯分数论"的冲击下还是比较淡薄,导致他们在优秀传统文化教育实施的过程中表现出在课堂中的参与主动性不够,自然其文化自觉层次就不高。

(三)学校忽视优秀传统文化教育及现有评价体系不适宜文化传承

从文化自觉理论来看,由教职工与学生组成的高中学校是一个文化主体的团体,归属于大众文化主体中。在优秀传统文化教育实施的过程中,它与同为文化主体的高中语文教师及学生不同,它通过校园文化及评价体系对学科课程中实施优秀传统文化教育的影响来彰显其存在。文化自觉理论视域下,实施优秀传统文化教育的课堂出现重文化认知、文化认同而轻文化实践的现象,固然有语文教师自身的课堂教学失当的因素,但学校这一大众类文化主体的集合体也要承担其应有责任。

1.学校因存在错误的教育观念不够重视优秀传统文化教育

在对教师的访谈及问卷中,不少教师在反思高中语文课程中优秀传统文化教育实施存在的问题时,提出"社会、学校不够重视""上级不重视"。这种对优秀传统文化教育的不重视主要表现在:学校在社会对高考的"唯分数论"的功利性影响下存在着严重的、急功近利的教育观念——"学校只要成绩",这让学校应试教育氛围过于浓厚,师生实施优秀传统文化教育的积极性不高,也直接导致"教师没有认真实施""教育生态留给学生自我阅读的时间太少",最终严重影响了高中语文课程中优秀传统文化教育的实施效果。

学校作为优秀传统文化教育主阵地,其校园的优秀传统文化教育氛围本应浓厚。但对学生的问卷调查显示,有27.49%的学生认为学校从不组织学生参观与优秀传统文化相关的当地博物馆、文化馆或其他场所,有20.85%的学生认为所在学校的校园环境(如雕塑、板报、宣传画等)没有或很少体现优秀传统文化教育的内容,有52.03%的学生认为在校期间所在学校每个学期开展优秀传统文化教育相关的课外活动(如书法、国画、国学等)的次数为零或者3次以下。同时,对教师的深度访谈也发现,学校大多以教师所执教班级学生的笔试成绩为教师教学能力的主要评价内容,将学生的笔试成绩与教师的职称晋级、学校资源分配等挂钩。学校这种以"分数"考评教师的制度,实质上,强化了社会的功利性对教育的消极影响,容易使语文课堂被笼罩在应试教育的阴影中,将严重影响高中语文教师作为实施者在高中语文课程中实施优秀传统文化教育的积极性,导致语文课程中优秀传统文化教育实施的空间被压缩、时间被挤占、积极性被打击,教师在课堂中就很容易趋利避害,重视在纸笔测验中能检测的优秀传统文化认知与认同,而轻视检测不出来的优秀传统文化传承性质的文化实践。

追因学校为何不够重视优秀传统文化教育,本研究认为,这与时人的"状元情结""高分情结"有较大关联。"状元情结"与"高分情结"为国人积年累月形成的共性心理。2019年前,每年高考成绩出来后各省高考状元的信息在网络上铺天盖地,各地高中学校也在校内外大张旗鼓地宣传本校的高考升学率。这种现象让世人的视线瞬间集中于高考,似乎能提升整个社会对高中教育的关注度,从而有益高中教育的发展。但实质上,它对高中教育自身的发展极为不利。过度炒作高分、状元,一方面会给高中师生制造教育焦虑,形成现实危害;另一方面又作为一种错误导向,会助长社会、学校、教师等的功利性错误教育观念。

2019年发布的《国务院办公厅关于新时代推进普通高中育人方式改革的指导意见》提出,为推进普通高中育人方式改革,"严禁炒作升学率和高考状元"。这意味着,任何机构不能借高考状元的名义炒作宣传,各普通高中也不能借高考升学率来宣传学校的教育质量。禁令发布后,近几年网络上高考状元的信息没有完全销声匿迹,但已不复从前的风光无限。虽各地高中学校不再到处高挂高考升学率的横幅,却有各种高考"花式报喜"信息频现各种场合。这些"花式报喜"信息句句不提高考升学率却句句不离高考升学率。如2022年某校宣传"今年学校的芒果树收成极好,成熟芒果共有1320个,600克以上有100多个,高三应届班的学生顾××摘到一只净重696克的芒果,是今年钦州城区水果市场的果王,京城两大水果商已经闻讯前来抢购"①。熟悉高中教育的人都能看懂这段宣传文字。文句暗喻非常明显,以"成熟芒果"指上二本线,以芒果的重量指高考分数,以"果王"指高考状元,以"京城两大水果商"指清华大学和北京大学。研究者也对微信群、媒体报道和网友爆料的诸多情况进行统计后发现,用以暗喻高考升学率的除了芒果,还有橘子、菠萝等水果以及荷花、粽子、降水量等。从表面来看,这些学校和老师自创出来的各种高考"花式报喜"目的在于宣扬"政绩"或招徕优质生源等;然而深究下去,"花式报喜"的背后隐含着一个事实,即这些高中学校依旧存在"唯分数""唯升学""唯名校"等错误教育观念,依然残留片面应试教育的阴影。在现实生活中,有这些错误教育观念的高中学校,在应试教育的阴影笼罩下,育人工作常常不到位,优秀传统文化教育往往只有外在形式而没有实质内容,校园文化缺内涵,学校发展无特色。

2.学校现有评价体系不适宜优秀传统文化传承

评价驱动教育,评价是一股强大的力量,不仅控制、主导学校的各种行为,还抵制任何试图超越标准框架和先前定义的变化。② 以评促教,对优秀传统文化教育进行科学、客观的评价有助于优秀传统文化教育的实施。但是,当下高中语文课程中优秀传统文化教育实施的课堂缺乏合适的质量评价。原因主要有两个方面:一方面,就如文献研究所显示的,确实缺乏高中语文课程中优秀传统文化教育的实施效果评价工具。这也是本研究之所以要以一个篇章来设计开发测评工具的直接缘由。另一方面,以文化自觉理论来审视,学校现有评价体系的确不适宜优秀传统文化传承。

以语文学科为例,在现有学校评价体系下的语文学科教学评价的这种不适宜主要表现在:

(1)评价形式比较单一

按照学校现有的评价体系,语文学科的教学质量评价类型比较单一。从评价的功能来看,教师主要采用总结性评价,通过一月一考、半个学期一考的阶段考试来终结性评价学生的学习成果,在具体实施过程中少或根本不使用过程性

---

① 陈广江.花式"高考喜报"频现,真把禁令当空气了?[EB/OL].(2022-07-03) [2025-03-26].http://edu.cnr.cn/sy/sytjB/20220703/t20220703_525894492.shtml.

② 帕特丽夏·F.卡利尼.让学生强壮起来:关于儿童、学校和标准的不同观点[M].张华,等译.北京:高等教育出版社.2005:173.

评价。古代先贤曾提出,要客观、全面认识一个人,须"察其言,观其行"。文化自觉理论视域下,语文教师缺乏对高中语文课程中优秀传统文化教育的实施效果进行客观、全面的评价工具,只有单一地通过考试来"察其言"的评价方式。从评价方法来看,教师主要采用定量评价。在优秀传统文化教育背景下,以学生在语文考试中的具体成绩来简单评价学生基于语文课程的优秀传统文化认知与文化认同效果,基本不考评学生在文化实践方面的行为效果。

(2)评价主体倾向一元

依据现有学校评价体系,对高中语文课堂教学的评价常倾向一个正式的评价主体,即教师。一方面,教师通过课堂中的口头表达或作文指导中的书面表达,依据个人的实践经验及个体对教育目标的把握,对学生的课堂表现或作业表现给予主观评价。课堂问答本是极为重要的课堂评价方式,但当前教师使用课堂问答进行课堂评价出现了几个小问题,分别是:教师滥用课堂问答及所提的问题质量不佳,师生问答常常为频繁、肤浅的"一问一答";课堂评价所评价的常是零碎的知识点;评价主体"点对点"开展评价,教师一个问题面对一个个的学生。① 另一方面,教师通过阶段性笔试的方式对学生的学习情况进行客观的评价。虽然存在非正式的评价主体而发生的课堂评价,如学生的自我评价与同伴的相互评价,但发生频率比较低且不定期,因而常常被忽略不计。

(3)传统纸笔测验主导

在现状调查中,研究发现众多高中语文教师在"为测验而教",学生在"为考试而学"。细究内里,这一现状是由"传统纸笔测验主宰教育评价"的基本事实推动的。传统纸笔测验在学校现有评价体系中比重大,可谓居主导地位。

传统纸笔测验主要是选择题、正误判断题、匹配题和填空题、简答题,要求学生在提供的多个答案中选择或者对问题做出简短的回答。② 现代考试改革后,现在高中语文教学质量评价使用的是修正版的传统纸笔测验,测验卷的题型分为单项选择题、填空题、简答题、写作四种。在社会功利性教育思想的影响下,传统纸笔测验在评价体系中的主导地位直接导致现有教育实践中学校对高中语文课堂教学质量的评价只有一个维度——"分数",即在高考题型的传统纸笔测验中学生的笔试成绩。传统纸笔测验在学生的高中阶段发生的频次高。

---

① 周文叶. 中小学表现性评价的理论与技术[M]. 上海:华东师范大学出版社,2014:10.
② 周文叶. 中小学表现性评价的理论与技术[M]. 上海:华东师范大学出版社,2014:5.

就语文学科来说,高一与高二的学生要参与的纸笔测试,除期中考试与期末考试外,还有每月一次的月考;到了高三,另有频次更为密集的周考。在传统纸笔测验中,教师以一张总分为150分的高考题型语文试卷对学生进行测验。近年来,尤其《中华优秀传统文化进中小学课程教材指南》出台以来,在全国倡导优秀传统文化教育的大背景下,高考语文试卷中的优秀传统文化内容的比重有所增加。高考卷以优秀传统文化内容为语料,主要考核高中生在一定语境下的文化理解与文化知识整合能力,同时也考核其中西文化比较、文化反思等方面的能力。虽然高考试卷如此命题的确能一定程度推动高中语文课堂教学中的文学教育、文字教育与文化教育,但在文化自觉理论视域下,传统纸笔测验对语文课程中实施优秀传统文化教育最不利的是只能以"察其言"考核学生基于语文课程的优秀传统文化认知与优秀传统文化认同,而不能通过"观其行"来考核高中生对优秀传统文化传承与创新性质的文化实践能力。由此,这种传统纸笔测验不仅对高中语文课程中优秀传统文化教育实施的推动力有限,还可能会增加语文教师教学失当发生的频次,更可能会无意中促使实施优秀传统文化教育的语文课堂继续重视文化认知与文化认同而轻视文化实践。

第五章　高中语文课程中优秀传统文化教育的实施效果提升策略

如前所述,以文化自觉理论为核心理论,从文化主体在社会中所扮演角色的角度来看,本研究认为,当下高中语文课程中优秀传统文化教育实施的问题集中在作为大众类文化主体之语文教师、高中学生及高中学校三个方面。针对问题归因,结合效果测评结果、现状调查结论、研究者的教育实践经验及相关文献研究,本书从这三个方面的问题解决入手提出相对应的高中语文课程中优秀传统文化教育实施的效果提升策略。

一、针对语文教师方面问题解决的策略

基于问题归因,本研究认为,要从教师方面入手提升高中语文课程中优秀传统文化教育实施的效果,必然首先要提升高中语文教师的优秀传统文化素养,还要提供一定的方法策略指导语文教师在"三新"背景下有效实施优秀传统文化教育。

(一)各责任主体要各司其职提升语文教师的优秀传统文化素养

不论一个国家有多么悠久深厚的文化传统,教师对文化传统的传承都至关重要。甚至可以进一步说,教师的优秀传统文化素养如何直接决定着其所培养的学生能否得到优秀传统文化的滋养。[①] 这表明,教师作为优秀传统文化教育的实施者,其优秀传统文化素养的高低将直接影响优秀传统文化教育实施效果的好坏。况且,在全球化的当下,加强教师的优秀传统文化素养尤为重要。美国社会学家彼得·伯杰(Peter L. Berger)认为,全球化实质上是以一种强化和加速化的形式表现出来的现代化的继续。它在文化层面上形成多元化挑战,使原先被认为不成问题的传统陷于崩解,让人们在信念、价值观和生活方式上出

---

① 杜钢. 当代中国教师优秀传统文化素养的培育[J]. 当代教育科学,2015(19):35.

现了多重选择。① 在这种情形下,各国对内进行民族传统文化的重建与对外实现全球化多元文化的互通互惠非常必要。美国社会学家希尔斯(Edward Shils)提出,教育是一种有效延续文化传统的过程。② 在我国积极倡导优秀传统文化教育的大环境下,执教大中小学各学科课程的教师们身担民族传统文化重建的重任,要通过大中小学各学段优秀传统文化教育的有效实施培育有充分文化自信的时代新人,使民族优秀传统文化代代传承并与时俱进,实现优秀传统文化的创造性转化与创新性发展。而要实现这个文化重建目标,担负"传道受业解惑"职责的教师必须具有良好的优秀传统文化素养。学者曹桂花以大学教师为例,认为教师在日常生活中所展现出来的良好优秀传统文化素养的行为会影响学生,在课堂教学中所展示的良好优秀传统文化素养也会加深学生对优秀传统文化的了解。③ 从以上可知,教师的优秀传统文化素养对高中语文课程中优秀传统文化教育的实施效果具有较大影响。

而在前一章中,本研究已经得出了高中语文课程中优秀传统文化教育实施的现存问题之一与语文教师的优秀传统文化素养不高有很大关联,之后在归因中,本研究也明确了三个责任主体,它们分别是:教师个体、培育未来高中语文教师的高等院校以及负责语文教师的岗前与职后培训的相关职能部门。如此,提升高中语文教师的优秀传统文化素养就要从这三个责任主体入手,要求它们各自承担各自职责。具体的策略有:

1. 高中语文教师个体要更自觉地学习优秀传统文化并将之践履

从实质上说,高中语文教师对自身的优秀传统文化素养提升是一种自我教育,是一个长期且自主的过程。高中语文教师作为个体,其学习具有个体差异性。因而,他们除需要相关部门组织的优秀传统文化教育培训外,还需要从个人角度通过更自觉地学习优秀传统文化并将之践履于教学与生活,从而提升自己的优秀传统文化素养。

---

① 塞缪尔·亨廷顿,彼得·伯杰. 全球化的文化动力:当今世界的文化多样性[M]. 康敬贻,等译. 北京:新华出版社,2004:14 引言.

② E. 希尔斯. 论传统[M]. 傅铿,吕乐,译. 上海:上海人民出版社,1991:240.

③ 曹桂花. 大学教师优秀传统文化素养的培养[J]. 黑龙江高教研究,2019,37(10):103.

（1）学习方面的策略

若从学习角度来说，促进高中语文教师提升优秀传统文化素养的方式有：

其一，自觉开展个人学习。对教师个人来说，提升自身的优秀传统文化素养的关键是找到优秀传统文化素养的生长点和成长方向，设计个性化学习计划，做好日常的评价与检测。① 在高中语文课程中优秀传统文化教育实施背景下，教师的优秀传统文化储备经教学实践中师生的互动检测后，语文教师对自身应具有哪些语文学科传统文化素养已是心中有数。按照缺什么补什么的学习原则，语文教师可以为自己制订一个富有个性化的优秀传统文化学习计划。个性化优秀传统文化学习计划拟定后，高中语文教师就可以充分利用网络资源或购买实体书籍，利用自己的课余时间去线上或线下自学，如可在 B 站观看各种视频、参加线上的国学课堂、进行"每日一则""优秀传统文化每日十五分钟"等长期性的日常学习活动。

其二，加入团队互相学习，共同成长。中国首部教育专著《学记》有言："独学而无友，则孤陋而寡闻。"教师在优秀传统文化素养的自我提升路上，也很需要同伴。现有研究表明，跨学科教师共同体是不错的选择，它对教师专业发展效能的价值有：跨学科聚合思维优化教师专业发展的结构效能、跨学科课程助推教师隐性知识与显性知识的循环转化；地方课程开发性质的文化实践模式、校本课程开发性质的综合实践模式、教师工会协会性质的自下而上模式三种跨学科共同体模式比较适合基础教育一线教师的自主发展，并结合了本地特色与学校实际，具有实践操作与推广可能。②

（2）践履方面的策略

从践履的角度来看，提升高中语文教师的优秀传统文化素养要从提高教师的文化自为能力入手。自为即自觉、自由、自己做。文化自为能力是一种文化自觉能力，表征为主动认知文化、反思文化，并将内化的优秀传统文化外化践行于日常生活中。而教师的优秀传统文化自为能力，除此以外，还有一层运用于优秀传统文化教育实施过程中的含义，即会主动积极通过文化传播进行优秀传统文化传递。学者提出，教师的文化自为能力是在了解优秀传统文化的历史发

---

① 何霜.语文教师传统文化素养提升方法举隅[J].语文建设,2018(14):69.
② 罗生全,周莹华.跨学科共同体提升教师专业发展效能的价值、经验及策略体系[J].湖南师范大学教育科学学报,2020,19(3):75－76.

展与基本精神,理解优秀传统文化的内在意蕴的基础上通过自知、自省、自察形成与发展的。① 本研究者认同这一观点,并由此延伸,认为从这个角度来说,高中语文教师提高个体优秀传统文化素养的具体方法有:

其一,经典阅读后要见贤思齐,内化于心,外化于行。合格的高中语文教师需要大量阅读优秀传统文化典籍。优秀传统文化典籍的思想意蕴能超越时空,在不同的时代引发不同时期之人共同的情绪。王羲之曾在《兰亭集序》感叹"虽世殊事异,所以兴怀,其致一也"。的确,虽然时代不一,但文化典籍中所呈现的家国情怀、生老病死、顺境逆境等情形都大体相似。而且,对兼任优秀传统文化传递者的高中语文教师来说,阅读传统文化经典的意义,不仅在于鉴赏文本本身,更在于将对文本的文化理解还原为对先哲的思想状态和精神品格乃至日常行为的认知,即借助经典阅读与著述经典或文本提及的先贤们交上朋友,受先贤们的精神气魄影响,从而见贤思齐,提升自己的认识和修养,并身体力行于生活与教学实践中。《易经》有言:"观乎天文,以察时变;观乎人文,以化成天下。"(观察天道运行规律,以认知时节的变化。注重人事伦理道德,用教化推广于天下)简言之,即用礼乐来教化人,使天下文明。这句话同样适用于高中语文教师的经典阅读。通过经典阅读,语文教师与圣贤为伴,不仅要传承传统文化,而且以身体力行的方式"润物无声"地影响自己的学生。这正是高中语文教师勇担重任在实施优秀传统文化教育的过程中对文化的"人文化成"教育价值的实现方式之一。

其二,文化参与中具身体验,乐于承诺,主动践行。"提高传统文化素养,体现在运用之中,体现在解决问题的过程中"②。高中语文教师要提高自身的优秀传统文化素养,必然要在运用中,通过文化参与具身体验优秀传统文化,主动践行个人所学于生活及教学中,以此发现自身学习的不足并获得成就感,催生出学习优秀传统文化的动力,助力提升个体的优秀传统文化素养。因此,无论是学校层面组织的优秀传统文化活动,如国学课堂、汉服协会,还是社会层面进行的优秀传统文化实践活动,如礼仪活动、传统节日庆祝活动等等,高中语文教师都可以积极、用心、主动地参与,具身体验优秀传统文化。教师通过参与感受

---

① 宋晓乐,吕立杰,丁奕然.小学教师中华优秀传统文化认同现状研究[J].教育学术月刊,2020(9):70.

② 曹勇军.今天,我们怎样提高传统文化素养[J].语文建设,2017(6):13.

优秀传统文化经久不衰的永恒魅力与时代价值,形成在语文课程中实施优秀传统文化教育所需的优秀传统文化传递者的自觉,并乐于承诺,主动将自己参与文化实践活动的所思所想所得进行积极的文化传递,如以现代技术手段在优秀传统文化教育的具体实施中充分发挥优秀传统文化的当代价值,主动将文化信念、人文精神、传统美德等优秀传统文化的思想精髓践履于个人的日常生活与教学实践中。

2. 高等院校要加强对志在高中语文教育的大学生的优秀传统文化素养培育

如前所述,高校为志在高中语文教育的大学生的优秀传统文化素养培育的课程开设不全。而高中语文教师的学科背景主要为汉语言文学,师范类汉语言文学专业和非师范类汉语言文学专业的大学生都是未来高中语文教师的人选。因此,高校对志在高中语文教育的汉语言文学专业大学生的优秀传统文化素养的培育要从以下两个方面入手:

2.1 为师范类汉语言文学专业的大学生增开文化课程并调整专业课程

以高中语文新课标来审视湖南师范大学为师范类汉语言文学专业开设的专业课程,可以发现课程的开设有利于培育语文教师素养,但对高中语文教师的优秀传统文化素养的培育有一些不足之处:

(1)未安排地域性传统文化学习

这不利于"当代文化参与"学习任务群教学目标的完成。新课标所提出的十八个学习任务群中就有一个与地域性传统文化紧密相关的学习任务群,即"当代文化参与"学习任务群。这一任务群目标的完成需要作为实施者的教师引导学生关注和参与当代文化生活,学习剖析和评价文化现象,积极参与中国特色社会主义先进文化的传播和交流。[①] 在新课标指导下编写的统编教材必修上册第四单元为"家乡文化生活",教材上要求教师要引导学生开展三种学习活动:记录家乡的人或物、家乡文化生活现状调查及参与家乡文化建设。如果在高校就读时有这方面的地域性文化学习经验,在职高中语文教师就能减少摸索时间,更有效地指导学生。

---

① 中华人民共和国教育部.普通高中语文课程标准:2017 年版 2020 年修订[M].2 版. 北京:人民教育出版社,2020:13.

（2）未安排中西方哲学史、中国通史的学习

自古以来，文史哲不分家。历史与哲学的相关知识的习得与技巧的掌握，有利于学习者对文学文本更深的文化意蕴的挖掘，便于文化教育。而高校不为有志于高中语文教育的大学生设置相关课程，这对未来高中语文教师的中西方文化比较能力的培育、传统文化精神全局观的形成及对传统文化的纵向把握很不利。

（3）未安排经典导读与研究的学习

新课标设计了中华传统文化经典研习与中华传统文化专题研讨两个学习任务群，其教学目标的完成需要教师有一定的经典解读能力。在新课标指导下编写的统编版教材与人教版教材在经典篇目学习上的不同：统编教材在必修上下册各设置了一个"整本书阅读"单元来组织学生进行经典篇目的整本书阅读与研讨，推动学生去阅读经典，形成对经典篇目的直接阅读经验与阅读感受；而人教版教材是教材后安排一个"经典导读"，帮助学生形成对经典的间接认知。这意味着，相较于老教材，统编教材对执教者有更高的经典解读能力的要求。高校有义务也有资源通过课程的开设助力大学生培育这方面的能力。

（4）将"美学"安排成选修课程不合适

按照高中语文新课标，语文学科育人价值的集中体现是语文学科核心素养，语文学科核心素养的第三个方面是"审美鉴赏与创造"。高中语文教师要培育学生在审美体验与评价等活动中形成正确的审美意识、审美情趣与鉴赏品位，并逐步掌握表现美、创造美的方法，首先自身要掌握一定的美学理论，至少要能从理论上指引学生走进美学殿堂。

（5）"古代文学"与"传统文化"应该为必修课程

如本研究在绪言所述，高中语文教学存在教学向度偏移现象，高中语文教师在课堂教学中易因人教版教材的编排以及自身文学素养对文学教育更热衷，相对而言就会无意中忽视文本的文化教育。为避免这种情况出现，高校人才培育要有意识地增加古代文学与传统文化的整合性课程。

因这些师范类汉语言文学专业所缺乏的文化课程在非师范类的汉语言文学专业基本有，本研究者认为，高校完全可以积极借鉴其文化课程为师范类汉语言文学专业的未来语文教师们增加文化课程并适当调整原有的专业课程，从而提升高中语文教师的优秀传统文化素养。

为此,本文作者设计了一个调整版的为师范类汉语言文学专业的大学生开设的学科专业课程。调整版的课程如表5-1所示:

表5-1　高校为师范类汉语言文学专业的大学生开设的学科专业课程(调整版)

学科专业课程	专业基础课程	现代汉语、古代汉语、文学概论、语言学概论、**美学**
	专业核心课程	先秦两汉魏晋南北朝文学、唐宋文学、元明清文学、中国现代文学、中国当代文学、外国文学、**中国哲学史、西方哲学史、中国通史、湖湘文化概论、经典导读与研究**
	专业实践课程	文学写作、实用写作、普通话、书法等
	专业选修课程	美学与文论、语言学及应用语言学、古代汉语与传统文献、现代汉语与方言、古代文学与传统文化、现当代文学与中国文化、比较文学与世界文学、写作理论与实践

注:表格中黑体字为增加的或调整的课程。

2.2　高校要为非师范类汉语言文学专业的大学生提供辅修文化实践与语文教育课程的机会

虽然高校有意识地以专业方向来分类培育人才,但既然有一定数量的非师范类汉语言文学专业的大学生愿意投身于语文教育,高校就要加强对有志于成为高中语文教师的非师范类汉语言文学专业的大学生的优秀传统文化素养的培育。这可以通过为有志于成为语文教师的大学生提供辅修文化实践与语文教育课程的机会来实现。

教师的优秀传统文化素养提升有三重境界,一是对本民族文化的核心要义有大体认知,二是必要的专业的文化理解,三是要身体力行。① 而要做到"专业的文化理解",教师就必须有教育教学视野,并能以教育教学视野对传统文化进行专业的阐释。对非师范类汉语言文学专业的大学生来说,他们要走向高中语文教师的就业路,就必然要补课,通过辅修并考核的方式高质量学习文化实践课程之书法以及教师教育课程。一方面,从语文课程中优秀传统文化教育实施的角度来看,书法是语文教师必须学习并一定程度掌握的优秀传统文化技艺。通过书法学习,大学生能获得书法艺术的直接经验,感性感知书法的形体美及书法艺术,再延伸理性认知书法背后的文化意蕴。另一方面,教师教育课程的学习有助于大学生了解语文新课标的要求,掌握教学现代信息技术,学习语文

---

① 李亮,周彦.教师传统文化素养提升的几个境界[J].人民教育,2018(Z2):28-30.

教学方法等,最终形成教育教学视野,将个人学科专业知识通过专业的文化阐释逐步转化为语文课程中优秀传统文化教育实施所需要的优秀传统文化素养。

3. 相关职能部门要加大对高中语文教师岗前与职后培训的力度

在问题归因中,高中语文教师的优秀传统文化素养不高还要归咎岗前与职后相关部门所组织的优秀传统文化教育培训不力。因此,相关职能部门必须加大高中语文教师的岗前与职后的优秀传统文化教育培训的力度。

3.1　加大高中语文教师的岗前优秀传统文化教育培训力度的策略

针对目前存在的问题,组织培训的相关部门要加大高中语文教师的岗前优秀传统文化教育的培训力度,可以分数步进行:(1)分学科进行岗前培训,提高岗前培训的学科特性。(2)培训以小班的分组形式进行,保障岗前培训的针对性。为此,在培训前对参训者进行优秀传统文化素养考核,然后根据层次分组。(3)开设部分优秀传统文化教育的课程。以优秀传统文化技艺为例,既要有实践性质的培训课程,如书法练习指导课;也要有理论学习的课程,如书法赏析课。(4)对参训者进行优秀传统文化素养的考核,考核的内容可以是书法、优秀传统文化知识、优秀传统文化创新性发展与创造性转化的实践能力。

3.2　加大高中语文教师的职后优秀传统文化教育培训力度的策略

高中语文教师的职后培训,从实质上说,是一种对高中语文教师的非学历继续教育。中小学教师的继续教育起始于1999年教育部发布的《中小学教师继续教育规定》。《中小学教师继续教育规定》提出,中小学继续教育分为学历继续教育与非学历继续教育两种,继续教育的内容主要包括思想政治教育和师德修养、专业知识更新与扩展、现代教育理论与实践等。2012年,国务院发布的《国务院关于加强教师队伍建设的意见》将中小学教师的非学历继续教育规范化,提出实行教师(职后)全员培训制度,推行教师培训学分制度,通过顶岗置换研修、校本研修、远程培训等模式,大力开展中小学教师培训。该文件的出台使中小学教师(职后)培训全面铺开,自上而下的各级培训由此如火如荼,但专门为高中语文教师组织的优秀传统文化教育培训却极为少见。教育部等五部门在2018年发布的《教师教育振兴行动计划(2018—2022年)》,从教师发展的角度提出,要在在职教师中广泛开展中华优秀传统文化教育,通过中华优秀传统文化涵养师德,引导教师汲取传统文化精髓,传承中华师道。该计划发布后,虽然面向中小学教师职后的优秀传统文化教育培训的力度有所加大,但当前有关部门对高中语文教师组织的优秀传统文化教育培训依然不足。

为提高在职语文教师的优秀传统文化素养,本研究建议,当前有关部门需加大语文教师职后的优秀传统文化教育培训力度,可从以下两方面入手:

(1)理论学习:以远程培训为主,线下培训辅助

按照《中小学传统文化教育指导标准》,传统文化课程的核心内容可分为经典、常识与技艺。① 这三部分内容的学习中,有些只需动脑想动耳听随手做笔记就可以完成,如对《红楼梦》这一经典的学习,听红学专家解读就大有收获;而有些内容的学习则需要学习者亲自下场,或动手操作或动口练习。本研究将前一类归为理论学习,后一类归为实践学习。高中语文教师跟其他学科教师相比,身上承担的教学任务比较重。在这种情况下,要对高中语文教师开展优秀传统文化教育培训,从理论学习角度,就要以远程培训为主,线下培训辅助。

远程培训为主,源于它通过网络灵活进行,覆盖面可以无限大。自上而下精心安排的优秀传统文化教育远程培训,借助新时代无处不在的网络,突破学习时间与学习空间的限制,让高中语文教师灵活安排自己的时间参加优秀传统文化学习,以视听的方式学习优秀传统文化,扩大自己的优秀传统文化知识面,增强对优秀传统文化的理性认知能力,培育对优秀传统文化的热爱之情,从而最终提高个人的优秀传统文化素养。

线下培训为辅,是因为线下培训开班人数有限、时间短、受益面窄。有关部门在精心组织优秀传统文化教育线下集中短期培训时,可安排诸多丰富多彩的学习活动,如优秀传统文化专家讲座、优秀传统文化学习体验、优秀传统文化教学课观摩等等。对高中语文教师进行优秀传统文化教育的线下培训有几个突出的特点,分别是现场感十足,有情境,在现场比通过电脑或手机屏幕进行文化学习的效果要佳。通过线下培训高中语文教师精英,再以点带面,使参与培训的教师通过回校后的讲座等交流分享活动的开展将线下培训所得进行扩散,从而让更多的高中语文教师受益。

(2)实践学习:发挥专家的辐射作用,组建各类实体研修班

实现高中语文教师的优秀传统文化实践学习的前提是教师在现场。而优秀传统文化素养的培育非一日之功,要长期坚持不懈才能实现量变到质变。这

---

① 中国教育学会.中小学传统文化教育指导标准[M].北京:北京师范大学出版社,2019:6.

意味着,高中语文教师最好不出校门就能学优秀传统文化,各高中可以"请进来"的方式对他们进行优秀传统文化教育培训。学校通过邀请校外的传统文化方面的专家进校,发挥专家的文化辐射作用,使家、校、社三方协同合作,共同打造高中学校优秀传统文化教育培训基地。

具体如下:各校聘请相关有一定资质的文化专家(高校教授、非遗传承人、博物馆导游等)进行文化引领,并组建多类型的传统文化教育系列研修班,如书法研修班、诗词研修班、经典诵读研修班等,再以成班的形式进行日活动、周活动、月活动等,最后有计划地推动高中语文教师长期、深入学习优秀传统文化,对优秀传统文化进行有效的具身文化体验,使之直接感知传统文化的美,获取传统文化学习的直接经验,增强文化自信,从而促进高中语文教师的优秀传统文化素养的提升。

(二)语文教师需要以整合为关键分两类实施优秀传统文化教育

按照前文所述,以载体形式进入统编教材的中国传统文化与课文的关系有两种:第一种,成文类。反映优秀传统文化的中国传统文化是课文,古诗文为其具体形态,以成文的方式存在统编教材中。第二种,非成文类。反映优秀传统文化的中国传统文化是课文的一部分,人文典故、基本常识等为具体形态,以非成文的方式存在统编教材中。由此,本研究曾推论,文化自觉理论视域下,在高中语文课程中优秀传统文化教育实施有全面浸润与部分渗透两种应然样态。而语文课程实质上是一门综合性课程,整合是高中语文课程中极为重要的理念。新课标提出,为体现课程整合的理念,要根据学习任务群的特点和学习任务群的组合等整体设计学习语文活动。① 综合以上,本研究认为,高中语文教师要以整合为关键分两类在语文课程中实施优秀传统文化教育。

1.成文类:要在"三文"整合中全面浸润优秀传统文化教育

统编教材中的古诗文是成篇课文,属于反映优秀传统文化的中国传统文化与课文之间的第一种关系。高中语文教师对古诗文的教学,可以从语言文字的解读开始,通过营造情境,将文学教育与文化教育进行有机整合,使整个古诗文的教学过程全面浸润优秀传统文化教育。如此,就可以在"三文"(文字教育、文

---

① 中华人民共和国教育部.普通高中语文课程标准:2017 年版 2020 年修订[M].2 版.北京:人民教育出版社,2020:50.

学教育与文化教育)的整合中通过全面浸润的样态在高中语文课程中实施优秀传统文化教育。

《普通高中语文课程标准》(2003 年版)曾将教材中用于阅读与鉴赏的文本划分为论述类文本、实用类文本及文学类文本三类。[①] 新课标将这三类文本作为基本的语篇类型。其中,文学类文本是语文教材中最能体现学科特点的文本,也是强化学生审美体验、情感陶冶,培养学生感受、理解、欣赏和评价能力所不可替代的载体。[②] 古诗文归属于文学类文本,是一种特殊的文学类文本。从时间节点来说,古诗文是古代的,具体为鸦片战争之前的文学类文本;从思想内蕴而言,古诗文富含人文素养,深具文化底蕴。而按照文学文本分层理论,文学类文本从外到内分为三层:(1)语言层。语言层是文本首先呈现给读者的、供其阅读的字词句的具体组合形态,是文本结构的表层。与其他文本不同的是,古诗文的语言层由言简意赅、意蕴深远的文言文构建。(2)形象层。在审美性的文学语言感染下,读者经过想象与联想把文学类文本中抽象的语言文字符号在头脑中转换成活生生的、具体可感的文学形象或意味深长的意象,并构成了一个引人入胜的艺术世界。古诗文常通过意象来营建意境。(3)意蕴层。意蕴层是指文本所蕴含的思想、情感等各种内容。古诗文的文化底蕴是文本的意蕴层,让文本扎根于深厚的优秀传统文化土壤中。因此,当前要提升高中语文课程中优秀传统文化教育的实施效果,在古诗文教学时(无论单篇还是群文)都需将文本的三层(语言层、形象层、内蕴层)的揭示活动进行适当的统整,即在已完成的文字教育、文学教育的基础上,将文化教育整合融入。在整合的过程中,以语言文字为基础,文学教育与文化教育你中有我,我中有你,最终使古诗文的课堂教学全面浸润在优秀传统文化教育中。

具体来说,在以文字教育为基础的古诗文教学中,文学教育与文化教育的多重整合可表现在三个方面:

其一,文学表达技巧研讨与文化教学情境感悟的整合。

表达技巧是文学教育中的概念,指文本中符号之间意义组合的依据,包括修辞手法、表现手法、结构手法、表达方式、材料安排等。表达技巧使用高明的文本常被称为有"文采"。文采是通过表达技巧展示的文本的外在形态,有文采

① 中华人民共和国教育部.普通高中语文课程标准:实验[J].语文建设,2003(9):56.

② 史洁.语文教材文学类文本研究[D].济南:山东师范大学,2013:3-4.

的文本如精雕细琢的"亭台楼阁";质朴是体现在文本内容与情感上的内在品质,质朴的文本一般不事雕琢,以内容或情感丰富见长。虽然对文本表达技巧的研讨一直是语文课堂中古诗文阅读与写作教学的重点,且教学中通过对文本表达技巧的研讨,学习者往往可以一定程度上把握写作思路,抓住表达意图,体会语言内涵,学习艺术手法。然而,对优秀传统文化内蕴深厚的古诗文教学,若只沉迷于对文本表达技巧的研讨,容易就形式论形式,忽略其内在品质,使教学过程因缺乏情感的投入与内在的关注而让文化自信与文化认同感无枝可栖。如此,教学古诗文要在对文本表达技巧研讨的基础上融入对文化教学情境的真情感悟。

对文化教学情境的真情感悟是指文本教学时围绕文本的内容与表现的情感积极创设各种语文实践活动情境,以真实的情境激起学习者对优秀传统文化的情感体验,让学习者投入真情实感,在由教学情境营造的文化氛围中浸染优秀传统文化并尝试内化。古诗文的文化教学情境创设可以发生在课堂教学的任何一个环节,但每一次创设的文化情境一定要恰当且真实,为古诗文有效教学服务。

其二,美的文学发现与美的文化体验的整合。

中国传统经常把一切能作为欣赏对象的事物都叫"美"①。美主要有自然美、社会美、艺术美三种存在形态。自然美是自然事物与生命的运动显示出来的美;社会美是指以人类社会活动为中心的美的形态;②艺术美是一种反映形态的美,是艺术家创造性劳动的产物。古诗文以生动的形象越过了千年时光留住了永恒的美。如统编教材选择性必修上册的《春江花月夜》是留住美的经典,有"孤篇压倒全唐"之称。文本篇首数句摹写自然,描绘了一幅幽美邈远的春江月夜图,勾起读者对自然美的向往。篇中叙写男女相思的离愁别恨,尽显社会美。结句将月光之情、游子之情、诗人之情交织成一片,这情丝又是文本艺术美的再现。通过带有文学审美性质的文本解读,读者可以在字里行间发现文本留住的美。如此,虽不能穿越时空、亲临其境,但读者却能获得美的感受。不过这种发现文本留存的"美"所进行的"美育"往往停留在对美的文学审美层面,难以内

---

① 李泽厚.美学四讲[M].天津:天津社会科学院出版社,2001:61-66.
② 汪军.统编义务教育小学语文教科书传统文化内容中的自然美与社会美[J].课程·教材·教法,2019,39(4):21-22.

化达到以美育人的效果,须融入学习者文化具身体验性质的教学形式美感体验。

教学形式的美感体验是指在教学过程中,通过对文本内容的呈现,围绕文本诠释所开展的多样化教学活动,在发现文本留住的美的基础上,让学习者具身体验美的文化意义,感受美的文化魅力。美感体验主要有对音乐美的体验与对绘画美的体验两种。以音乐美的体验为例。文本的音乐美主要展现在文本的节奏上。现代美学大师朱光潜认为,节奏主要见于声音,但也不限于声音;形体长短、大小、粗细相错综,颜色深浅浓淡和不同调质相错综,都可以见出规律和节奏。① 古诗文中诗歌类文本的节奏体现在文本声音的层面,与语言的平仄、韵律、调式等相关。对诗歌类文本音乐美的体验可以通过不同形式的朗读来实现。通过对不同节奏展现的音乐美的具身体验,学习者可以对文本诠释出不同的理解,体悟到经典文本超越千年的艺术魅力,促进个体审美鉴赏能力与创造力的提升,并产生对优秀传统文化的认同感,增强文化自信。

其三,文本文学主题探究与全过程文化教育的整合。

从文学的角度来看,主题是古诗文的灵魂,既是作者写作目的所在,也是文本意义显现处。主题的深浅往往决定着价值的高低。而从教育学的角度来说,主题(中心思想)又是文本教学实现立德树人教育根本任务的关键,它关涉文本的德育方向。通过对文本的文学主题探究,学习者了解文本学习的文学价值,受到文学教育。如此,对古诗文的文本主题的探究一向是古诗文教学不可或缺的环节。

然而,在优秀传统文化教育背景下,课堂环节的文学主题探究难以承担起充分挖掘文本的文化教育价值的重责。于是,从主题探究出发的文学写作主旨教育,需要与贯穿文本文化价值实现全过程的文化教育相互整合。优秀传统文化教育贯穿文本教学的全过程,具体是指在古诗文的教学过程中,通过优秀传统文化核心理念的引领,对学习者进行一系列文化教育活动,以文育人以助学习者修身养性,提高学习者对传统文化的认可度、认同感,从而增强文化自信。

2.非成文类:在学习任务群等多重整合中部分渗透优秀传统文化教育

中国传统文化与课文之间第二种关系是中国传统文化为课文的一个部分,

---

① 朱光潜. 谈美书简[M]. 南京:江苏文艺出版社,2007:56.

这部分中国传统文化是以碎片非成文的方式存在统编教材中,其中,优秀传统文化常常作为课程资源而被引入课堂。因而,在对这一部分内容进行教学时,因优秀传统文化教育不是课堂教学的主体,教师就需要在适当的时候通过学习任务群等多重整合在课堂教学中部分渗透优秀传统文化教育。如此,摆在高中语文教师们面前的问题就有两个:高中语文教师在何时进行整合? 又如何进行整合以实现优秀传统文化教育的部分渗透?

为具体说明,本研究以统编教材必修上册第八单元的"词语积累与词语解释"的教学设计为案例进行诠释。

统编高中语文教材必修上册第八单元为"词语积累与词语解释",归属"语言积累、梳理与探究"学习任务群。进入这一单元的反映优秀传统文化内容的载体形式有成语等人文典故,且在"体会词语的感情色彩"中关涉古代基本常识中的"褒贬文化"等。对以碎片式存在于语文教材的优秀传统文化内容的教学,本研究者依照教科书第 129 页的提示,将成语类的人文典故、基本常识与第六单元课文《拿来主义》的相关任务群进行整合,从而设计一个"语言积累、梳理与探究"小任务来部分渗透优秀传统文化教育。具体的小任务教学设计如下所示:

"语言积累、梳理与探究"小任务教学设计

按照新课标,学习任务群 4 为"语言积累、梳理与探究"。这一任务群旨在"培养学生丰富语言积累、梳理语言现象的习惯,在观察、探索语言文字现象,发现语言文字运用问题的过程中,自主积累语文知识,探究语言文字运用规律……"[1]。而从能力培养角度来说,该任务群要培养学生正确理解与运用祖国语言文字的能力,即语用能力。当前,"语言积累、梳理与探究"学习任务群的落实有三种任务方式:"大任务"有较强的综合性,一般可同时具有多个主题的内容,完成一个大任务要安排九个课时;"中任务"以一个主题为核心,集中安排四至五个课时;"小任务"切口小,从小的专题进去,穿插在其他任务群的学习过程中,完成一个小任务只需安排 1~2 个课时。[2]

① 中华人民共和国教育部.普通高中语文课程标准:2017 年版 2020 年修订[M].2 版.北京:人民教育出版社,2020:15.

② 王丹霞,朱俊阳."语言积累、梳理与探究"任务群课标设计详解[J].语文建设,2019(17):8.

必修上册第八单元"词语积累与词语解释"学习活动是"语言积累、梳理与探究"任务群。这一学习活动第三节第二条为"体会词语的感情色彩",课本第129页以鲁迅的《拿来主义》的两个片段为例。同时,《拿来主义》所在的第六单元课后学习任务二的任务说明为"本单元的文章以说理为主,运用了多种说理方式,语言也各有特色。《劝学》多以比喻阐发道理,生动形象;《反对党八股》为党八股画像,态度鲜明而又诙谐幽默;《拿来主义》先破后立,睿智犀利而又妙趣横生"。如此,可以将这一任务群与第六单元的"思辨性阅读与写作"任务群相配合,从语言的感情色彩(褒贬)的小专题切入探究如何在语文语言实践活动中提高学习者的语用能力。安排2个课时。

这一小任务的具体设计如下:

一、学习目标

语用能力是公民最基础的、最核心的能力和素质之一,是公民的基本能力和素质的综合体现。语用能力的培养是语文学科教学的重要内容,语文教学只有紧紧抓住"语用能力"这条缰绳,方可守住语文的本色。① 语用能力包括:得体传达出个人信息的能力、恰当理解别人信息的能力、保证交际顺利进行的能力。② 围绕"语用能力",基于新课标对"语言积累、梳理与探究"任务群的目标设定将本次小任务的学习目标定为:

(一)认知褒贬含义,体会褒贬与传统文化的关系,理解与传承传统文化

词语的褒贬色彩隐含了说话者的情感与态度,对褒贬含义的认知能让看起来烦琐冰冷的"语言积累、梳理与探究"的过程具有生命的温度。褒贬自古就有,褒贬成为一种文化具有悠久的历史,可以追溯到人类轴心时代的"春秋笔法"。从褒贬切入,追溯褒贬的历史渊源,赋予词语运用厚重的文化底蕴,从而进行文化的古今衔接;通过语文实践活动情境的创设让优秀传统文化在当代获得创新性发展。

(二)在语境中领会褒贬的巧妙运用,提高理解文本信息与写作意图的能力

褒贬不仅有语义的褒贬还有语境的褒贬。语言知识的学习不能脱离文本阅读实践。在文本语境中理解词语的褒贬,可以学习词语运用表达情感的艺术手法。而结合教科书上的文本阅读理解褒贬的运用,能学以致用,有效提高学

---

① 刘光成.语文课应培养学生的语用能力[J].中学语文教学,2015(3):13.
② 余光武.论汉语语用能力的构成与评估[J].语言科学,2014,13(1):49.

习者对文本信息及对作者写作意图的理解力。

(三)在语言文字运用中检核学习效果,增强表达得体性与个性化

实践是认识的来源,也是认识的目的。同理,从语言运用实践中获得的语言知识与语用能力需要在表达交流中得到巩固与提升。如此,通过语言实践活动来检核学习效果,能有的放矢地引领学生准确运用褒贬,正确得体运用词语并增强表达的个性化。

二、学习过程

学习活动:本学习活动穿插在《拿来主义》的教学过程中,以文本的语言特色赏析为引,延伸至从褒贬角度探究如何提高学生的语用能力。分为三个学习任务。第一个学习任务通过小组合作的方式对语言现象进行梳理与对语言规律进行探究。课堂上给学生充足的自主探究和讨论交流时间,梳理褒贬现象,探究褒贬使用规律。第二个学习任务侧重阅读与鉴赏,在"春秋笔法"的主题阅读中感受褒贬文化的发展,推动对传统文化的理解与传承。第三个学习任务着重于表达与交流,在语言运用的实践活动中提高语言得体表达能力以及促进表达个性化。

任务一:理解含义,梳理现象,探究语言使用一般规律

《拿来主义》是一篇抨击时政、挑战强权、具有鲜明情感倾向的杂文。文本教学的重点之一是赏析作者炉火纯青、登峰造极的语言艺术。从语言角度而言,作者如何巧妙选择与运用词语展现鲜明的爱憎情感是研究的问题起点。要解决这个问题,学生需正向迁移词语感情色彩的相关知识:褒贬的含义以及褒贬的分类。

按照感情色彩,词语可以分为褒义词、中性词及贬义词三类。褒义词是词义带有赞许、肯定感情的词;贬义词是词义带有贬斥、否定、憎恨、轻蔑感情色彩的词;中性词是一种通用词,褒贬之间通用,主要是根据一句话和一件事情的程度和结果,来判断是褒义还是贬义。褒贬有语义的褒贬及语境的褒贬两种。

结合《拿来主义》文本教学,了解作者的词语运用情感倾向。分小组找一找《拿来主义》中哪些词语的使用体现了作者的褒贬情感、使用的效果及例句。在此基础上,归纳出词语选择褒贬使用的类型、效果,并延伸至本单元其他文本或非本单元其他文本褒贬使用例句的搜集。

任务二:追本溯源,文化引领,促进传统文化理解与传承

褒贬不只是词语的色彩,还可以通过词语的选择与运用在文本中表达写作者的爱恨,延伸形成一种褒贬文化。褒贬文化可以追溯到春秋笔法。"春秋笔法"也叫"春秋书法"。《春秋左氏传·序》说《春秋》"以一字为褒贬",道出了春秋笔法最传统也是最狭义的理解,即一字含褒贬。

"春秋笔法"后来发展成为一种通过选字和排列词序等行文方式来表达作者褒贬意图的写作手法。其应用领域先是从经学到史学,如《史记》中将"春秋笔法"从词语的选取寓褒贬发展为材料的选择安排沁透褒贬之情。再从史学领域到文学领域。盛唐"诗圣"杜甫就是一个习惯性用"春秋笔法"暗示褒贬的高手。他常用变换称谓自己的方式来暗示个人境遇,又常在称谓他人用词的变化中表达自己的褒贬情感①;而真正开启"春秋笔法"现代研究先河的是钱钟书,他将其定义为一种修辞方法。

教师按照时间顺序系统讲授褒贬文化的发展,为帮助学生理解与传承传统文化,设计3个文本阅读来配合教学。

1.展现"春秋笔法"一字含褒贬的典例

齐宣王问曰:"汤放桀,武王伐纣,有诸?"

孟子对曰:"于传有之。"

曰:"臣弑其君,可乎?"

曰:"贼仁者谓之贼,贼义者谓之残。残贼之人谓之一夫。闻诛一夫纣矣,未闻弑君也。"

——《孟子·梁惠王下》

赏析文本中的"放""伐""诛""弑"如何一字含褒贬。

2.《史记·彭越列传》中,思考作者为什么选材时不厌其烦地分条列举彭越的功绩,而对其他简要叙述。

3.阅读杜甫长篇叙事诗《北征》,联系写作背景,探究:北征什么含义? 为何作者自称"杜子"?

《中华优秀传统文化进中小学课程教材指南》提出,中小学要在课程教材、教育教学等育人环节认真贯彻落实优秀传统文化教育。设置这一环节让教师作为优秀传统文化的传播者,以褒贬为媒介,对青少年进行优秀传统文化教育;

---

① 王斐然.从"一字褒贬"到"推见至隐":杜诗中的"春秋笔法"[D].济南:山东大学,2017:22.

同时,教师对褒贬文化的讲解,有利于学生建构优秀传统文化知识体系;并通过文本阅读语境的设置让学生了解中华传统文化中的褒贬文化,形成文化认同感,增强文化自信,激发学生对祖国语言文字的热爱之情,培育学生理解与传承传统文化的核心素养。

任务三:语言运用,考练结合,助力表达得体与个性化

语言运用既是语言积累、梳理与探究的基础,亦是后者的最终目的。这一任务分为两个部分:

其一,以口头表达方式进行,通过高考题型练习,直接检测学生的语言表达得体性。词语使用一直是高考的必备考核项目。原来的考核习惯性将标点符号、修辞、词语使用、病句等语言运用分开考核;新高考后,全国卷的语言运用三个部分放在同一个文段语境中进行考核。为此,设计了 2 道口头练习题。

1. 画线成语是否用错?

碳排放过量会带来严重的危害,如果不加以遏制,全球性大灾难<u>指日可待</u>。

2. 选择正确的词语。依次填入画横线部分最恰当的一项是(　　　　)

对很多作家来说,最_____的文字,大都源自早年乡土经验。因为进入熟悉的过去场景,就亲切、温暖,就自在,就感觉身心通泰_____,有如神助。而那些仅仅依靠凭空想象而来的创作,虽然_____,用尽心力,往往还是拘涩凝滞,难以自由伸展。

A. 成功　　　洋洋洒洒　　　精雕细琢

B. 珍贵　　　妙语连珠　　　费尽心机

C. 原创　　　文思泉涌　　　处心积虑

D. 得意　　　下笔成章　　　绞尽脑汁

以课件展示,学生口头回答,并说明原因,再集体点评。通过这一部分的练习,学生积累词语,掌握答题技巧,正确使用语言,使语言表达在语境中得体。

其二,以书面表达方式进行,联系现实生活中褒贬的应用,考核学生在语境中使用褒贬,促进学生表达个性化。

褒贬文化在当今时代有很好的运用,不仅国家公文提倡用"春秋笔法",而且在老百姓生活中出现了夸夸群与喷喷群。夸夸群,即"全方位地用华丽的辞藻疯狂地夸奖吹捧你"的多人群聊。夸是一种肯定与认可,其用词就需要用褒义词。相反,喷喷群是专门挑毛病的群聊,喷是一种否定与批评,其用词需要用

贬义词。

以夸夸群为例设计训练表达得体的语言运用口头表达练习：

X 高中一个高一学生,骑车上学路上不小心被人将啤酒倒在书包上,在夸夸群求夸,结果被人夸得喜笑颜开:背上带酒味的包去上课,你就是整条街最醉人的崽。有人提出"学习了一下午,求夸",说说怎么夸?

书面表达往往可以体现表达的个性化,为此设计一个褒贬使用的短文写作练习:

从下列每组近义词中任选一个词语,择其中三个以上连成一段 100 字左右的短文,想象合理,表达流畅。(注意情感的倾向)

情投意合	见机行事	侃侃而谈
臭味相投	见风使舵	夸夸其谈
深思熟虑	绞尽脑汁	无微不至
处心积虑	费尽心机	无所不至

这一教学设计的主体部分是由本文作者与某青年教师共同完成的。在本文作者的指导下,该青年教师在此教学设计的基础上完善具体的教学环节,形成操作性的教案后赴外地高中学校执教参赛,最终在 2022 年市级高中语文"同课异构"主题教学比赛中获得了较好的参赛名次。大部分评委老师与观课者认为,就教学设计而言,该课设计新颖,有很强的整合性,饱含古今文化的交融,渗透一定的优秀传统文化教育,教学内容贴近学生的生活实际与时代特性,教学环节有利于激发学生课堂参与的积极性。

事实上,就如这些一线老师所指出的,这个案例的确存在多重整合的有意设计。首先,它将必修(上)第八单元的"语言积累、梳理与探究"学习任务群与第六单元的"思辨性阅读与表达"学习任务群进行了整合。整合后,以前者为主体,设计了三个学习任务并具体落实到听说读写的语文课堂活动,以期实现从褒贬角度来提高学习者的语用能力的教学目的。然后,在两个学习任务群整合的背景下,研究者还有意识地设置了阅读与写作的小整合、信息素养培育与语文核心素养培育的小整合、当代社会与当下课堂这一现场和古代社会与文化传统这一现场的小整合等。尤其最后面这两个现场的整合,正是当前高中语文教师在优秀传统文化教育实施的过程中完成优秀传统文化的传承与创新使命不可或缺的一个重要环节。通过这些大小的多重整合,以优秀传统文化教育实施为核心将两个学习任务群中的有关优秀传统文化的碎片化知识——成语类的人文典故与褒贬文化类的基本常识统整起来,在历史文化情境与当下的时空转换中进行优秀传统文化的传承与创新教育。

二、针对高中学生方面问题解决的策略

本研究在对作为文化主体的高中学生的问题归因时发现,高中学生在优秀传统文化传承中的文化自觉层次不高有两个方面原因:其一,高中生在实施优秀传统文化教育的课堂中丧失了主体地位。这与学生自身有关,属于内部因素。其二,高中生的文化自觉意识淡薄。这是由教师造成的,属于外部因素。因而,文化自觉理论视域下,本研究认为,要提升高中生在优秀传统文化传承中的文化自觉层次,推动学生积极参与课堂并进行主动的文化实践活动,要从教师与学生两个方面入手:

(一)学生需要捍卫课堂参与的权利并增强优秀传统文化传承自觉性

按照马克思主义基本原理,事物的发展依靠内外因共同推动,内因是第一位的,决定着事物发展的基本趋向;外因是第二位的,它对事物的发展起着加速或延缓的作用。由此,要从根本上提高学生在优秀传统文化传承中的文化层次,必须从作为内因的学生入手。

1.学生要认识并维护课堂参与的主动权利

深究高中生丧失课堂主体性地位的缘由,从学生的角度来看,是学生自己未充分认知并捍卫自身应有的课堂参与的主动权利,学生在课堂中自身未能"立"起来,一直处于被支配者的地位。因此,要让高中生成为课堂的中心,恢复其课堂中的主体地位,首先要让高中生认知其具有课堂参与的主动权利,并理直气壮地捍卫它,变"要我参与"为"我要参与"。

从理论上来说,学生具有课堂参与的主动权利。1989 年,联合国出台了《儿童权利公约》,确立了四项儿童权利基本指导性原则,分别为:儿童最大利益原则、表达意见原则、生存与发展原则、无差别原则。① 课堂教学效果直接关联学生的切身利益,学生有权对影响自己利益的一切内容有表达意见的权利。在现

① 仲建维.沉重的主体:学校教育中学生权利之研究[D].上海:华东师范大学,2006:31.

代课堂的语境中,作为课堂中心的学生应具有课堂参与的主动权利。因而,在当下语文课程中实施优秀传统文化教育的过程中,高中生在实施优秀传统文化教育的语文课堂中应是主动的、核心的,并处于主体地位。为此,高中生作为一个独立存在的个体,自身一定要清晰认知个体具有课堂参与的主动权利,并积极维护自己的权利,树立自己的主体参与意识,在行为上从"要我参与"向"我要参与"转变。高中生只有对自身的课堂参与的主动权利在思想与行为上实现知行合一,真正展现同为文化主体在优秀传统文化传承工程中的主人翁形象,才可以与教师平等、无间配合,积极主动地参与实施优秀传统文化教育的课堂,从而实现学生主体与教师主导的真实协同合作,有效提升高中语文课程中优秀传统文化教育实施的效果。

2.学生要增强优秀传统文化传承自觉意识

在文化学中,"传承"最常见,它表征为在时间上文化的纵向传衍与承续,它隐含代际之间"文化基因"一脉相承。"文化传承"的意义在于它是"人类社会发展的内在精神动力"①。在新时代,立足中国当代发展的政治立场,"传承中华优秀传统文化,是中华民族最深沉的精神追求,是国家治国理政的战略要求,是实现'两个一百年'奋斗目标和中华民族伟大复兴中国梦的精神支撑"②。在对优秀传统文化传承的过程中,人与文化的密切关系决定了传承主体才是中华优秀传统文化传承的关键着力点。对优秀传统文化的传承而言,其文化传承主体包括了儿童、青年、中年和老年等群体。因此,在第一个百年计划已然实现后,在中国人民正踌躇满志奔赴中国式现代化进程中,传承中华优秀传统文化,人人有责。这意味着每个中国人都有传承中华优秀传统文化的责任与义务。

"从中国教育历史发展来看,学校教育这个场域以及教育内容这种载体形式传承与发展中华传统文化,是任何其他场域和形式都无法替代的"③。这就是说,各大中小学校是传承与发展优秀传统文化的主要场所。按照 2021 年发布的《中华优秀传统文化进中小学课程教材指南》,优秀传统文化按照各学科课

---

① 陈先达.文化传承的自觉性和制度化[N].光明日报,2017-04-17(15).

② 王梅琳,李安增.中华优秀传统文化传承中的青年责任[J].广西社会科学,2019(4):140.

③ 张玉琳,韩亚男.中国传统文化要义与传承研究[M].北京:中国商业出版社,2020:154.

程在中华优秀传统文化教育中的地位有重点、分层次进入各学科课程教材。语文课程是优秀传统文化融入的核心课程,本身又在传承和弘扬优秀传统文化、推动文化的创新发展方面具有不可替代的优势,所以实施优秀传统文化教育的语文课堂是中小学传承和发展优秀传统文化的重点区域。作为课程实施者与文化传递者的高中语文教师具有在高中语文课程中传递优秀传统文化的使命与义务,同时,作为国家与民族的希望的高中生也有在语文课程中传承中华优秀传统文化的责任与担当。在举国上下正群策群力奔赴中国式现代化的伟大征途时,高中生也要勇敢"立"起来,为传承优秀传统文化而学习优秀传统文化,增强传承中华优秀传统文化的自觉意识,从而主动自觉地参与实施优秀传统文化教育的课堂。高中生的优秀传统文化传承意识增强的具体表现为:从做优秀传统文化的学习者到做优秀传统文化的践行者再到做优秀传统文化的传承者。

文化传承不是一时兴起之事,而是一代又一代要付诸一世辛劳的工程。因而,文化传承有持续性,要长效,需要付出坚持不懈的努力。文化传承中的自我激励是引导传承主体传承行为、激活传承主体传承"源动力"的重要因素,也是其化外在的"外界输血型"传承为"内生造血型"传承的关键。① 高中生对优秀传统文化传承的自我激励策略有:

(1)对外部评价的积极与正向反馈

在优秀传统文化教育的实施过程中,高中生对来自教师的评价与同伴的评价要进行积极的思考与正向反馈,从心理上认同优秀传统文化的传承对自身成长、社会发展、国家建设的积极意义。

(2)在课堂参与中获得胜任、独立等基本需要的满足

高中生要积极主动参与学习传统文化知识、体悟其精神实质等文化实践活动,在切实传承优秀传统文化的过程中获得成就感与满足感。当作为优秀传统文化传承主体之一的高中生自我感觉在优秀传统文化传承的过程中非常有趣且游刃有余,就会在内心催生持续稳定的钟情度,并更重视且更愿意通过学习、践行与传递进行优秀传统文化的传承。

(3)与教师有高质量的交流互动

按照现有研究,依师生交往类型与课堂效果的关系,课堂分为四种类型,其

---

① 陈俊秀.传统文化传承主体的自我激励与长效激励[J].学习与实践,2020(20):108.

中师生保持双向交往的课堂教学效果好。① 高中生在实施优秀传统文化教育的过程中如果能积极与教师交流互动,那些高质量的交流互动就可以激发个体的优秀传统文化传承意识并激起与之相适宜的优秀传统文化的传承行为。当这样的激励措施有效发挥作用,高中生对优秀传统文化的传承就成为一种习惯,增强了其对优秀传统文化传承的自觉意识,并以积极参与的方式践行在高中语文课程中优秀传统文化教育的实施过程中,促进高中生传承优秀传统文化长效机制的生成。

(二)教师要转变课堂角色并多角度引导学生多层次参与实施过程

基于问题归因,从外因角度入手要提升高中生的文化自觉层次,从而促进其提高个体的优秀传统文化传承与创新方面的文化实践能力,教师需要从以下几个方面切入:

1.教师要转变个人在课堂中的角色,变课堂"支配者"为学习"辅助者"

深究高中生丧失课堂主体性地位的缘由,从教师的角度来看,是教师有意极大弱化了学生课堂参与的主动权利,并强行剥夺了学生的课堂主体地位。教师这种不适宜的有意,除了应试教育残存的消极影响及升学的社会功利性追求外,应该还有教师潜意识的原因,即教师为预防教学的不确定性,在心里抵制谈学生课堂参与的主动权利,担心原来建立起来的教育权力被削弱,从而影响教师的教育权威。② 学者从社会学角度研究课堂教学发现,教师与学生在我国传统课堂教学中属于控制与服从的关系。③ 这种师生的支配与被支配的关系背后隐藏着教师在课堂教学中的绝对中心地位,它能极大提高课堂效率,可满足工业化社会对批量生产人才的社会需求。依据现状调查,因受社会与学校功利化氛围的浸染,加之教师既需顺应强大的外部压力,又不得不兼顾个体发展诉求,当前高中语文教师在优秀传统文化教育实施的课堂中处于绝对主导地位,是课堂的中心与支配者。当代处于后工业化社会,随着科学技术的蓬勃发展及社会

---

① 曾琦.关于小学教师对学生课堂参与的内隐观的研究[J].心理科学,2004(5):1228 - 1229.

② 仲建维.沉重的主体:学校教育中学生权利之研究[D].上海:华东师范大学,2006:88.

③ 吴康宁,程晓樵,吴永军,等.课堂教学的社会学研究[J].教育研究,1997,18(2):66.

分工的日益精细,社会所需求的人才呈现多样化。社会对教育的人才培养目标提出了"全面发展与个性化发展相统一"的要求。这种要求体现在语文学科课程上,新课标在"基本理念"部分提出,高中语文课程要"在促进学生全面而有个性的发展方面发挥应有的功能"①;若这种要求表现在课堂教学中,日本学者佐藤学教授提出,今后的教学,应从大一统的传授型方式中蜕变出来,以学生的个性化学习为中心,转变成为活动的、合作的、反思的学习方式。② 因此,为保障学生在实施优秀传统文化教育的高中语文课堂中的主体地位,使当代教适应时代发展,高中语文教师必须转变课堂角色,从支配者与幕前者变身为协商者与辅助者。

教师课堂角色的转变来源于教师的课堂角色意识的转变并外显在课堂行为的变迁上。要真正落实课堂以"学生"为中心,教师一定要转变个人的"课堂权威角色"意识,消除个体对课堂的主宰念头与支配欲望,取消"一言堂",走近学生并平视他们,了解学生所思所想所爱所憎,从问题出发用心营建优秀传统文化教学情境,精心设计课堂教学环节,并在具体的课堂教学过程中根据学生在语文活动中的反馈信息,不断调整教学活动,使高中生真正成为课堂活动的当事人,让师生、生生、生与文本的多重对话交流活跃在课堂。只有教师在课堂教学中能做到时时心系学生,学生才会积极主动配合教师,从而有效提高学生在优秀传统文化教育实施过程中的参与主动性。

2.教师要有的放矢,对不同的学生实施不同的优秀传统文化教育

有的放矢,即因材施教。依据抽样测评所得出的结论,在语文课程中实施优秀传统文化教育的过程中,高中生的学习方向与其对优秀传统文化的认知、对优秀传统文化的认同及对优秀传统文化的实践之间存在着低度关联,高中生的语文学习成绩与其对优秀传统文化的认知、对优秀传统文化的认同、对优秀传统文化的实践之间存在中度关联。因此,高中语文教师在实施优秀传统文化教育的课堂中要有意识地对不同学习方向与不同语文成绩的高中生进行公平性差别教学。

---

① 中华人民共和国教育部.普通高中语文课程标准:2017 年版 2020 年修订[M].2 版.北京:人民教育出版社,2020:2.

② 佐藤学.静悄悄的革命:课堂改变,学校就会改变[M].李季湄,译.北京:教育科学出版社,2014:13.

面对不同学习方向的高中学生,语文教师在语文课程中对历史方向的高中生实施优秀传统文化教育时,要积极利用其学习方向带来的优势,将统编教材中的中国传统文化内容与中国历史更深度结合,在对中国传统文化内容进行纵向或横向的文化挖掘的同时,推动学生产生学习成就感与优越感,从而提高学生的主动性。语文教师在语文课程中对物理方向的高中生实施优秀传统文化教育时,要理解学生在中国历史上的认知不足,通过知人论世、课前预习等教学环节的设置补充相关历史知识,同时也要积极利用物理方向的学生在理性逻辑思维能力方面的优势,在对教材中的中国传统文化内容进行文化挖掘之时多从理性认知的角度切入,从而在弥补不足与催生优越感的基础上提高物理方向的学生的主动性。

测评结果显示,语文学习成绩好,学生在实施优秀传统文化教育的过程中收获就多。在教育实践中,学习成绩好的学生获得教师的关注更多,获得学习的机会也更多;相应地,语文学习成绩不好的学生得到教师的关注与学习机会都比较少。高中语文课程中的优秀传统文化教育面对的是全体青少年,每一个孩子都应有公正、公平地接受优秀传统文化教育的机会。因此,在优秀传统文化教育的实施过程中,作为实施者的教师不能因为学生的语文成绩不好就忽视他们。所以,高中语文教师在实施优秀传统文化教育的过程中除要对成绩较好的学生保持持续关注外,还要更多地关心那些在标准化测试中表现不佳的学生,这些学生因为语文基础不好,在优秀传统文化学习上更需要语文教师的耐心与悉心的指导。

3.教师要精心组织课堂教学,多角度引导学生多层次参与实施过程

课堂是学生进行文化实践的重要场所。高中学生如果没有足够的课堂参与,就没有充分的文化实践,也就难以形成较高的文化自觉层次。学生在课堂中的参与不足除因自身的主体地位丧失外,还与教师在课堂教学中的行为有关。无形中降低了学生主动性的教师教学行为具体有:教师常常"一言堂",让课堂氛围枯燥;以讲授知识为主,教学形式单一;教学与考试紧密相关,内容缺乏趣味性;以引发学生的理性或感性思考为主,少开展具身体验的文化实践活动。为此,高中语文教师一定要在课堂教学组织上下功夫,以提高学生的参与度来增强学生进行文化实践的主动性。

以参与程度来分,学生参与的课堂分为三种类型:表层参与式课堂、浅层参

与式课堂及深度参与式课堂。表层参与式课堂是借助感官刺激来适应学生不同的感觉认知学习需求,激发学生参与的课堂。在浅层参与式课堂中,教师通常借助体验来深化学生的课堂认知。在深度参与式课堂上,教师组织课堂教学内容,通过开发应用课程资源深度参与课堂,学生调动各种感官参与课堂,在参与、体验、认知与感悟中形成对课堂的真实理解,课堂教学中教师和学生具有参与性互动。①

基于实践探索的直接经验与文献研究的间接经验,本研究者认为,高中语文教师多角度引导高中生多层次参与课堂的策略具体有:

(1)教师要积极创设双重情境

新课标提出,教师在教学之时要"根据学生的发展需求,围绕学习任务群创设能够引导学生广泛、深度参与的学习情境"②。如此,高中语文课程中优秀传统文化教育实施要取得良好效果,必然要创设学习情境。高中生如果在情境中学习优秀传统文化,就有事半功倍的效果。就如本研究者在第二章所阐述的,高中语文课程中优秀传统文化教育实施的应然样态有两种,一是全面浸润式,一是部分渗透式。其中,全面浸润式所外显的课堂全面浸润优秀传统文化的情形是高中语文课程中优秀传统文化教育实施的理想状态。但不管是哪种实施样态,教师在实施之时都需要营建相关的文化情境。只有教师实施优秀传统文化教育的时机恰到好处,是自然而然的、水到渠成的、顺势而为的,才能让学生对教师传播的优秀传统文化入脑入心,推进优秀传统文化与高中生真正灵魂对话,融入高中生的血脉。如果教师没有任何铺垫,硬性实施优秀传统文化教育,高中生会认为教师在言语说教,导致他们容易对教师传播的优秀传统文化左耳进右耳出,且在文化行为上呈现知行不一。

文化自觉理论视域下,情境的创设分为语文课程实施整体文化情境的创设与课堂教学环节教学情境的创设。前者,从实质来看更多的是一种文化氛围。高中语文教师对优秀传统文化发自内心的热爱,对优秀传统文化的课程传播意

---

① 彭银梅.基于多感官刺激的学生课堂参与研究[J].教育理论与实践,2017,37(29):59-60.

② 中华人民共和国教育部.普通高中语文课程标准:2017年版2020年修订[M].2版.北京:人民教育出版社,2020:42.

识,儒雅有风度的举止,在教学过程中恰如其分地援引人文典故和基本常识,随着教学环节的推进信手拈来贴合语境的经典古诗文的优秀传统文化行为,通过教师的课堂表现(言传身教)无形为课堂营建了一个文化气场。这种气场无形且只能意会不能言传,却有着优秀传统文化传递的亲和力、吸引力与影响力,让学生因亲其师而爱其道,从而对教师在语文课程中实施优秀传统文化教育产生亲近感。这种文化情境的创设与语文教师的优秀传统文化素养紧密相关。具有良好优秀传统文化素养的高中语文教师通过课堂中自身优雅的一言一行,将学生带进了优秀传统文化教育实施的文化语境。后者,是教师为更好地实现教学目标在教学环节创设的一段教学情境。情境创设的方法有很多,借助信息技术等手段,可以通过教师一段感染性强的开场语导入情境,也可以通过播放一段视频或语音营造情境,还可以通过学生的角色朗读、课本剧表演等再现情境。

两种情境的创设各有方法。前者依靠教师良好的优秀传统文化素养支撑,需要语文教师长期自觉学习优秀传统文化。但一旦良好的优秀传统文化素养养成,这种依靠教师带来的文化情境能稳定存在于传统文化课堂中并对高中语文教师在语文课程中实施优秀传统文化教育有利。后者要比前者更容易在短期内完成。教学情境因多变而形式多样,它可以通过言语、信息技术等多种方法在课堂教学的任何一个环节出现,为某一个或多个教学目标的实现服务。高中语文教师可以根据课堂教学的具体内容自由创设,通过创设良好的教学情境引导学生不知不觉间参与实施优秀传统文化教育的语文课堂。

(2)教师要注重"读"

在教育实践中,所有的语文活动其实都可以归结到"听""说""读""写"中。而现状调查发现,教师在课堂中常使用讲授法且以传授知识为主。这意味着,在教师的大量"讲"中,学生会"说"得多,"听"得多,"写"得多;这样,高中生的"读"就相对而言少了很多。而在实施优秀传统文化教育的过程中,多样化的读能引导学生在琅琅读书声中走近并领悟优秀传统文化,催生学生对优秀传统文化的直接兴趣。因此,作为实施者的教师要注重"读"。

纵向来看,语文教育中的"读"有两种形式:一是吟诵,曾活跃在古代语文教育中;二是朗读与背诵,在现当代语文教育中常用。

吟诵从先秦开始,通过私塾、官学等教育系统以口传心授的方式代代相传至今。学者徐建顺认为当代语文教师所熟知的朗诵是百年前从西方和日本传入的,而之前所有的中国读书人,都是吟诵的。① 吟诵包含吟咏和诵读,两者都依字行腔,不同点是前者有曲调而后者无。吟诵所行之腔分为基本调与吟诵调,基本调是依诗词格律形成不同诗体、文体的基本腔调。用基本调吟诗,相同格律会吟得基本一样。吟诵调,是在基本调基础上产生的带有个人特色的只适合某文本的诵读腔调。它是个人在对诗文的玩味涵泳中融入节奏、声音强弱等过程中形成的。在吟诵中,吟诵调最有价值。叶嘉莹先生认为:"中国的吟诗,一定不能谱成一个调子,一定不能有死板的音节,一定要有绝对的自由。为什么不能谱成一个调子呢?因为你每次读一首词都可以有不同的感受,而且不同的人读这首词也可以有不同的感受。"②

吟诵的价值主要有三个方面:帮助背诵、激发自觉的学习意识、展现对文本的个性理解。学习者可以通过吟诵,在旋律、节奏、结构中,借声音之高下、强弱、长短、清浊来增强背诵的趣味性,激发自觉学习意识,并表达个性化的文本理解。现代作家鲁迅先生在其回忆性散文《从百草园到三味书屋》中对三味书屋私塾先生寿镜吾的一段朗读的描写,其实就是古代盛行的吟诵。寿老先生大声朗读的一段文字"铁如意,指挥倜傥,一座皆惊呢;金叵罗,颠倒淋漓噫,千杯未醉嗬……"源于清末文人刘翰所作的辞赋《李克用置酒三垂冈赋》。相较于原文,寿老先生的读按自己的理解给原文增加了语气词"呢""噫""嗬"等。他"微笑起来,而且将头仰起,摇着,向后面拗过去,拗过去",这段对寿老先生朗读之时动作与神态的描写文字,其实质是典型的吟诵情形。看到老先生在吟诵中如此忘我,上课顽皮的少年鲁迅不由激起了好奇心,"我疑心这是极好的文章",从而产生对优秀传统文化学习的向往。由此可见,吟诵确实是一种教师对学生进行优秀传统文化传播的有效方法。可遗憾的是,近百年来,由于不加选择地排斥中国古代文化,盲目地接受西方文化,致使吟诵这一宝贵而又优秀的中华文化遗产几近失传。在当前倡导优秀传统文化教育的大背景下,吟诵应该回归课堂,发挥它在优秀传统文化传播方面的积极作用。③ 2010 年,中华吟诵协会的成立极大地推动了吟诵进学校进课堂。从传统吟诵兴起至今,多位学者不遗余

① 徐建顺.我们为什么要吟诵?[J].语文建设,2010(4):74.
② 叶嘉莹.叶嘉莹谈词[M].天津:南开大学出版社,2010:274.
③ 赵敏俐.让吟诵重新回归课堂[J].中学语文教学,2011(7):1.

力地研究与传播吟诵,其中最有影响力的是叶嘉莹先生。叶先生的吟诵自成一派,它有意识整合古今,面对当前普通话成为全国通用语言的现实,形成了一种比较接地气的具有鲜明"叶调"特征的普通话传统吟诵调。其注重汉字异读字读音与古入声字的处理,吟咏旋律根据文体可划分为四类十八式,以及在节奏风格上对古诗"三字尾"的处理最具特色,对引领和推广当前的普通话吟诵具有重要意义。① 有一线语文教师积极学习叶先生的吟诵,并将所学用于教学实践中,总结一套用于课堂教学的"吟诵四步法",即:教师初诵,学生感知—教师再诵,学生跟诵—学生试诵,教师引导—学生自诵,化身诗人。课堂中吟诵的导入不仅提高了学生对优秀传统文化学习的直接兴趣,也提升了课堂教学的效果。② 从这位教师的教育实践可知,将吟诵之法运用于实施优秀传统文化教育的语文课程中确实很有价值。

当前吟诵之法很难大面积推广并在优秀传统文化教育实施的过程中普遍使用,原因是绝大部分在职的高中语文教师从未接受过这方面的系统学习与培训,但语文教师未来还是要设法将吟诵之法引进课堂教学。为此,相关部门可以在对高中语文教师的线上线下培训中增加吟诵知识、技巧以及吟诵指导等方面的培训内容,而语文教师自己则需要购买相关的吟诵书籍,并通过 B 站等网络资源自学这方面的知识与技巧。当作为优秀传统文化教育实施者的语文教师自己具有吟诵方面的知识、技巧以及能力时,就可以开始琢磨如何通过吟诵法的使用提高学生在实施优秀传统文化教育的课堂中的主动性。

在现当代教育中,"读"为朗读,有很多种方式,按是否出声读分为默读、朗读,按读的人数分个人读、小组读、全班齐读,按读的价值分指名读、范读,按读的先后分初读、再读,按读的目标分品读、美读、熟读。朗读多次,熟读便成诵。诵,即脱离文本能完整复述文本内容。在优秀传统文化学习中,诵的方式有助于积累经典、领会经典。新课标要求高中生"诵"的优秀传统文化内容共 72 篇,其中文言文 32 篇(全文或节选)、诗词曲 40 篇。③

① 冯蒸,牛倩.叶嘉莹吟诵理论新探[J].首都师范大学学报(社会科学版),2018(6):124.

② 李勇.唯愿做嘉树　繁花开四时:我的诗词吟诵教学之路[J].中学语文教学,2019(8):83.

③ 中华人民共和国教育部.普通高中语文课程标准:2017 年版 2020 年修订[M].2 版.北京:人民教育出版社,2020:54-57.

诵与读结合不仅是增强高中生的优秀传统文化知识积淀及领会优秀传统文化内涵的有效方式,也是引导高中生领会优秀传统文化与品味优秀传统文化内在魅力的必备方法。

一方面,多读有助于读者领悟书意,并延伸实现优秀传统文化教育目标。古语云:"读书百遍,其义自见。"宋朝理学家朱熹在其文《读书要三到》中把这句箴言解释得清楚明白,即"读得熟,则不待解说,自晓其义也"。在课堂教学中,教师可以使用数种朗读方式来完成课堂教学任务。如在《周南·芣苢》教学中语文教师就可安排多种类型的朗读:初读,引导学生整体感知文本;再读,引导学生体会文本的文学魅力;品读,引导学生在教师的主导下深度挖掘文本的文化价值,从而提高学生对优秀传统文化的文化理解与传承能力;美读,引导学生在诗歌节奏的具身体验中接受美学教育;等等。

另一方面,古诗文学习也需要朗读。进入统编教材的反映优秀传统文化载体之经典篇目中的古典文学尤其是古诗文,最讲究音律之美。声律不仅能营建音乐节奏上的和谐之美,还能表达思想感情。通过朗读,当代人既可以从美妙的声音中直接感受优秀传统文化的"大珠小珠落玉盘"的音乐美,又可以从中深入领会作者在选用不同音韵的字词所暗寓的复杂情绪。以对统编教材必修上册第三单元所选的宋朝婉约派词人李清照的《声声慢(寻寻觅觅)》的学习为例。宋词是用来演唱的,词重要的特征是音调和谐,况且作者李清照对音律又有较深造诣。因此,学习这首词,朗读不可或缺。该词首句七组叠词极富音乐美,读起来有一种节奏鲜明、音调和谐的韵律美。另外,这几组叠词分为三组,每组最后的叠词"觅觅""清清""戚戚"押"i"韵。因这些词的韵头或韵腹为[i],在音韵学中属于齐齿呼,①而读者只有在朗读中,在唇齿间感受齿舌音来回反复吟唱,具身感受一种徘徊低迷、婉转凄楚的意境,才能进入共情状态,体会作者在夫亡国破孤身时的凄冷情绪。

在优秀传统文化教育实施的过程中,语文教师要注重"读",将传统诵读与现代朗诵结合起来,在实施优秀传统文化教育的课堂中适当、适时安排古诗文诵读,通过相关活动的组织引导高中生积极参与课堂,让他们在多形式的诵读中走近优秀传统文化、深入优秀传统文化、领悟优秀传统文化,积累经典篇目或

---

① 王力.汉语讲话[M].北京:北京联合出版公司,2019:17.

段落,在琅琅读书声中将优秀传统文化内容(知识与精神)镌刻在脑中与心中。加强朗读的具体做法有:课堂根据教学内容适时组织学生多形式朗读,课前可以安排"经典朗读每日五分钟"环节,课后可以开展古文朗读、名篇朗读、优秀传统文化知识抢答、名篇名句接龙等带有竞赛性质的综合实践活动,推动学生自主开展课后的朗读活动。在具有一定吟诵能力的基础上,教师加强吟诵教学的做法具体有:课外通过选修课、社团、讲座、兴趣活动等教学生吟诵方法;课内以吟诵为教学手段,指导学生进行声韵鉴赏。

(3)教师要开展丰富的体验式教学

在目前高中语文教学中,教师的思想常停留于以应试为主的知识传授。即使在优秀传统文化教育实施的语境中进行课堂教学之时也常采用讲授法,多关注学生对优秀传统文化知识的掌握情况,无意中忽视了学生的课堂参与,尤其是情感方面的课堂参与和对优秀传统文化精神的个人领悟能力的培养。文化自觉理论视域下,文化实践能力的培养是重要的优秀传统文化教育目标,不可或缺。因此,要提升实施效果,提高学生的主动性,高中语文教师在优秀传统文化教育实施的过程中需开展丰富的体验式教学。

"体验式"教学理念与优秀传统文化的精神旨归相契合。它强调"做中学",把强化学习者的内在动力置于教学过程的核心位置。"体验式"教学的特征有三:学生进行体验式学习,教师实施针对性教学,师生间强调沟通、交流和共享。① 这样的教学方式有利于高中语文课程中优秀传统文化教育实施。在优秀传统文化教育背景下,在理想状态的体验式教学中,学生通过文化体验进行优秀传统文化的传承与创新,投入积极情感;教师基于教学内容及学生特点进行针对性教学;在整个教学过程中师生之间都深度参与,彼此间形成有效沟通、双向交流、信息共享。具体而言,高中语文教师促进学生进行体验式学习,提高学生对优秀传统文化的直接兴趣,推动其主动参与课堂的方式有:其一,以营造双重情境、开展诵读来引领学生进行间接体验。语文教师常通过联想、想象等表现手法,借助视频、声音与文字所营造的情境,引导学生间接体验优秀传统文化。其二,以综合实践活动课的方式让学生直接参与文化的重建,具身文化体验。如教师在教学必修上册第四单元"家乡文化参与"时,可根据教科书的学习

---

① 李敦杰.关于"体验式"教学形式的研究[J].教育探索,2009(7):146.

任务安排,多角度引导学生以传统节日文化为主题,通过调查研究、实地考察、文化参与等语文综合实践活动的开展,审视家乡文化以及参与家乡文化建设来认知与理解传统节日文化的时代变迁,从而在多层次的活动参与中受到优秀传统文化教育。

三、针对高中学校方面问题解决的策略

在文化自觉理论视域下,学校作为一个由教职工个体与学生组成的大众类文化主体的集合体,正通过校园文化环境的影响与教学评价体系的制衡来直接影响学科课程中优秀传统文化教育的实施。如此,要提升实施效果,必然在学校层面要做一些适应性变革。具体的策略有:

(一)学校亟须高度重视优秀传统文化教育

在文化自觉理论视域下,为纠正普通高中学校的错误教育观念,消除片面应试教育的影响,让教育回归本原,促进普通高中学校的多样化有特色发展,更推动在高中学校发生的优秀传统文化传承,全国各普通高中学校要高度重视优秀传统文化教育。为此,学校当前应做以下几个方面的工作:

1.稳步推进,不急功近利,坚决扭转片面应试教育倾向

为实现这一目标,全国各省市普通高中学校须降下挂在校园上空的"功利"旗帜,撤下悬在师生头顶的"分数"铡刀,以全面贯彻党的教育方针、坚决落实立德树人根本任务及高扬"素质教育"大旗来完成新时代党与国家交付给普通高中学校的职责,切实提高育人水平,为高中学生未来走出高中学校后适应社会生活、接受高等教育和未来职业发展打好坚实的基础。

具体的方法有:(1)弱化分数影响。高中学校要摒弃现有的纯粹分数评价制度,依据相关教育政策,把综合素质评价作为发展素质教育、转变育人方式的重要制度,并根据学校实际,完善综合素质评价实施办法,强化综合素质评价对学生全面发展的导向作用,形成科学的教育评价制度。(2)减少测试频次。高中学校要减少学校组织开展的日常考试频次,取缔周考,要求教务处与教研处在有限的考试次数中加强对考试数据的统计分析,认真做好考试后的质量反馈,据此来发挥考试对教学的检验与导向作用。(3)优化常规管理。高中学校要通过完善教学常规管理,要求科任教师严格执行教学计划,严禁超课标教学、

抢赶教学进度和提前结束课程,将学科课程中育人落在实处。

2.发掘优势,不墨守成规,依托优秀传统文化推进多样化有特色发展

2019年,国务院办公厅印发的《国务院办公厅关于新时代推进普通高中育人方式改革的指导意见》提出,普通高中育人方式改革的目标是:"到2022年,德智体美劳全面培养体系进一步完善,立德树人落实机制进一步健全。……普通高中多样化有特色发展的格局基本形成。"为实现普通高中育人方式改革的目标,当前高中学校要走上特色发展之路,一方面,可以学习辽宁省普通高中的特色发展经验,以学校文化建设为统领,把学科教学改革作为突破口,积极进行外语、艺术、体育、科技等特色高中的实践探索;①另一方面,各校在对适合本校特色高中发展之路的实践探索中,更可以依托优秀传统文化。优秀传统文化本身是中华民族最大的特色,也是一个取之不尽、用之不竭的课程资源宝库。各普通高中完全可以根据地情、校情、师情、生情充分挖掘自身优势,选择相应内容的优秀传统文化作为本校的立校之本,凝聚校园文化内涵,形成学校特色。如上海市特色高中宜川中学就是一个典例,该校实践探索了价值、内容、实践逻辑一体化衔接的"中华书院"课程育人体系。依其校长的解释,学校探索"中华书院"课程育人体系旨在赓续中华优秀传统文化,引导学生德业兼修,兼顾自我完善与经邦济世的社会责任感,使知识更有意义,让学习更有价值。②

3.踏实苦干,不急于求成,全面落实优秀传统文化教育

优秀传统文化教育是教育部精选的九大重大主题教育之一,而重大主题教育是实现学校育人功能的关键。依托课程教材将重大主题教育中蕴含的育人价值充分嵌入学校教育之中,既是倡导重大主题教育的应有之义,也是学校教育落实立德树人根本任务的重要反映。③ 在文化自觉理论视域下,高中学校作为大众文化主体的集合体,对优秀传统文化在高中学校的传承与创新负有不可推卸的时代使命与文化担当。如此,掌舵高中学校的校级领导要清晰认知优秀

---

① 朱益明,等.中国高中阶段教育发展报告:2018[M].上海:华东师范大学出版社,2019:47.

② 仲立新,任朝霞.为了学生全面而有个性的成长:上海全面深化普通高中育人方式改革纪实[EB/OL].(2022 - 07 - 09)[2025 - 03 - 26].http://www.jyb.cn/rmtzgjyb/202207/t20220709_700530.html.

③ 罗生全,周莹华.重大主题教育进课程教材的逻辑理路与实践进路[J].当代教育科学,2023(1):32.

传统文化教育对国家进步与民族发展的重要价值,立于高政治站位,在具体的学校管理中将优秀传统文化教育不打折扣地全面贯彻落实下去。

依据本校所处的地域文化特点,高中学校在校园全面落实优秀传统文化教育的具体策略有:

(1)适当以优秀传统文化为主题设计校园硬核环境

这方面具体的做法很多,如摆放当地历史名人的雕塑、张贴当地具有一定影响力的文人墨客的诗句对联、组织学生开展以优秀传统文化为内容的文创并在校园的醒目位置进行展示等等。

(2)举办丰富多彩的以优秀传统文化为主题的课外活动

学校不仅可以用学生会、团委、文学社、语文组等名义组织学生参与校级诗词大会、优秀传统文化游艺活动等,还可以为学生建立优秀传统文化学习的课外兴趣小组,如汉服协会、书法兴趣小组、古筝兴趣小组、唐宋诗词研究学会、地方文化研究协会等等。

(3)充分利用校外的优秀传统文化课程资源

学校要充分利用家、校、社的协同育人力量。一方面,高中学校可以选择与附近场馆(以优秀传统文化为主要内容的博物馆、文化公园、古村落等)深度合作。具体的合作方式有:在场馆的支持下,开设相关的校本课程,组织学生参观场馆,选拔有兴趣的优秀学生去场馆做志愿者。另一方面,高中学校也可以从校外引进优秀传统文化方面的专业人士。引进专业人士既可以用在校本课程层面,也可以用在学科课程层面。前者,通过真实合作在传统文化校本课程的开发与实施上实现家、校、社的深度协同育人。"家、校、社"如此深度协同合作育人,对学校来说,一方面有"借鸡生蛋"的用意,专业的事由专业的人做,发挥外请人员的专业特长,充分利用校外的传统文化课程资源,使传统文化课程的专业师资力量增强、课程资源丰盈;另一方面,有"他山之石可以攻玉"的可能,让本校教师在结对中,近距离向外请专业人员学习传统文化专业知识,与参与课程学习的学生一起习得技巧,从而提高教师个人的优秀传统文化素养,反哺在实施优秀传统文化教育的课堂教学中。① 后者,邀请家、社的专业人士走进课堂,助力科任教师实施优秀传统文化教育。如语文教师在执教统编教材必修下

---

① 周莹华,罗生全,杨柳."双减"政策背景下传统文化课程的价值、供给逻辑及实践策略[J].中国教育政策评论,2022(2):264-265.

册的《中国建筑的特征》时,可以依据地域文化特色,在学校难以大规模组织学生实地游的情况下,邀请熟悉古村落建筑特点的家长或导游等进入课堂,通过实物展示、视频播放以及真实演说将书本理论知识形象化,助力激发学生对优秀传统文化学习的直接兴趣,从而在语文课程教育教学环节真正落实优秀传统文化教育。

简言之,要彻底纠正学校的错误教育观念,让高中学校真正重视优秀传统文化教育,不仅要从外在源头上去除短期功利效应的消极影响,还要让优秀传统文化成为各高中学校实现多样化有特色发展的支撑点,使优秀传统文化教育与学校发展利益攸关,从根本上解决各学科课程中优秀传统文化教育的落实不到位问题;更要在文化自觉理论指导下,让承担大众文化主体职责的高中学校时刻处于优秀传统文化传承的立场,以文化主体性形成长远的眼光与开阔的视野,督促所有的教职员工在各层面的学校教育中高效落实优秀传统文化教育。

(二)学校要构建适宜文化传承的评价体系

如前所述,学校现有的评价体系有三方面不适宜优秀传统文化传承:其一,评价方法比较单一,以定量的终结性评价为主;其二,评价主体倾向一元,教师为主要的评价主体;其三,评价标准近乎一维,传统纸笔测验占主导。其中,传统纸笔测验占主导,对学校发展、师生的成长影响最大,它直接关联教师在校内各种资源的分配、对教师的教学质量考核及对学生的学习成效评价,并直接影响高中语文课程中优秀传统文化教育实施的实施效果。传统纸笔测验之所以在现有评价体系中能占主导地位,与其本身的优势有关,毕竟它对教育中的某些结果的检测是最为有效的,也便于彰显教育的公平公正。但如果学校不恰当地使用传统纸笔测验,甚至只以考试分数来评价教师与学生的表现,这就会使得旨在促进教师专业发展与学生全面且个性学习的学校教育产生无数问题。为此,曾有学者喟叹,传统纸笔测验是最完美、最有效的考试却导致了最糟糕的学习。① 查究实质,可以发现,传统纸笔测验的问题不在于其本身不够科学、客观,而在于人们受"高分情结""状元情结"与高利害关系的影响不加节制地滥用该方法,使得它在高中教育中风头无双,让各学科(语文毫不例外)教学常只

---

① 王少非.校内考试监控研究[D].上海:华东师范大学,2007:13.

围绕考试进行,从而严重影响了优秀传统文化教育在各学科课程教育教学环节的贯彻落实。

文化自觉理论视域下,在学科课堂这一特定的优秀传统文化传承的场域中,作为大众文化主体的高中学校,在当前倡导公平教育的语境下,解决评价问题的方法不是取消传统纸笔测验,而是要建立一个立德树人与文化传承平衡的评价体系。为此,基于学科课程中实施优秀传统文化教育的独特目标,及为充分发挥评价对优秀传统文化教育实施的诊断与导向功能,学校要完善现有评价体系,使其适宜优秀传统文化传承,就要改变过分依赖知识考试的量化评价标准,采取质性与量化结合的评价方式,引进多个评价主体,关注师生的教学行为发展与教学成效,建立既注重结果又关注过程,还尊重志趣、激发自信的多维综合评价方式,从学科教学评价的"单一""一元"与"一维"转变为"多样""多元"与"多维"。

评价要多样,是指评价应采用多种评价方式。多样的评价方式既有关注结果的终结性评价,也有关注过程的形成性评价;既有建立在科学数据上的、客观的量化评价,也有建立在个体知识与经验上的、主观的定性评价。评价要多元,是指评价应有多个被师生共同认可的评价主体。不仅要有教师为评价主体,还要有学生为评价主体,甚至还可以有家长、社会人士等为学科课堂外的评价主体。不同的评价主体能从不同的视角与不同的立场以优秀传统文化教育为核心对学科教学质量进行积极的评价,帮助实施者与实施对象更好地把控实施情况。评价要多维,指的是学科教学评价应有多个评价标准。依照文化自觉理论,对青少年优秀传统文化教育的目标分为对优秀传统文化的认知、情感与行为三个层面。再按照本研究所拟定的以高中语文课程中优秀传统文化教育的实施效果评价框架,对效果评价应该有三个重要的维度,即文化认知、文化认同与文化实践。因而,在优秀传统文化教育背景下,有优秀传统文化传承任务的学科课程教学,除了要考查学科核心素养的培育情况,还要考查基于学科课程的优秀传统文化认知、优秀传统文化认同与优秀传统文化实践。

本研究以高中语文课程为例,具体阐释在学校现有评价体系的基础上构建适宜优秀传统文化传承的多样、多元与多维特性的学科教学评价的实现策略。

1. 多样化策略:定性与定量结合,在终结性评价中嵌入过程性评价

学科教学评价有多种分类方式,以评价内容分,有课堂教学评价与教学质量评价;以评价对象分,有对教师的评价及对学生的评价;以研究方法分,有定

性评价与定量评价;以评价功能分,有终结性评价与过程性评价。当前,在课堂教学评价层面,高中学校对教师的教与学生的学的评价"主要是定性诊断……这种研究最大的不足是记录缺乏客观依据,经验性、主观性强,其次是易遗漏有价值信息且难以回忆"①。在教学质量评价上,高中学校通过量化的终结性评价,以期中考试与期末考试中依靠传统纸笔测验得出的数据(学生的考试成绩)来直接评价"学生的学";相对而言,对"教师的教"的评价稍微多样,常分为"德能勤绩"。学生的考试分数属于"绩",一般期中考试成绩占40%,期末考试成绩占60%,虽然"绩"具体在各校的总体评价中占比可能不同,但不少学校将之视为重要的考核内容,实际会占比三分之一或以上。

高中语文新课标提出,要加强语文课程评价研究,要以多种方式评价学生的语文素养与教师的教学工作。② 如此,要实现语文教学评价方式的多样化,在文化自觉理论视域下,为提升高中语文课程中优秀传统文化教育的实施效果,尊重教师与学生在教学过程中的主体性,必然要有意识地整合定性评价与定量评价,在优化终结性评价基础上将过程性评价纳入对"教师的教"与"学生的学"的考核中。

为此,高中学校需要从以下几个方面入手:

(1)提高教师的课堂诊断专业能力,将量化评价常态化,使定性评价有据

课堂研究是新时代教师专业发展必要的且主要的途径。当前,中小学教师研究课堂的专业手段是课堂诊断。课堂诊断是一种诊断者通过观察课堂教学情况,发现问题与不足,提出意见的一种教育科研方法。传统听评课是一种低层级的课堂诊断,因其"存在听课无合作、评课无依据、听评课无研究的症状,体现了专业性的丧失"③被学者诟病。已有研究显示,因中小学一般教师整体习惯依赖权威人士的他诊,自己主动进行课堂诊断的意识不强且诊断能力较低,专业发展的速度与水平受到了严重影响。④ 实际上,它除了影响教师个体的专业发展外,对课堂教学的影响也极大。低课堂诊断能力的教师因难以在观摩其

---

① 魏宏聚.教学切片分析:课堂诊断的新视角[J].教育科学研究,2019(2):65.

② 中华人民共和国教育部.普通高中语文课程标准:2017年版2020年修订[M].2版.北京:人民教育出版社,2020:53.

③ 崔允漷.论课堂观察LICC范式:一种专业的听评课[J].教育研究,2012(5):79.

④ 岳欣云,董宏建.教师教学诊断能力提升:教师专业成长的驱动器[J].当代教育科学,2015(5):23.

他教师的课中与对个人课堂教学的反思自评中发现优点及不足,而无法实现对"其善者"的学习与加强和对"其不善者"的自勉与改进。这种情况如普遍化,不仅对教师个体的专业成长无益,也对学校以单学科方式进行的教研不利,使校级教研形式化严重,教师间的教育思想碰撞交流沦为空话。因而,当下亟须提高教师的课堂诊断能力。诊断能力提高了,教师就有课堂诊断的自信,诊断的主动性自然就增强了。

课堂诊断的实质为切片式诊断,常以一节真实性课堂为研究对象。课堂诊断从诊断对象来分,有自诊与他诊两种类型。有效的他诊需要教师群体真实合作完成。一般而言,他诊性质的课堂诊断步骤有四:其一,课前根据个体意愿选定诊断对象,部署分工,确定核心诊断视角及编制观察量表、调查问卷、访谈提纲等等;其二,课中执教者上课,其他成员按照分工分角度进行课堂观察,对教学过程以动态记录为主;其三,课后执教者书写课后反思,课堂观察者收集录课视频,并对视频进行数据分析,收集对师生的访谈记录、调查问卷等文本材料;其四,在诊断会上参与者通过信息技术搭建的评课平台抓住一节课暴露出的主要问题和问题的主要方面进行定性分析,并结合定量研究对执教者课堂教学的有效性情况及专业发展状态进行初步诊断,提出课堂教学矫正建议及专业发展提升策略。从这一过程可见,教师在课堂诊断中需要大量使用量化评价与定性评价,其中的课堂教学评价既有终结性评价,也有过程性评价。

教师的课堂诊断能力要有效提升是不能一蹴而就的,需要较长时间的积累、沉淀与实践。具体来说,教师首先要在课堂诊断专业培训中通过能动选择课堂教学与课堂诊断所需要的学科教育知识与诊断知识,并组织新旧知识的连接,进行知识的统整,以建构适合课堂诊断实践情境的系统化与专业化的学科教育知识体系,还要通过对大量教学视频的观摩与基础理论的学习来获得一定量的诊断理论知识;然后,要通过广泛的教研结合的实践活动,将习得的学科教育知识体系与诊断知识转化为娴熟的课堂诊断专业研究技能。只有这样,教师才能有效提高个体的课堂诊断能力,从而在教学评价中发挥课堂诊断的客观、科学、专业的教育评价功能。

这样他诊性质的课堂诊断经常发生,不仅对教师的自诊性课堂诊断有好处,还能直接推动教师以此为契机,积极组织学生以量表的形式开展自评、他评与互评,使课堂教学中量化评价常态化,让定性评价建立在扎实的理论依据与有效的科学数据上。

（2）提升教师的数字胜任力，深度融合教育与技术，使技术为评价加成

2018年，教育部印发的《教育信息化2.0行动计划》提出要"将教育信息化作为教育系统性变革的内生变量，支撑引领教育现代化发展"。从《教育信息化2.0行动计划》发布至今，我国教育信息化有了迅猛的发展，课堂已焕然一新。与传统课堂相比，当下课堂课程内容更丰富，教学手段更多样，多元化、个性化、无边界学习正逐渐成真。虽然课堂已然发生了改变，但教师研究课堂的能力还未能随之转变到应有的与现代信息技术紧密结合的状态。在对他者进行课堂教学评价时，当下高中教师大多还只借助纸笔对课堂教学进行静态记录，少部分会使用手机或录音笔等技术工具对课堂进行动态的、简单的音频视频记录，教师们在课后交流也极少有技术的参与。这些都表明，技术参与课堂教学评价不够。而事实上，技术加成能让听评课目标高效且普遍达成。[①] 所以，要使课堂评价高效，当下必然要促进课堂教学评价与现代信息技术的深度融合。而实现的前提是作为重要评价主体的教师具有数字胜任力，能轻松驾驭活跃在课堂教学与教学评价中的现代技术，从而让技术加成教育。

有技术加成的课堂教学评价，在课前，现代信息技术可以搭建对话平台，助力了解成员的意愿、各种优势，确定课堂诊断观察的核心视角，编制课堂观察量表，部署课堂观察分工；课中，可以用智能手机、专业的摄影工具全程录课，将教学过程完整保存下来，使课堂教学评价不再局限于教学现场，也为课堂评价之时评价者可以随时根据需要对课堂进行回溯与定格提供技术支持；课后，在数据收集与分析之时，可以用信息技术对课堂教学视频进行量化分析，如关注教师提问的次数、提问的对象，各个环节的时间安排，教师与学生在课堂占有时间的比例等等。诊断之时，以信息技术再现课堂教学情景，并将执教者的信息、教学目标、课堂研究主题等呈现出来，同时设置一个平等交流的对话平台，让一般教师有畅所欲言的机会，可以与线上线下的专家、执教者互动、探讨与争论。由此可见，有技术加成教育，课堂教学评价就能实现多样化，不仅可以做终结性评价，也可以做过程性评价；不仅可以充分利用数据进行量化研究，也可以借助多人的知识积淀与实践经验在技术提供的无障碍交流中进行定性研究。

---

① 李蕾.听评课技术研究[J].中国电化教育,2015(6):78.

作为学科课程实施者的教师,兼任课堂教学的组织者与学生学习的辅助者,一旦提升了课堂诊断力,并具有数字胜任力,就能在这个人工智能时代游刃有余地用技术支持的各种资源在语文课堂中进行跨文化、跨媒介教学,开展自评与他评,在构建开放、多样、有序的语文课程体系中实现学科教学评价的多样化。

(3)突出学生学习表现,优化传统纸笔测验

当下,学生的阶段考试(期中考试与期末考试)依然是学校与社会评价教师的教与学生的学的一个重要指标。这一事实情况暂时无法彻底改变。当前,要在教学质量评价上,尤其是对"学生的学"的评价实现多样化,只能在现有的评价方式基础上,降低考试分数对学科教学质量评价的影响力,以及优化传统纸笔测验来达到目标。具体而言,各普通高中学校降低考试分数对教学质量评价的影响力的做法可以如下:教务处作为校级教学质量评价的部门在学期末评价教师教学成绩之时,可以适当地调整学生的学习成绩占比。同时,对发给家长和学生看的期末成绩单要淡化数字成绩,重点突出表现。就语文学科而言,可以先改"期末学生成绩单"为"学生学期学习成效单",在以数字 + 等级的方式列出学生的期中与期末考试成绩的基础上,再增加学科核心素养培育与优秀传统文化传承两方面的学生表现性评价。

优化传统纸笔测验,并不是去除它,而是在承认笔试仍然是评价学习情况的一种重要方式的基础上,从以下三个方面入手:①形成新的测试意识并予以强化,高中学校要积极提倡笔试评价,应把学生引向理解知识而非死记硬背,应在情境中灵活综合运用知识而不是机械做题,开放思想而不满足于一种思路。②改革试题的内容与形式。首先,要真正落实试题内容的真实性与情境性。传统纸笔测验有个弊端,即试题的主要载体常常是孤立的问题或测验条目,缺乏与真实生活的相似性,让学生在这种测验中所得的对其未来在真实生活中的表现缺少预见价值。高中语文新课标提出,要"以情境任务作为试题的主要载体",让学生在个人体验、社会生活等特定情境中完成不同学习任务。① 通过精心设计具有真实性、情境性的考试题目,使笔试为学生解决真实生活中真实问题的能力培育服务,便于学生形成对现实生活的领悟能力、解释能力和创造能

---

① 中华人民共和国教育部. 普通高中语文课程标准:2017 年版 2020 年修订[M].2 版. 北京:人民教育出版社,2020:49.

力。然后,试题形式在综合性导向的基础上要灵活多样。因而,出题人要减少甚至避免以单纯的知识点和能力点来设计试题,所出的试题要围绕情境选择相关材料,设置内在联系的、指向语文核心素养培育与优秀传统文化传承的问题或任务。在具体的表达方式上,语文试卷中除了现有的文字式,还可以增加图画式、表格式等。③在笔试的基础上,增加书法考试、口试环节与文化实践演示环节,书法考试如现场毛笔书写、书法作品的辨析与讲解等,口试环节如一分钟演讲、诗歌朗诵等等,文化实践演示环节如礼仪展示、优秀传统文化讲解等等。

(4)将过程性评价纳入现有评价体系中,使评价过程动态化

一般来说,纳入高中学校评价体系的学科教学评价大都是终结性评价,以学期或学年为单位。而这从马克思主义发展观来看是不适宜的,无论评价的对象是学生还是教师,其状态都是发展变化的动态,而不是稳定不变的静态。因而,评价应该过程性评价与终结性评价相结合。此外,文化自觉理论视域下,在大中小幼应一体化的优秀传统文化传承工程中,高中学校只是其中重要一环。在学科课程实施中,对肩负学科核心素养培育与优秀传统文化传承双重职责的语文课程的课堂教学评价或学科教学质量评价,都要以发展的、变化的动态观来进行评价。《中小学传统文化教育指导标准》提出"评价不能局限和拘泥于某一具体学段",要求持续、动态地通过评价反映培育过程和成果。①

为此,高中学校具体的做法有:①形成动态的评价观,为师生建立成长档案,把师生的阶段发展列入个体的职业成长规划中。在当今这个学习型社会中,无论师生都需要通过学习不断向前发展。成长档案的建立,不仅学生需要,教师也需要。因为教师发展也是一个过程,其专业成长有个体特色的轨迹与路径,教师专业成长档案可以帮助记录其发展历程。②评价不拘一格,采用展示、实践等评价方法来补充现有评价方法。如可以将语文教师开的个人书法展、专业讲座与进行的反思性教育写作、文学发表等纳入对教师的考评中,它们都充分展现了个体的动态的专业成长。

2. 多元化策略:尊重教师与学生的主体性,与家、社联动引进其他评价主体

在文化自觉理论视域下,对高中语文课程实施而言,高中学校首先要尊重师生的文化主体性,让教师与学生成为语文课堂或语文实践活动中主要的评价

---

① 中国教育学会.中小学传统文化教育指导标准[M].北京:北京师范大学出版社,2019:36.

主体,通过自评、他评、互评的方式来发挥评价对课程实施的反馈与导向价值。其中,学生为评价主体的自觉性与其在课堂中的地位是紧密相关的。如果课堂中学生丧失主体地位,其在评价中的地位也岌岌可危。因而,学校要有意识地通过政策引领与文化熏陶促使高中语文教师转变课堂角色意识,将主体地位还归学生。在此基础上,高中学校要鼓励进入语文课堂的师生与生生多层次协作,以便形成多类型的共同体,从而师生在共同体的真实合作中进行教学设计、环节实施、测评量表制订等等,实现学科教学的自评、他评与互评。

同时,家校社多方联动、协同育人对高中学校的立德树人意义重大。2019年印发的《国务院办公厅关于新时代推进普通高中育人方式改革的指导意见》提出,要"注重利用高校、科研机构、企业等各种社会资源,构建学校、家庭、社会协同指导机制"。同样,家校社联动对于高中学校学科课程这一特定场域的优秀传统文化传承也具有重大价值。尤其,在"教师们对传统文化的兴趣、知识面、理解力、鉴别力等基本素养的缺失,从根本上制约着中华优秀传统文化进课堂的质量"①的情况下,高中学校在语文课程这一优秀传统文化传承的场域中亟须引进校外的资源来助力实施优秀传统文化教育。在实施过程中,也需要这些请进来的"外援"(如非物质文化传承人、有专业技艺的人士、国学研究者与高校教授等)参与评价,成为学科教学评价的其他评价主体,他们可以更客观、可能更专业地对课程实施提出意见,推动语文课程中学科核心素养培育与优秀传统文化传承两项工作的更深入开展。

3. 多维性策略:构建多维度评价标准,促进核心素养培育与文化传承均衡发展

新课标提出,学科核心素养是学科育人价值的集中体现。同时,按照《中华优秀传统文化进中小学课程教材指南》,语文课程是落实优秀传统文化教育的核心课程。因而,高中语文课程实施就有双重教育目标,第一重是对高中生进行核心素养培育,第二重是对高中生进行优秀传统文化教育。以"传统纸笔测验"为主导的学校现有评价体系,因其对学科教学评价基本上指向知识教育而常被列入"一维评价体系"。这种评价体系在新时代已经不合时宜。从立德树人角度来看,这种基本指向知识教育的评价体系容易导向教学唯"智育"。而我

---

① 李晓蕾. 中华优秀传统文化教育现状的调查分析:基于全国 31 个省(自治区、直辖市)的调查数据[J]. 湖南师范大学教育科学学报,2020,19(5):21.

国是中国共产党领导的社会主义国家,从根本上决定了我国的教育目标是"培养一代又一代德智体美劳全面发展的社会主义建设者和接班人"①。高中语文新课标也提出,语文课程要在"促进学生全面而有个性的发展方面发挥应有的功能",使学生"养成现代社会所需要的思想品质、精神面貌和行为方式"。② 从优秀传统文化传承的角度来看,在文化自觉理论视域下,作为大众文化主体的高中学校,要发挥其文化主体性,致力将高中学生培育成对优秀传统文化有自知之明、有充分文化自信、有传承与创新能力的文化自觉者。

如此,为发挥评价的功能,助力实现语文课程实施的这两重教育目标,语文学科教学评价需构建多维的评价标准,从现有评价体系的"一维"转型为"多维"。具体在语文核心素养的培育上,在将考试分数的影响力降低的基础上,将语文核心素养的四个方面明确为评价课程实施对语文核心素养培育的四个具体维度,以新课标为理论,制定相应的四维度语文核心素养评价量表及课堂上用以开展自评或他评的表现性评价表。而具体在优秀传统文化的文化自觉者的培育上,可以依据本研究所制定的高中语文课程中优秀传统文化教育的实施效果评价框架,设定高中生基于语文课程的优秀传统文化认知、优秀传统文化认同与优秀传统文化实践三个维度。

通过明确多维度的学科教学评价标准,又有多样评价方法、多元评价主体的助力,高中语文课程实施就可能更好地发挥语文课程的育人功能,从而促进语文学科核心素养培育与优秀传统文化传承的均衡发展。

---

① 中共中央宣传部. 习近平新时代中国特色社会主义思想学习问答[M]. 北京:学习出版社,2021:337.

② 中华人民共和国教育部. 普通高中语文课程标准:2017 年版 2020 年修订[M]. 2 版. 北京:人民教育出版社,2020:2.

结　语

优秀传统文化具有极其强大的文化与教育功能,既是增强中华儿女民族身份认同的文化标识,又是滋润国人心灵世界的精神食粮。党的十九大报告提出,"文化是一个国家、一个民族的灵魂。文化兴国运兴,文化强民族强"①。新时代,面对国内外复杂的新形势,守护我们的灵魂,传承中华文脉,复兴中华文明,这是新时代赋予每一个中国人的历史使命。

青少年是祖国的未来与民族的希望,实施对青少年的优秀传统文化教育,对培养优秀传统文化的继承者和弘扬者,推动文化传承创新,进行社会主义先进文化建设起基础性作用。语文课程是落实优秀传统文化教育的核心课程之一,又是所有国家课程教材中优秀传统文化内容在总选文数中占比最多的课程,还与优秀传统文化教育有天然的紧密关系,正是大中小学优秀传统文化教育在课程教材与教育教学等育人环节贯彻落实的重点关注学科。做一名优秀的传统文化教育实施者,演好优秀传统文化传递者的角色,让优秀传统文化通过吾辈的口耳相传、身正为范及课堂教学一代代传承和发展下去是每一位新时代语文教育工作者的使命与担当。

本书立足学习贯彻习近平新时代中国特色社会主义思想的立场,以如何提升高中语文课程中优秀传统文化教育的实施效果为旨归,尝试理论与实践紧密结合,对优秀传统文化教育如何在高中语文课程教育教学环节的落实做了一些积极探索。

在"三新"背景下开展这一研究,本书作者有三个希冀:

希冀一,能提醒各普通高中学校充分认知优秀传统文化教育对国家、社会、学校、个体的重要价值,发挥文化主体性,尽可能消除功利性错误教育观,努力做到:一方面要充分发挥优秀传统文化的课程资源作用,致力实现新时代普通高中学校的特色多样化发展;另一方面要助力推动优秀传统文化教育在大中小

---

① 习近平. 决胜全面建成小康社会,夺取新时代中国特色社会主义伟大胜利:在中国共产党第十九次全国代表大会上的报告[M].北京:人民出版社,2017:41.

学各学科课程教育教学之实践环节的贯彻落实。

希冀二,助力高中语文教师认识到新教材对高中语文课程中优秀传统文化教育实施的重要价值,明晰作为实施者的高中语文教师同时承担的文化主体角色,主动从国家发展、民族进步以及个体成长角度认知高中语文课程中优秀传统文化教育实施的重要意义,增强高中语文教师在语文课程中进行优秀传统文化传递的文化自觉意识,积极适应新教材、用好新教材,在高中语文课堂中有效实施优秀传统文化教育。

希冀三,帮助高中学生理性认知优秀传统文化教育为国为民的价值及对个体成长的意义,从个人成长成才与文化传承角度,以文化主体的角色主动积极参与课程中优秀传统文化教育的实施过程。

优秀传统文化教育利国利民,语文课程是落实优秀传统文化教育的核心课程,语文课程中实施优秀传统文化教育本身就是一个具有时代意义、理论意义与实践意义的新时代命题。这是本书作者感兴趣并愿意付出长时间努力的一个研究方向。囿于个人能力与研究时间,本书取得的研究成果虽有一些创新之处,但不足也较为明显。本书在此抛砖引玉,敬请大方之家指正。

参 考 文 献

一、中文类

（一）专著类

[1]邴正.当代人与文化:人类自我意识与文化批判[M].长春:吉林教育出版社,1998.

[2]包伟民.陆游的乡村世界[M].北京:社会科学文献出版社,2020.

[3]陈华文.文化学概论[M].上海:上海文艺出版社,2001.

[4]陈向明.质的研究方法与社会科学研究[M].北京:教育科学出版社,2000.

[5]邓红学,熊伟业.中国传统文化概观[M].上海:复旦大学出版社,2011.

[6]董诞黎,胡早娣,邵亦冰,等.课程整合:课堂教学新变局[M].杭州:浙江大学出版社,2012.

[7]傅国涌.过去的中学[M].修订本.北京:东方出版社,2018.

[8]费孝通.文化与文化自觉:全2册[M].北京:群言出版社,2012.

[9]夸美纽斯.大教学论[M].傅任敢,译.2版.北京:教育科学出版社,2014.

[10]李山林.语文课程研究[M].北京:中央文献出版社,2006.

[11]李亮.课程内容的文化选择[M].北京:人民出版社,2016.

[12]李学.和合语文课程研究[M].武汉:华中科技大学出版社,2012.

[13]罗生全.课程文化资本研究[M].重庆:西南师范大学出版社,2017.

[14]联合国教科文组织国际教育发展委员会.学会生存:教育世界的今天和明天[M].北京:教育科学出版社,1996.

[15]梁漱溟.中国文化要义[M].上海:上海人民出版社,2011.

[16]柳海民.教育学[M].北京:中央广播电视大学出版社,1999.

[17]吕思勉.中国简史[M].北京:北京联合出版公司,2014.

[18]吕华亮.《诗经》名物的文学价值研究[M].合肥:安徽大学出版社,

2010.

[19]中共中央马克思恩格斯列宁斯大林著作编译局.马克思恩格斯全集:第23卷[M].北京:人民出版社,1972.

[20]中共中央马克思恩格斯列宁斯大林著作编译局.马克思恩格斯选集:第1卷[M].2版.北京:人民出版社,1995.

[21]中共中央马克思恩格斯列宁斯大林著作编译局.马克思恩格斯选集:第4卷[M].2版.北京:人民出版社,1995.

[22]JAMES A. BEANE.课程统整[M].单文经,等译.上海:华东师范大学出版社,2003.

[23]伯克·约翰逊,拉里·克里斯滕森.教育研究:定量、定性和混合方法:第4版[M].马健生,等译.重庆:重庆大学出版社,2015.

[24]塞缪尔·亨廷顿,彼得·伯杰.全球化的文化动力:当今世界的文化多样性[M].康敬贻,等译.北京:新华出版社,2004.

[25]E.希尔斯.论传统[M].傅铿,吕乐,译.上海:上海人民出版社,1991.

[26]佐藤学.静悄悄的革命:课堂改变,学校就会改变[M].李季湄,译.北京:教育科学出版社,2014.

[27]皮亚杰.皮亚杰教育论著选[M].卢濬,选译.2版.北京:人民教育出版社,2015.

[28]邱皓政.量化研究与统计分析:SPSS(PASW)数据分析范例解析[M].重庆:重庆大学出版社,2013.

[29]孙培青,杜成宪.中国教育史[M].3版.上海:华东师范大学出版社,2009.

[30]卫灿金,武永明.语文课程与教学论研究[M].北京:高等教育出版社,2007.

[31]项香女.高中语文传统文化教育初探:走向本真的语文教学案例[M].杭州:浙江大学出版社,2015.

[32]阎立钦.语文教育学引论[M].北京:高等教育出版社,1996.

[33]韦政通.中国文化概论[M].长沙:岳麓书社,2003.

[34]王德如.课程文化自觉论[M].北京:人民出版社,2007.

[35]王文静,杜霞.中华传统文化教育研究报告:2020[M].北京:社会科学

文献出版社,2020.

[36]王策三.教学论稿[M].2版.北京:人民教育出版社,2005.

[37]王力.汉语讲话[M].北京:北京联合出版公司,2019.

[38]吴明隆.问卷统计分析实务:SPSS操作与应用[M].重庆:重庆大学出版社,2010.

[39]吴明隆,张毓仁.SPSS问卷统计分析快速上手秘笈[M].台北:五南图书出版,2011.

[40]泰勒.原始文化[M].蔡江浓,编译.杭州:浙江人民出版社,1988.

[41]叶嘉莹.叶嘉莹谈词[M].天津:南开大学出版社,2010.

[42]中共中央宣传部.习近平新时代中国特色社会主义思想学习纲要[M].北京:学习出版社,2019.

[43]中共中央党史和文献研究院,中央学习贯彻习近平新时代中国特色社会主义思想主题教育领导小组办公室.习近平新时代中国特色社会主义思想专题摘编[M].北京:党建读物出版社,2023.

[44]钟启泉.课堂研究[M].上海:华东师范大学出版社,2016.

[45]朱绍禹.中学语文课程与教学论[M].北京:高等教育出版社,2005.

[46]朱绍禹.中学语文教材概观[M].北京:人民教育出版社,1997.

[47]朱德全.教育测量与评价[M].北京:高等教育出版社,2016.

[48]朱光潜.谈美书简[M].南京:江苏文艺出版社,2007.

[49]赵洪恩,李宝席.中国传统文化通论[M].北京:人民出版社,2003.

[50]周辅成.西方伦理学名著选辑:上卷[M].北京:商务印书馆,1964.

[51]周文叶.中小学表现性评价的理论与技术[M].上海:华东师范大学出版社,2014.

[52]张冉.文化自觉论[M].郑州:河南人民出版社,2015.

(二)学位论文

[1]陈鸿英.语文教师:一种重要的课程资源[D].桂林:广西师范大学,2008.

[2]谷兰兰.苏教版高中语文传统文化教学研究[D].扬州:扬州大学,2017.

[3]韩宜真.不同版本高中语文教材文言文选编的比较研究[D].长春:东

北师范大学,2012.

[4]刘景超.建国初期苏联对我国中小学教科书内容的影响研究[D].长沙:湖南师范大学,2011.

[5]林妍萍.幼儿园教师传统文化素养的现状调查研究[D].广州:广州大学,2022.

[6]李秀梅.高中初任语文教师适应性岗前培训研究:以江苏省为例[D].南京:南京师范大学,2017.

[7]马勋雕.智慧课堂师生互动评价指标体系构建及应用研究[D].长春:东北师范大学,2022.

[8]马敏.小学语文教师中华传统文化素养的现状调查研究[D].广州:广州大学,2017.

[9]孙晓波.论高中语文校本课程的开发[D].大连:辽宁师范大学,2005.

[10]史洁.语文教材文学类文本研究[D].济南:山东师范大学,2013.

[11]谢芳利.中学语文教师优秀传统文化培训的调查研究:以北京市四所中学为例[D].北京:中央民族大学,2015.

[12]王斐然.从"一字褒贬"到"推见至隐":杜诗中的"春秋笔法"[D].济南:山东大学,2017.

[13]王少非.校内考试监控研究[D].上海:华东师范大学,2007.

[14]仲建维.沉重的主体:学校教育中学生权利之研究[D].上海:华东师范大学,2006.

(三)期刊论文

[1]包伟民."唐宋变革论":如何"走出"?[J].北京大学学报(哲学社会科学版),2022,59(4):73-82.

[2]陈宗缨.浅议受众审美情趣的多样性[J].电化教育研究,2002(6):61-63,67.

[3]陈俊秀.传统文化传承主体的自我激励与长效激励[J].学习与实践,2020(20):108-114.

[4]崔允漷.论课堂观察LICC范式:一种专业的听评课[J].教育研究,2012(5):79-83.

[5]曹桂花.大学教师优秀传统文化素养的培养[J].黑龙江高教研究,

2019,37(10):102 – 105.

[6]曹勇军.今天,我们怎样提高传统文化素养[J].语文建设,2017(6):12 – 14,41.

[7]董小玉,刘晓荷.新时代中华优秀传统文化进教材的理性审思[J].教师教育学报,2022,9(2):77 – 84.

[8]杜钢.当代中国教师优秀传统文化素养的培育[J].当代教育科学,2015(19):34 – 39.

[9]冯辉.科举制度再思考[J].黑龙江社会科学,1998(1):58 – 62.

[10]方克立."和而不同":作为一种文化观的意义和价值[J].中国社会科学院研究生院学报,2003(1):26 – 33,109.

[11]顾方博,王宪涛,焦垣生,等.科举制度与中国封建社会的超稳定结构[J].西安交通大学学报(社会科学版),1998,18(2):88 – 92.

[12]耿红卫,王楠.我国传统语文向现代语文的变革历程[J].河北师范大学学报(教育科学版),2017,19(5):89 – 94.

[13]耿红卫.二十世纪前期我国现代语文教育观的确立[J].教育研究与实验,2013(6):58 – 61.

[14]何婵娟.从"部编本"语文教材反窥师范生中华优秀传统文化教育[J].文教资料,2020(15):30 – 31,46.

[15]何霜.语文教师传统文化素养提升方法举隅[J].语文建设,2018(14):69 – 71.

[16]核心素养研究课题组.中国学生发展核心素养[J].中国教育学刊,2016(10):1 – 3.

[17]郝立新,路向峰.文化实践初探[J].哲学研究,2012(6):116 – 120.

[18]姜琳琳,李凤莲.艺术课程中浸润中华优秀传统文化教育[J].教育研究与实验,2022(6):39 – 44.

[19]蔡峋.文化浸润与学生素质提升[J].中国教育学刊,2007(6):34 – 36.

[20]李晓蕾.中华优秀传统文化教育现状的调查分析:基于全国31个省(自治区、直辖市)的调查数据[J].湖南师范大学教育科学学报,2020,19(5):16 – 25.

［21］李宗桂.试论中国优秀传统文化的内涵［J］.学术研究,2013(11):35－39.

［22］李煜晖,白如.中华优秀传统文化进语文课程的认知误区及其澄清［J］.课程·教材·教法,2022,42(1):78－84.

［23］李蕾.听评课技术研究［J］.中国电化教育,2015(6):74－79.

［24］李钢.传统文化转型的哲学思索［J］.齐鲁学刊,2001(5):56－60.

［25］李志河,张宏业,孟继叶,等.高校教学科研人员绩效考评体系指标权重确定研究［J］.现代教育技术,2008(6):36－42.

［26］李亮,周彦.教师传统文化素养提升的几个境界［J］.人民教育,2018(Z2):28－30.

［27］李敦杰.关于"体验式"教学形式的研究［J］.教育探索,2009(7):145－146.

［28］刘飞.语文统编教材大单元教学设计框架构建及其运用［J］.基础教育课程,2020(23):40－51.

［29］刘光成.语文课应培养学生的语用能力［J］.中学语文教学,2015(3):11－13.

［30］罗生全,周莹华.重大主题教育进课程教材的逻辑理路与实践进路［J］.当代教育科学,2023(1):32－39.

［31］罗生全.统编教材:国家事权的核心体现［J］.课程·教材·教法,2021,41(6):61－62.

［32］罗生全,周莹华.跨学科共同体提升教师专业发展效能的价值、经验及策略体系［J］.湖南师范大学教育科学学报,2020,19(3):73－79.

［33］罗可曼.基于文化自觉理论视野下的音乐教育［J］.音乐艺术(上海音乐学院学报),2012(3):45－49.

［34］路向峰.文化实践的理论地位与当代意义［J］.北京理工大学学报(社会科学版),2013,15(1):140－145.

［35］裴娣娜.主体教育的实践生成与发展［J］.教育研究,2022,43(11):18－30.

［36］彭银梅.基于多感官刺激的学生课堂参与研究［J］.教育理论与实践,2017,37(29):59－61.

[37]潘海霞.《苤苜》应该教什么:兼谈教师如何用好统编教材[J].中学语文,2020(32):42-44.

[38]祈雅芳.素质与文化底蕴:论艺术类学生的素质教育[J].中国音乐,2002(2):62-63.

[39]宋晓乐,吕立杰,丁奕然.小学教师中华优秀传统文化认同现状研究[J].教育学术月刊,2020(9):64-71.

[40]孙作云:说"诗经·大小雅"同为西周末年诗[J].文史哲,1957(8):8-14.

[41]施正宇.从童蒙识字课本看传统语文教学[J].语文建设,2001(7):7-8.

[42]陶本一,于龙."语文"的阐释[J].课程·教材·教法,2007(11):25-30.

[43]田慧生,张广斌,蒋亚龄.中华优秀传统文化融入课程教材体系的理论图谱与实践路径[J].教育研究,2022,43(4):52-60.

[44]温小军.语文课程传承中华优秀传统文化的三个必要追问[J].教育科学研究,2019(6):53-57.

[45]魏宏聚.教学切片分析:课堂诊断的新视角[J].教育科学研究,2019(2):63-67.

[46]吴康宁,程晓樵,吴永军,等.课堂教学的社会学研究[J].教育研究,1997,18(2):64-72.

[47]王本华.现代语文教育百年历史回眸[J].课程·教材·教法,2004,24(10):37-41.

[48]王本华.统编高中语文教材的设计思路[J].人民教育,2019(20):55-57.

[49]王本华.以"研习"为主,打通统编高中语文必修与选择性必修教材:统编高中语文选择性必修教材介绍[J].课程·教材·教法,2021,41(11):4-12.

[50]王丹霞,朱俊阳."语言积累、梳理与探究"任务群课标设计详解[J].语文建设,2019(17):4-8.

[51]王柏勋,曹洪顺.中学语文教学大纲50年的变迁[J].语文教学通讯,

2000(18):7-8.

[52]王玉周.社会发展与文化自觉[J].云南师范大学学报(哲学社会科学版),2000,32(1):57-60.

[53]王策三.论教师的主导作用和学生的主体地位[J].北京师范大学学报(哲学社会科学版),1983(6):70-76.

[54]王沛,胡发稳.民族文化认同:内涵与结构[J].上海师范大学学报(哲学社会科学版),2011,40(1):101-107.

[55]王洁,宁波.什么因素在影响着教师的专业发展?:中小学教师专业发展测评的背景、发现与改进路径[J]人民教育,2019(11):31-34.

[56]王梅琳,李安增.中华优秀传统文化传承中的青年责任[J].广西社会科学,2019(4):140-144.

[57]汪军.统编义务教育小学语文教科书传统文化内容中的自然美与社会美[J].课程·教材·教法,2019,39(4):18-24.

[58]武玉鹏.“回归传统”不是语文课的出路:兼论传统语文教育的当代转换[J].课程·教材·教法,2010,30(5):38-42.

[59]许青春.关于弘扬优秀传统文化的几个问题[J].山东社会科学,2014(4):178-182.

[60]肖祥.道德想象与德性教化的审美转向[J].教育研究,2023,44(1):47-57.

[61]肖秀兰.语文教育的整体观[J].课程·教材·教法,2002,22(7):10-15.

[62]徐建顺.我们为什么要吟诵?[J].语文建设,2010(4):74-76.

[63]杨清媚.“文化”与“文化自觉”辨析:论费孝通的文化理论[J].中央民族大学学报(哲学社会科学版),2020,47(5):66-74.

[64]岳曲,杜霞.从核心素养看传统文化教育的当代价值与实践[J].汕头大学学报(人文社会科学版),2019,35(9):82-88,97.

[65]岳欣云,董宏建.教师教学诊断能力提升:教师专业成长的驱动器[J].当代教育科学,2015(5):23-26.

[66]乐黛云.“多元化世界”的文化自觉[J].四川党的建设(城市版),2006(8):61.

[67]余光武.论汉语语用能力的构成与评估[J].语言科学,2014,13(1):49-54.

[68]曾琦.关于小学教师对学生课堂参与的内隐观的研究[J].心理科学,2004(5):1228-1229.

[69]周莹华,罗生全,杨柳."双减"政策背景下传统文化课程的价值、供给逻辑及实践策略[J].中国教育政策评论,2022(2):255-270.

[70]郑富芝.尺寸教材,悠悠国事:全面落实教材建设国家事权[J].人民教育,2020(Z1):6-9.

[71]赵敏俐.让吟诵重新回归课堂[J].中学语文教学,2011(7):1.

[72]张应强,张乐农.大中小学中华优秀传统文化教育衔接初论[J].高等教育研究,2019,40(2):72-82.

[73]张国安.文化与人的互动:大学生文化底蕴的培养[J].当代青年研究,1998(5):17-19.

[74]张宏.中华优秀传统文化与语文课程深度融合的路径探析[J].教育研究,2018,39(8):108-112,147.

[75]张滢.21世纪中华优秀传统文化教育政策发展研究:从"三进"的角度考察[J].湖南师范大学教育科学学报,2020,19(5):8-15,25.

[76]张冉.哲学论域中的文化自觉理论及其现实意义[J].求索,2010(8):111-113.

[77]张怀满.试论教学评价的目标导向原则及实施策略[J].黑龙江高教研究,2012,30(9):44-46.

[78]左军.层次分析法中判断矩阵的间接给出法[J].系统工程,1988(6):56-63.

(四)网络公告

[1]陈广江.花式"高考喜报"频现,真把禁令当空气了?[EB/OL].(2022-07-03)[2025-03-26].http://edu.cnr.cn/sy/sytjB/20220703/t20220703_525894492.shtml.

[2]吉水县教育体育局.2020年吉安吉水县新聘教师岗位培训通知[EB/OL].(2020-08-31)[2025-03-26].https://jx.zgjsks.com/html/2020/ksgg_0831/59023.html.

［3］仲立新,任朝霞.为了学生全面而有个性的成长:上海全面深化普通高中育人方式改革纪实［EB/OL］.(2022 - 07 - 09)［2025 - 03 - 26］.http://www.jyb.cn/rmtzgjyb/202207/t20220709_700530.html.

(五)其他

［1］陈先达.文化传承的自觉性和制度化［N］.光明日报,2017 - 04 - 17.

［2］梁启超.什么是文化?［N］.时事新报·学灯,1922 - 12 - 09.

［3］钱俊瑞.在第一次全国教育工作会议上的总结报告(1949 年 12 月 23 日)［M］//《中国教育年鉴》编辑部.中国教育年鉴(1949—1981).北京:中国大百科全书出版社,1984.

［4］中华人民共和国教育部.普通高中语文课程标准:2017 年版 2020 年修订［M］.2 版.北京:人民教育出版社,2020.

［5］中国社会科学院语言研究所词典编辑室.现代汉语词典［M］.7 版.北京:商务印书馆,2016.

二、外文类

FOGARTY,R. Ten ways to integrate curriculum［J］. Educational leadership, 1991,49(2):61 - 65.

附　　录

附录一　评价指标体系建构专家咨询问卷

（一）第一轮专家咨询问卷

尊敬的老师：

您好！

感谢您在百忙之中抽空填写本次调查问卷。本研究设计了"高中语文课程中优秀传统文化教育的实施效果评价指标"的专家咨询问卷。研究所提出的高中语文课程中优秀传统文化教育的实施效果评价指标是否科学、有目标导向性、具可操作性？恳请各位资深专家对此提出宝贵意见。

本问卷共分为三个部分。第一个部分是关于您的基本信息，第二部分是关于高中语文课程中优秀传统文化教育的实施效果评价指标体系的一级、二级和三级指标的评议及修改意见，第三部分是关于您的评分依据。

我们向您保证，您提出的宝贵意见只做研究使用。

"高中语文课程中优秀传统文化教育的实施效果研究"课题组

一、专家的基本信息

1. 您的工作单位[单选题]*

○A. 高校

○B. 教育科研部门

○C. 普通高中

○D. 文化事业单位

2. 您工作的地点在＿＿＿＿＿＿省或直辖市[填空题]*

3. 您的工作年限[单选题]*

○A. 10 年以下

○B. 11~15年

○C. 16~20年

○D. 21年以上

4. 您的专业职称［单选题］*

○A. 教授（研究员、中小学正高级教师）

○B. 副教授（副研究员、中小学高级教师）

○C. 讲师（中小学一级教师）

○D. 其他

5. 您的最高学历［单选题］*

○A. 博士

○B. 硕士

○C. 本科

○D. 其他

6. 您的专业背景［单选题］*

○A. 教育学

○B. 心理学

○C. 文学

○D. 文化社会学

○E. 其他

7. 您对研究问题的熟悉程度［单选题］*

○A. 非常熟悉

○B. 很熟悉

○C. 一般熟悉

○D. 不太熟悉

○E. 不熟悉

二、高中语文课程中优秀传统文化教育的实施效果评价指标的评议

8. 本题评议的是一级指标。高中生基于语文课程的优秀传统文化认知是高中生对语文课程中的显性优秀传统文化与隐性优秀传统文化的认识，高中生基于语文课程的优秀传统文化认同是高中生对优秀传统文化的认同以及对其

他文化的尊重,高中生基于语文课程的优秀传统文化实践是高中生在语文实践
中对优秀传统文化进行的继承与发展的对象性活动。[矩阵单选题]*

	特别 不重要	不重要	一般 重要	比较 重要	非常 重要
高中生基于语文课程的 优秀传统文化认知	○	○	○	○	○
高中生基于语文课程的 优秀传统文化认同	○	○	○	○	○
高中生基于语文课程的 优秀传统文化实践	○	○	○	○	○

9.您对一级指标的修改意见:[填空题]*

_____

_____

10.请您对高中语文课程中优秀传统文化教育的实施效果评价指标体系中
的7个二级指标的同意程度打分。[矩阵单选题]*

	特别不重要	不重要	一般重要	比较重要	非常重要
显性文化认知	○	○	○	○	○
隐性文化认知	○	○	○	○	○
文化符号认同	○	○	○	○	○
文化身份认同	○	○	○	○	○
价值文化认同	○	○	○	○	○
文化继承	○	○	○	○	○
文化创新	○	○	○	○	○

11.您对二级指标的修改意见:[填空题]*

_____

_____

12.请您对高中语文课程中优秀传统文化教育的实施效果评价指标体系中
的17个三级指标的同意程度打分,如有需要修改的地方,请您提出宝贵意见。
[矩阵单选题]

	特别不重要	不重要	一般重要	比较重要	非常重要
经典认知	○	○	○	○	○
常识认知	○	○	○	○	○
技艺认知	○	○	○	○	○
中华传统美德认知	○	○	○	○	○
中华人文精神认知	○	○	○	○	○
核心思想理念认知	○	○	○	○	○
谙熟文化符号	○	○	○	○	○
偏好文化符号	○	○	○	○	○
认可传统文化	○	○	○	○	○
尊重他种文化	○	○	○	○	○
爱国情怀价值观认同	○	○	○	○	○
社会担当价值观认同	○	○	○	○	○
个人修养价值观认同	○	○	○	○	○
理论学习	○	○	○	○	○
生活应用	○	○	○	○	○
文化形式创新	○	○	○	○	○
文化内容创新	○	○	○	○	○

13.您对三级指标的修改意见:[填空题]*

_____

_____

三、关于指标计分判断依据的专家自评

14.下表是对以上指标选择的判断依据,请您根据实际情况选择每种依据的大小程度。[矩阵单选题]*

	大	中	小
实践经验	○	○	○
理论分析	○	○	○
参考国内外文献	○	○	○
直观感受	○	○	○

（二）第二轮专家咨询问卷

尊敬的老师：

　　您好！

　　感谢您在百忙之中再次抽空填写本次调查问卷！本研究在第一轮专家咨询问卷的基础上基于各位专家的意见而设计了"高中语文课程中优秀传统文化教育的实施效果评价指标"的第二轮专家咨询问卷。研究所提出的高中语文课程中优秀传统文化教育的实施效果评价指标是否科学、有目标导向性、具可操作性？恳请各位专家不吝赐教。

　　本问卷共分为三个部分。第一个部分是关于您的基本信息，第二部分是关于高中语文课程中优秀传统文化教育的实施效果评价指标体系的一级、二级和三级指标的评议及修改意见，第三部分是关于您的指标评议依据。

　　我们向您保证，您提出的宝贵意见，只做研究使用。

"高中语文课程中优秀传统文化教育的实施效果研究"课题组

一、专家的基本信息

1. 您的工作单位［单选题］*

○A. 高校

○B. 教育科研部门

○C. 普通高中

○D. 文化事业单位

2. 您工作的地点在＿＿＿＿＿＿＿省或直辖市［填空题］*

3. 您的工作年限［单选题］*

○A. 10 年以下

○B. 11～15 年

○C. 16～20 年

○D. 21 年以上

4. 您的专业职称［单选题］*

○A. 教授（研究员、中小学正高级教师）

○B. 副教授(副研究员、中小学高级教师)

○C. 讲师(中小学一级教师)

○D. 其他

5. 您的最高学历[单选题]*

○A. 博士

○B. 硕士

○C. 本科

○D. 其他

6. 您的专业背景[单选题]*

○A. 教育学

○B. 心理学

○C. 文学

○D. 文化社会学

○E. 其他

7. 您对研究问题的熟悉程度[单选题]*

○A. 非常熟悉

○B. 很熟悉

○C. 一般熟悉

○D. 不太熟悉

○E. 不熟悉

二、高中语文课程中优秀传统文化教育的实施效果评价指标的评议

8. 本题评议的是一级指标。高中生基于语文课程的优秀传统文化认知是高中生对语文课程中的知识形态与精神形态的优秀传统文化的认识,高中生基于语文课程的优秀传统文化认同是高中生在语文活动中所形成的对优秀传统文化具有的依赖、自觉维护等情感态度,高中生基于语文课程的优秀传统文化实践是高中生在语文实践中培育的具有继承与发展优秀传统文化的行为能力。

如果您对一级指标有异议,请您在下一题的修改意见中写出。[矩阵单选题]*

	特别 不重要	不重要	一般 重要	比较 重要	非常 重要
高中生基于语文课程的 优秀传统文化认知	○	○	○	○	○
高中生基于语文课程的 优秀传统文化认同	○	○	○	○	○
高中生基于语文课程的 优秀传统文化实践	○	○	○	○	○

9.您对一级指标的修改意见:[填空题]*

_____

_____

10.请您对高中语文课程中优秀传统文化教育的实施效果评价指标体系中的 7 个二级指标的同意程度打分。在打分前请您仔细阅读以下数个二级指标的概念解析。若有需要修改的地方,请您在下一题中提出宝贵意见。[矩阵单选题]*

显性优秀传统文化认知是高中生基于语文课程对优秀传统文化的物质载体相关知识的认识,如认识《红楼梦》《论语》等文学与文化经典、传统手工技艺、节日习俗等;隐性优秀传统文化认知是指高中生基于语文课程对优秀传统文化精神内核的认识,如认识核心思想理念等。

文化符号认同是指高中生对固化的传统文化表意符号的认知程度与行为倾向,文化身份认同是指高中生对优秀传统文化的自觉性维护意识和情感上的依赖感以及对他种文化的尊重,价值文化认同是指高中生对优秀传统文化中的家国情怀、社会担当以及个人修养三种价值观念的认可与接纳程度。

	特别不重要	不重要	一般重要	比较重要	非常重要
显性优秀传统文化认知	○	○	○	○	○
隐性优秀传统文化认知	○	○	○	○	○
文化符号认同	○	○	○	○	○
文化身份认同	○	○	○	○	○
价值文化认同	○	○	○		○

续表

	特别不重要	不重要	一般重要	比较重要	非常重要
优秀传统文化传承	○	○	○	○	○
优秀传统文化创新	○	○	○	○	○

11.您对二级指标的修改意见:[填空题]*

_____

_____

12.请您对高中语文课程中优秀传统文化教育的实施效果评价指标体系中的18个三级指标的同意程度打分,如有需要修改的地方,请您提出宝贵意见。[矩阵单选题]*

	特别不重要	不重要	一般重要	比较重要	非常重要
经典认知	○	○	○	○	○
常识认知	○	○	○	○	○
技艺认知	○	○	○	○	○
中华传统美德认知	○	○	○	○	○
中华人文精神认知	○	○	○	○	○
核心思想理念认知	○	○	○	○	○
谙熟传统文化符号	○	○	○	○	○
偏好传统文化符号	○	○	○	○	○
认可传统文化	○	○	○	○	○
尊重他种文化	○	○	○	○	○
家国情怀价值观认同	○	○	○	○	○
社会担当价值观认同	○	○	○	○	○
个人修养价值观认同	○	○	○	○	○
学习融入	○	○	○	○	○
生活践行	○	○	○	○	○
文化传播	○	○	○	○	○
文化形式创新	○	○	○	○	○
文化内容创新	○	○	○	○	○

13.您对三级指标的修改意见:[填空题]*

_____

_____

14.下表是对以上指标选择的判断依据,请您根据实际情况选择每种依据的大小程度。[矩阵单选题]*

	大	中	小
实践经验	○	○	○
理论分析	○	○	○
参考国内外文献	○	○	○
直观感受	○	○	○

（三）指标权重专家调查问卷

尊敬的老师：

您好！

感谢您抽空参与本次问卷调查。本研究在高中语文课程中优秀传统文化教育的实施效果评价指标体系确定后，拟采用 AHP 层次分析法确定指标体系中各指标的权重。本次对您的调查目标为对指标体系权重的确定。敬请您根据实践经验对评价指标体系的各级指标的重要性进行两两比较后，主观赋值以确定各指标的重要性程度。

"高中语文课程中优秀传统文化教育的实施效果研究"课题组

一、请您按照指标间的比较量化值规定对一级指标的重要性排序

指标之间比较量化值规定

因素 i 比因素 j	量化值
同等重要	1
稍微重要	3
较强重要	5
强烈重要	7
极端重要	9
两相判断的中间值	2，4，6，8
倒数	$a_{ij=1/a_{ji}}$

假如您认为一级指标的判断矩阵中因素 B 比因素 A "稍微重要"，则请您在第 1 行的第 2 空中填"1/3"，同时在第 2 行的第 1 空中填"3"；您又认为 C 比 A "较强重要"，请您先在第 1 行的第 3 空中填"1/5"，在第 3 行第 1 空中填"5"，再在第 2 行第 3 空中填"3/5"，在第 3 行的第 2 空中填"5/3"。最后，得出的结果如下表所示：

Z	A 高中生基于语文课程的优秀传统文化认知	B 高中生基于语文课程的优秀传统文化认同	C 高中生基于语文课程的优秀传统文化实践
A 高中生基于语文课程的优秀传统文化认知	1	1/3	1/5
B 高中生基于语文课程的优秀传统文化认同	3	1	3/5
C 高中生基于语文课程的优秀传统文化实践	5	5/3	1

接下来,请您按照您的理解开始为一级指标的权重赋分。

Z	A 高中生基于语文课程的优秀传统文化认知	B 高中生基于语文课程的优秀传统文化认同	C 高中生基于语文课程的优秀传统文化实践
A 高中生基于语文课程的优秀传统文化认知	1		
B 高中生基于语文课程的优秀传统文化认同		1	
C 高中生基于语文课程的优秀传统文化实践			1

二、请您对二级指标的重要性排序

如您认为"A1 显性优秀传统文化认知"比"A2 隐性优秀传统文化认知"更重要,请您在重要性排序栏中"A"后的第一个括号内填写"1",在第二个括号内填写"2",即您认为 A1 大于 A2。

一级指标	二级指标	重要性排序
A 高中生基于语文课程的优秀传统文化认知	A1 显性优秀传统文化认知	A(　　) > A(　　)
	A2 隐性优秀传统文化认知	
B 高中生基于语文课程的优秀传统文化认同	B1 文化符号认同	B(　　) > B(　　) > B(　　)
	B2 文化身份认同	
	B3 价值文化认同	

续表

一级指标	二级指标	重要性排序
C 高中生基于语文课程的优秀传统文化实践	C1 优秀传统文化传承	C( ) > C( )
	C2 优秀传统文化创新	

三、请您对三级指标的重要性排序

假如您认为"A11 经典认知"比"A12 常识认知"更重要,请您在重要性排序一栏"A1"后的第一个括号内填写"1",在第二个括号内填写"2",即 A1(1) > A1(2)。

二级指标	三级指标	重要性排序
A1 显性优秀传统文化认知	A11 经典认知	A1( ) > A1( ) > A1( )
	A12 常识认知	
	A13 技艺认知	
A2 隐性优秀传统文化认知	A21 中华传统美德认知	A2( ) > A2( ) > A2( )
	A22 中华人文精神认知	
	A23 核心思想理念认知	
B1 文化符号认同	B11 谙熟传统文化符号	B1( ) > B1( )
	B12 偏好传统文化符号	
B2 文化身份认同	B21 认可传统文化	B2( ) > B2( )
	B22 尊重他种文化	
B3 价值文化认同	B31 家国情怀价值观认同	B3( ) > B3( ) > B3( )
	B32 社会担当价值观认同	
	B33 个人修养价值观认同	
C1 优秀传统文化传承	C11 学习融入	C1( ) > C1( ) > C1( )
	C12 生活践行	
	C13 文化传播	
C2 优秀传统文化创新	C21 优秀传统文化形式创新	C2( ) > C2( )
	C22 优秀传统文化内容创新	

附录二　高中语文课程中优秀传统文化教育的实施效果评价问卷

（一）预试版

亲爱的同学：

　　你好！

　　诚挚感谢你参加此次问卷调查。本问卷旨在了解目前我国高中语文课程中优秀传统文化教育的实施效果。问卷不会作为鉴定及考评依据,只用于调查研究,请根据你的实际情况作答,课题组将对你的作答结果做好绝对保密工作。问卷分两个部分,其中调查内容部分有48道题。请你认真、耐心作答。

　　　　　　　　　　　　"高中语文课程中优秀传统文化教育的实施效果研究"课题组

一、个人基本信息

1. 我的性别(　　)　　　　　　A. 男生　　　　　B. 女生

2. 我的学习方向(　　)　　　　A. 历史方向　　　B. 物理方向

3. 我主要的生活地(　　)　　　A. 村镇　　　　　B. 城区

4. 我学校所在的区域为(　　)

A. 第一批使用统编高中语文教材的省份或直辖市(上海、北京、天津、山东、辽宁、海南)

B. 第二批使用统编高中语文教材的省份或直辖市(浙江、江苏、河北、湖南、湖北、广东、福建、重庆、山西、安徽、云南、黑龙江、吉林)

C. 第三批使用统编高中语文教材的省份或直辖市(广西、新疆、甘肃、河南、江西、贵州)

5. 我的语文学习成绩在阶段考试中通常处于(　　)

A. 优秀(120 分以上)　　B. 良好(100 ~ 120 分)　　C. 一般(80 ~ 100 分)

D. 差(60 ~ 80 分)　　　　E. 极差(60 分以下)

二、调查内容(请从以下选项中选出最符合实际情况的选项,每一个题项都分为 5 个程度,与事实完全不同,请选择"A. 完全不符合";与事实大部分不同,请选择"B. 比较不符合";与事实有一半左右相同,请选择"C. 一般符合";与事实大部分相同,选择"D. 比较符合";与事实完全相同,请选择"E. 完全符合")

1. 我知道《水浒传》中林冲被逼上梁山的来龙去脉。　　　　　　(　　)

A. 完全不符合　B. 比较不符合　C. 一般符合　D. 比较符合　E. 完全符合

2. 我知道《红楼梦》中贾府主要人物关系图,如贾府分为东西二府,每府有几个主子,他们之间的关系。　　　　　　(　　)

A. 完全不符合　B. 比较不符合　C. 一般符合　D. 比较符合　E. 完全符合

3. 我知道《谏逐客书》《谏太宗十思疏》《过秦论》《陈情表》在主旨及写作上的异同。　　　　　　(　　)

A. 完全不符合　B. 比较不符合　C. 一般符合　D. 比较符合　E. 完全符合

4. 我知道孔子、墨子、老子、庄子在思想主张上的异同。　　　　　　(　　)

A. 完全不符合　B. 比较不符合　C. 一般符合　D. 比较符合　E. 完全符合

5. 我知道《边城》所描述的茶峒古城端午节的风俗习惯。　　　　　　(　　)

A. 完全不符合　B. 比较不符合　C. 一般符合　D. 比较符合　E. 完全符合

6. 我知道什么语境下称呼对方为"足下"。　　　　　　(　　)

A. 完全不符合　B. 比较不符合　C. 一般符合　D. 比较符合　E. 完全符合

7. 我知道古代建筑亭、台、轩、榭的不同。　　　　　　(　　)

A. 完全不符合　B. 比较不符合　C. 一般符合　D. 比较符合　E. 完全符合

8. 我知道《拟行路难》中作者愤懑的是什么制度以及这一制度的优劣。
　　　　　　(　　)

A. 完全不符合　B. 比较不符合　C. 一般符合　D. 比较符合　E. 完全符合

9. 我知道如何赏析《兰亭集序》的书法艺术。　　　　　　(　　)

A. 完全不符合　B. 比较不符合　C. 一般符合　D. 比较符合　E. 完全符合

10. 我知道楷书、行书、隶书与草书这四种书法字体的特点并辨认出它们。
　　　　　　(　　)

A. 完全不符合　B. 比较不符合　C. 一般符合　D. 比较符合　E. 完全符合

11. 我知道《陈情表》《五代史伶官传序》《项脊轩志》中蕴含的中华传统美德。　　　　　　(　　)

A. 完全不符合　B. 比较不符合　C. 一般符合　D. 比较符合　E. 完全符合

12. 我能列举 4 个语文教科书中具有中华传统美德的历史人物。（　　）

A. 完全不符合　B. 比较不符合　C. 一般符合　D. 比较符合　E. 完全符合

13. 我知道《春江花月夜》的自然美、社会美及哲理美是怎么表现的。

（　　）

A. 完全不符合　B. 比较不符合　C. 一般符合　D. 比较符合　E. 完全符合

14. 我知道《论语》是怎样引导人向上向善的。（　　）

A. 完全不符合　B. 比较不符合　C. 一般符合　D. 比较符合　E. 完全符合

15. 我知道《周南·苤苢》是如何"以文化人"的。（　　）

A. 完全不符合　B. 比较不符合　C. 一般符合　D. 比较符合　E. 完全符合

16. 我知道"道法自然，天人合一"的起源、含义及应用语境。（　　）

A. 完全不符合　B. 比较不符合　C. 一般符合　D. 比较符合　E. 完全符合

17. 我知道"君者舟也，庶人者水也，水能载舟，水能覆舟"的起源、含义以及后人的应用典例。（　　）

A. 完全不符合　B. 比较不符合　C. 一般符合　D. 比较符合　E. 完全符合

18. 我知道儒家的主张"和而不同"与"同而不和"的区别。（　　）

A. 完全不符合　B. 比较不符合　C. 一般符合　D. 比较符合　E. 完全符合

19. 我熟悉文言文，可以不借助注释基本读懂古诗文。（　　）

A. 完全不符合　B. 比较不符合　C. 一般符合　D. 比较符合　E. 完全符合

20. 我熟悉传统戏剧，可说出《窦娥冤》这一杂剧有哪些角色和腔调特点。

（　　）

A. 完全不符合　B. 比较不符合　C. 一般符合　D. 比较符合　E. 完全符合

21. 我熟悉传统乐器，可辨出语文教科书中出现的琵琶、琴、箜篌以及说出其特点。（　　）

A. 完全不符合　B. 比较不符合　C. 一般符合　D. 比较符合　E. 完全符合

22. 相较现代诗歌，我更喜欢古代诗歌。（　　）

A. 完全不符合　B. 比较不符合　C. 一般符合　D. 比较符合　E. 完全符合

23. 相较西方乐器，我更喜欢琴、瑟、箫、笛等中国民族乐器。（　　）

A. 完全不符合　B. 比较不符合　C. 一般符合　D. 比较符合　E. 完全符合

24. 相较传统节日而言，我更愿意庆祝圣诞节等西方节日。（　　）

A. 完全不符合　　B. 比较不符合　　C. 一般符合　　D. 比较符合　　E. 完全符合

25. 听到有人贬低中国传统文化,我认为必须立即跟他辩驳。　　（　　）

A. 完全不符合　　B. 比较不符合　　C. 一般符合　　D. 比较符合　　E. 完全符合

26. 我乐意他人知道我华夏民族的身份。　　（　　）

A. 完全不符合　　B. 比较不符合　　C. 一般符合　　D. 比较符合　　E. 完全符合

27. 我认为在当今激烈的文化竞争中优秀传统文化最终不会被西方文化取代。　　（　　）

A. 完全不符合　　B. 比较不符合　　C. 一般符合　　D. 比较符合　　E. 完全符合

28. 尽管不认同某些观点,我认为绝对不能对他种文化有偏见。　　（　　）

A. 完全不符合　　B. 比较不符合　　C. 一般符合　　D. 比较符合　　E. 完全符合

29. 我绝对不会以异样的眼光看待穿着打扮不符合我审美的其他民族。

（　　）

A. 完全不符合　　B. 比较不符合　　C. 一般符合　　D. 比较符合　　E. 完全符合

30. 我认为经济发展落后于我国的他国,文化一定落后。　　（　　）

A. 完全不符合　　B. 比较不符合　　C. 一般符合　　D. 比较符合　　E. 完全符合

31. 我认为《茶馆》中茶馆老板王利发倡导"莫谈国事"、一辈子做"顺民"的做法不对。　　（　　）

A. 完全不符合　　B. 比较不符合　　C. 一般符合　　D. 比较符合　　E. 完全符合

32. 我认为《苏武传》中苏武牧羊的行为是有意义的。　　（　　）

A. 完全不符合　　B. 比较不符合　　C. 一般符合　　D. 比较符合　　E. 完全符合

33. 我认为高中生必须主动积极参加社会公益活动。　　（　　）

A. 完全不符合　　B. 比较不符合　　C. 一般符合　　D. 比较符合　　E. 完全符合

34. 我认为高中生必须阻止他人故意毁坏学校公共设施的行为。　　（　　）

A. 完全不符合　　B. 比较不符合　　C. 一般符合　　D. 比较符合　　E. 完全符合

35. 我认同《大学之道》所提的"自天子以至于庶人,壹是皆以修身为本"的观点。　　（　　）

A. 完全不符合　　B. 比较不符合　　C. 一般符合　　D. 比较符合　　E. 完全符合

36. 我认为高中生必须践行《劝学》中"博学而日参省乎己"的修身做法。

（　　）

A. 完全不符合　　B. 比较不符合　　C. 一般符合　　D. 比较符合　　E. 完全符合

37. 我能在作文表达中灵活运用优秀传统文化。　　　　（　　）

　　A. 完全不符合　B. 比较不符合　C. 一般符合　D. 比较符合　E. 完全符合

38. 我能在语文实践活动中巧妙化用古圣先贤的思想来阐释个人观点。

　　　　　　　　　　　　　　　　　　　　　　　　　　（　　）

　　A. 完全不符合　B. 比较不符合　C. 一般符合　D. 比较符合　E. 完全符合

39. 我能跟他人介绍在中西方文化比较中传统文化的优势与劣势。（　　）

　　A. 完全不符合　B. 比较不符合　C. 一般符合　D. 比较符合　E. 完全符合

40. 每次路上远远看见语文老师,我能主动上前向老师问好。　　（　　）

　　A. 完全不符合　B. 比较不符合　C. 一般符合　D. 比较符合　E. 完全符合

41. 我在家里能积极主动帮父母做力所能及的事。　　　　　　（　　）

　　A. 完全不符合　B. 比较不符合　C. 一般符合　D. 比较符合　E. 完全符合

42. 情绪不佳时,我能以优秀传统文化勉励自己从而调整情绪。　（　　）

　　A. 完全不符合　B. 比较不符合　C. 一般符合　D. 比较符合　E. 完全符合

43. 我能跟他人生动有趣地宣讲优秀传统文化。　　　　　　　（　　）

　　A. 完全不符合　B. 比较不符合　C. 一般符合　D. 比较符合　E. 完全符合

44. 我能在语文活动中对他人简明讲解优秀传统文化知识。　　（　　）

　　A. 完全不符合　B. 比较不符合　C. 一般符合　D. 比较符合　E. 完全符合

45. 我能用现代技术制作优秀传统文化内容的视频或 PPT。　　（　　）

　　A. 完全不符合　B. 比较不符合　C. 一般符合　D. 比较符合　E. 完全符合

46. 我能以手机、电脑等工具为古诗文配上音乐或动画。　　　（　　）

　　A. 完全不符合　B. 比较不符合　C. 一般符合　D. 比较符合　E. 完全符合

47. 我能在"当代文化参与"语文实践活动中对家乡的某些节日文化或传统民俗加入贴合时代的内容。　　　　　　　　　　　　　　　　（　　）

　　A. 完全不符合　B. 比较不符合　C. 一般符合　D. 比较符合　E. 完全符合

48. 我能对语文教材中的优秀传统文化内容提出被老师与同学认可的观点。　　　　　　　　　　　　　　　　　　　　　　　　　　（　　）

　　A. 完全不符合　B. 比较不符合　C. 一般符合　D. 比较符合　E. 完全符合

答题到此结束,感谢你的支持!

（二）正式版

亲爱的同学：

你好！

诚挚感谢你参加此次问卷调查。本问卷旨在了解目前我国高中语文课程中优秀传统文化教育的实施效果。问卷不会作为鉴定及考评依据，只用于调查研究，请根据你的实际情况作答，课题组将对你的作答结果做好绝对保密工作。问卷分两个部分，其中调查内容部分有32道题。敬请你认真、耐心作答。

"高中语文课程中优秀传统文化教育的实施效果研究"课题组

一、个人基本信息

1.我的性别（　　　）　　　　A.男生　　　　B.女生

2.我的学习方向（　　　）　　A.历史方向　　B.物理方向

3.我主要的生活地（　　　）　A.村镇　　　　B.城区

4.我学校所在的区域为（　　　）

A.第一批使用统编高中语文教材的省或直辖市（上海、北京、天津、山东、辽宁、海南）

B.第二批使用统编高中语文教材的省或直辖市（浙江、江苏、河北、湖南、湖北、广东、福建、重庆、山西、安徽、云南、黑龙江、吉林）

C.第三批使用统编高中语文教材的省或直辖市（广西、新疆、甘肃、河南、江西、贵州）

5.我的语文学习成绩在阶段考试中通常处于（　　　）

A.优秀（120分以上）　　B.良好（100～120分）　　C.一般（80～100分）

D.差（60～80分）　　　E.极差（60分以下）

二、调查内容 (请用 "√" 从以下选项中选出最符合实际情况的选项)

题项	符合程度				
	完全 不符合	比较 不符合	一般 符合	比较 符合	完全 符合
1. 我知道《红楼梦》中贾府主要人物关系,如贾府分为东西二府,每府有几个主子,他们之间的关系。					
2. 我知道《谏逐客书》《陈情表》在主旨及写作上的异同。					
3. 我知道孔子、孟子、荀子在思想主张上的异同。					
4. 我知道《边城》所描述的茶峒古城端午节的风俗习惯。					
5. 我知道《拟行路难》中作者愤懑什么制度以及它的优劣。					
6. 我知道如何赏析《兰亭集序》的书法艺术。					
7. 我知道《五代史伶官传序》《项脊轩志》蕴含中华传统美德。					
8. 我知道《春江花月夜》的自然美、社会美及哲理美怎么表现。					
9. 我知道《周南·芣苢》是如何 "以文化人" 的。					
10. 我知道 "道法自然,天人合一" 的起源、含义及应用语境。					
11. 我知道 "君者舟也,庶人者水也,水能载舟,水能覆舟" 的起源、含义以及应用典例。					
12. 我知道儒家的主张 "和而不同" 与 "同而不和" 的区别。					
13. 我熟悉文言文,可以不借助注释读懂古诗文。					
14. 我熟悉传统戏剧,可说出《窦娥冤》的角色和腔调特点。					
15. 我熟悉传统乐器,可辨认语文教材中出现的琵琶、琴、箜篌,并说出其各自的特点。					
16. 相较现代诗歌,我更喜欢古代诗歌。					
17. 相较西方乐器,我更喜欢琴、瑟、箫、笛等中国民族乐器。					

续表

题项	符合程度				
	完全 不符合	比较 不符合	一般 符合	比较 符合	完全 符合
18. 相较中国传统节日,我更愿意庆祝圣诞节等西方节日。					
19. 听到有人贬低中国传统文化,我认为必须立即跟他辩驳。					
20. 我认为在当今激烈的文化竞争中优秀传统文化不会被取代。					
21. 我认为经济发展落后于我国的他国,其文化一定落后。					
22. 我认为《苏武传》中苏武牧羊的行为是有意义的。					
23. 我认为高中生必须阻止他人故意毁坏学校公共设施的行为。					
24. 我认为高中生必须践行"博学而日参省乎己"的修身做法。					
25. 我能在语文活动中巧妙化用古圣先贤思想阐释个人观点。					
26. 我能跟他人介绍中西方文化比较中传统文化的优劣。					
27. 每次路上远远看见语文老师,我能主动上前向老师问好。					
28. 情绪不佳时,我能以优秀传统文化勉励自己从而调整情绪。					
29. 我能在语文活动中对他人简明讲解优秀传统文化知识。					
30. 我能用现代技术制作精美的优秀传统文化内容的视频或PPT。					
31. 我能在"当代文化参与"语文实践活动中对家乡的某些节日文化或传统民俗加入贴合时代的内容。					
32. 我能对语文教材中的优秀传统文化内容提出被老师与同学认可的观点。					

附录三　高中语文课程中优秀传统文化教育
实施的现状调查

（一）教师访谈提纲

尊敬的老师,您好! 非常感谢您接受我的访谈。本次访谈拟深入了解高中语文课程中优秀传统文化教育实施的现状。所有的访谈内容均做匿名处理,只用于学术研究。

具体访谈问题:

第一,教师对优秀传统文化及优秀传统文化教育的认知

1. 教师对优秀传统文化的认知:您认为什么是优秀传统文化? 您如何看待优秀传统文化在我国的前景?

2. 教师对优秀传统文化教育的理解:您认为什么是优秀传统文化教育?

3. 教师对高中语文课程中优秀传统文化教育实施的理解:您认为高中语文课程中优秀传统文化教育实施的价值何在?

第二,教师对高中语文课程中优秀传统文化教育实施的现状认知

1. 教师对高中语文课程中优秀传统文化教育实施的现状认知:您认为当前高中语文课程中优秀传统文化教育实施的状态如何?

2. 您是依据什么做出这一判断的?

第三,教师对高中语文课程中实施优秀传统文化教育的现实问题的思考

教师对高中语文课程中实施优秀传统文化教育的现实问题的思考:您使用统编高中语文教材在高中语文课程中优秀传统文化教育实施的过程中,就实施过程涉及的四个要素(教材、教师、学生、课堂教学),您认为这几个要素是否都存在一些影响您在高中语文课程中有效甚至高效实施优秀传统文化教育的现实问题? 请具体说明,并说出理由。

第四,教师对语文课程中实施优秀传统文化教育的外部环境感知

教师对所在学校的优秀传统文化教育氛围的感受:您觉得您所在学校对语文课程中实施优秀传统文化教育的支持力度如何?

（二）学生访谈提纲

亲爱的同学们，你们好！非常感谢你们能接受我的访谈。我是一名学校课程与教学专业的博士研究生，虽然年纪有点大，但和你们一样，也是一名学生。找你们进行访谈是想了解一下你们在语文课程中学习优秀传统文化的具体情况。所有的访谈内容主要用于学术研究（相当于作业）。

具体访谈问题：

第一，学生对优秀传统文化的认知

1. 你认为什么是优秀传统文化？

2. 你认为优秀传统文化在我国的前景如何？

第二，学生学习优秀传统文化方面的动机与积极性方面的问题

1. 你认为是否有必要学习优秀传统文化？你的理由是什么？

2. 你认为自己在语文课上学习优秀传统文化是否主动？

第三，学生在高中语文课程中学习优秀传统文化的个人所得方面的问题

你对自身在语文课程中学习优秀传统文化的收获有何评价（完全不满意、比较不满意、一般、比较满意、非常满意）？

如回答"不满意"，请具体说说自身在高中语文课程中学习优秀传统文化的不满意之处。

第四，学生对所在学校的优秀传统文化教育氛围的感受方面的问题

你认为学校是否有浓厚的优秀传统文化教育氛围？简要说明理由。

（三）教师调查问卷

尊敬的老师：

　　您好！

　　非常感谢您接受本次调查。此次问卷调查拟深入了解高中语文课程中优秀传统文化教育实施的现状。调查问卷分为两个部分，第一部分为个人基本信息，第二部分为现状调查。两个部分的内容都不涉及个人隐私，且所有的调查内容只用于学术研究，请您真实、放心填写。

“高中语文课程中优秀传统文化教育的实施效果研究”课题组

一、个人基本信息

1. 您的学科专业背景［单选题］*

○汉语言文学专业

○中国古代文学专业

○现当代文学专业

○语文课程与教学

○语文教育

○其他

2. 您工作单位所在的省份或直辖市［填空题］*

_____

3. 您的最高学历［多选题］*

□专科

□本科

□硕士

□博士

□其他

4. 您的专业职称［单选题］*

○中小学二级教师

○中小学一级教师

○中小学副高级教师

○中小学正高级教师

○其他

5. 您执教高中语文的时长 [单选题] *

○5 年以下

○6～10 年

○11～15 年

○16～20 年

○20 年以上

6. 您是在哪一年开始使用统编高中语文教材教学的 [单选题] *

○2019 年

○2020 年

○2021 年

○2022 年

○还未使用过

7. 您使用统编高中语文教材进行高中语文教学的时长 [单选题] *

○从未使用过

○1 年

○2 年

○3 年

○4 年

二、高中语文课程中优秀传统文化教育实施的现状调查

1. 您对中国古典四大名著的阅读情况 [单选题] *

○都没读完，大概知道故事情节

○只读完 1 部

○读完 2～3 部

○全部读完，但泛泛阅读

○全部读完，只精读 1～2 部

○全部深读，内容非常熟悉

2. 请您勾选最符合您真实情况的选项 [矩阵量表题] *

	完全 不符合	多数 不符合	有一半 符合	大部分 符合	完全 符合
对于中国的传统节日与二十四节气,您可以说出它们的由来	○	○	○	○	○
您对您所在当地的民俗文化有系统的了解	○	○	○	○	○
您有较高的书法艺术鉴赏水平	○	○	○	○	○
您能基本概括中华传统美德、中华人文精神、核心思想理念的内涵	○	○	○	○	○
您能不看注释读懂一篇古文	○	○	○	○	○
您对中华优秀传统文化很感兴趣	○	○	○	○	○
您能写一手有一定书法基础的漂亮板书	○	○	○	○	○
您认为传统文化源远流长、博大精深,需要继承与发扬	○	○	○	○	○
您非常愿意通过自我经典诵读提高自身的传统文化素养	○	○	○	○	○
在日常生活中,您会时刻注意自己的言行举止,为高中生塑造良好的个人形象	○	○	○	○	○
在备课的过程中,您会经常注重挖掘和利用当地特有的传统文化资源	○	○	○	○	○
在教学活动中,您会经常加入传统文化元素	○	○	○	○	○
您能熟练借助现代技术制作精美的优秀传统文化内容的课件或音视频	○	○	○	○	○
您在语文课堂活动中能指导学生学习优秀传统文化融入时代特色的内容	○	○	○	○	○

3. 您大学就读的高校对您进行优秀传统文化内容的课程数量 [单选题] *

○从来没有

○三门以下

○三至五门

○五门以上

4.您在岗前所获得的优秀传统文化教育内容的培训次数 [单选题] *

○从来没有

○1~2次

○3次以上

5.您入职后参加优秀传统文化教育方面的培训次数 [单选题] *

○从来没有

○1~2次

○3次以上

○每年都有一次

○每年多次

6.您希望通过哪些途径提高高中语文教师的优秀传统文化素养？[多选题] *

□自我阅读和参加实践活动

□高等院校开设传统文化课程

□教师继续教育开设传统文化网络或线下培训课程

□学校定期举行传统文化专题研讨活动

7.您现在阅读中国传统文化典籍或古代文学经典的频次 [单选题] *

○从来不读

○一周1~2次

○一周3次以上

○每天都读15分钟以内

○每天都读一个小时

8.您在教学中,主要如何处理教材中传统文化知识部分的内容？[单选题] *

○一带而过

○随文讲解

○深入拓展

○开展专题研究

9.在优秀传统文化教育方面,您最常用的教学策略是 [单选题] *

○开展知识竞赛

○推荐经典书目阅读

○背诵诗词文

○指导学生做调查研究

10.您对当前高中语文课程中优秀传统文化教育的实施效果评价的等级为
[单选题]

○非常差

○比较差

○一般

○比较好

○非常好

11.您认为高中语文课程中优秀传统文化教育实施有哪些现实问题影响了
实施效果？[填空题]*

_____

_____

12.您认为高中语文课程中优秀传统文化教育实施的现实问题主要与什么
方面有关[单选题]*

○教材

○教师

○学生

○课堂教学

13.您认为高中语文课程中优秀传统文化教育实施的现实问题的具体形成
原因是[填空题]*

_____

_____

（四）学生调查问卷

亲爱的同学：

你好！

非常感谢热心的你接受本次调查。此次问卷调查拟深入了解高中语文课程中优秀传统文化教育实施的现状。调查问卷分两个部分，第一部分为个人基本信息，第二部分为现状调查。两个部分的内容都不涉及个人隐私，且所有的调查内容只用于学术研究，请你真实、放心填写。

"高中语文课程中优秀传统文化教育的实施效果研究"课题组

一、个人基本信息

1. 你的性别［单选题］*

〇男

〇女

2. 你的学习方向［单选题］*

〇物理方向

〇历史方向

3. 下学期你应读［单选题］*

〇高二

〇高三

4. 你所在的学校是（　　　）（请写全称，标明省、市）［填空题］*

二、调查内容

1. 你对语文课堂中学习优秀传统文化的喜欢程度［单选题］*

〇完全不喜欢

〇比较不喜欢

〇无所谓

〇比较喜欢

○非常喜欢

2.你认为在语文课程中你需要认真学习优秀传统文化的重要原因有(选你认为最重要的两个)[多选题]*

□提高知识素养,增强文化底蕴

□发展兴趣爱好

□简单的消遣和娱乐

□老师或家长要求

□应付考试

3.你对语文课程中的哪些传统文化内容最感兴趣[多选题]*

□诗词歌赋、古典小说

□百家思想、唐宋散文

□二十四史

□书法

□传统节日、民俗文化

□其他

4.你在语文课堂中比较喜欢以什么方式学习优秀传统文化[多选题]*

□看相关视频

□听老师讲课外的有趣故事

□听老师按照教材讲解

□个人阅读

□听专家的传统文化讲座

□参与经典诵读、传统游艺等相关实践活动

□实地考察实践

□与同学讨论交流

5.语文课堂教学中你受到优秀传统文化教育的次数[单选题]*

○从未

○很少

○经常

○总是

6.你认为你的语文教师对学生实施优秀传统文化教育的重视程度[单选

题]*

　　○完全不重视

　　○比较不重视

　　○一般

　　○比较重视

　　○非常重视

　　7.语文课上你的语文教师主要通过哪些方式进行优秀传统文化教育[多选题]*

　　□教师讲授

　　□播放视频

　　□学生自主学习

　　□交流讨论

　　□学生上台表演展示

　　□其他

　　8.在高中语文课程中优秀传统文化教育实施的过程中,你认为老师的教学方式如何[单选或多选]*

　　□时常创新,注重激发学生的兴趣

　　□以讲解传授知识为主

　　□只要求学生死记硬背,很枯燥

　　□对课文内容简单重复,教学形式单一

　　□教学内容丰富,教学方式多样

　　9.语文课堂上你的语文教师拓展相关的优秀传统文化情况[单选题]*

　　○从不拓展

　　○偶尔

　　○不知道

　　○经常

　　10.你在语文课中使用教科书学习优秀传统文化内容遇到的问题是[多选题]*

　　□不是熟悉的生活,有距离感

　　□教师教学方法陈旧,不想听,没有学习兴趣

□字词、语法难,内容不容易理解

□背诵内容过多

□课业负担重,没充裕时间了解

□觉得学习优秀传统文化没什么意义

□教师的传统文化素养不高及知识储备不够

11.你的语文老师是否会带领你们开展优秀传统文化相关活动[单选题]*

○从不

○偶尔

○经常

12.你所在的学校是否组织学生参观过与优秀传统文化相关的当地博物馆、文化馆或其他场所[单选题]*

○不清楚

○从未组织

○偶尔组织

○经常组织

13.你所在学校的校园环境(如雕塑、板报、宣传画等)是否体现了优秀传统文化教育的内容?[单选题]*

○没有

○很少

○一般

○很多

14.你在校期间,你所在的学校每个学期开展与优秀传统文化教育相关的课外活动(如书法、国画、国学等)的次数[单选题]*

○从未

○1~3次

○3次以上

○几乎每周都有

○不清楚